Birgit Jakobowsky

Dressed for Success

Wie Sie Ihren Typ wirkungsvoll in Szene setzen

Eichborn.

1 2 3 4 5   04 03 02

© Eichborn AG, Frankfurt am Main, August 2002
Umschlaggestaltung: Christiane Hahn
Gesamtherstellung: Fuldaer Verlagsagentur, Fulda
ISBN 3-8218-3824-8

Verlagsverzeichnis schickt gern:
Eichborn Verlag, Kaiserstraße 66, D-60329 Frankfurt am Main
www.eichborn.de

Inhalt

Erster Schritt – entdecken Sie Ihre natürlichen Auftrittsmerkmale 57

Zweiter Schritt – gestalten Sie Ihre äußeren Auftrittsmerkmale bewusst 109

Dritter Schritt – Bühne frei für Ihren individuellen Auftritt

»Nur Toren urteilen nicht nach dem Äußeren. Das wahre Geheimnis
der Welt ist das Sichtbare, nicht das Unsichtbare.«
Oscar Wilde, *Das Bildnis des Dorian Gray*

leiung

Einleitung

Ohne sich als Frau wirkungsvoll in Szene setzen zu können, geht heute in der Berufswelt gar nichts mehr. Fachliches Wissen wird stillschweigend vorausgesetzt – der erfolgreiche Auftritt auch. Einigen Frauen gelingt es, jederzeit atemberaubend auszusehen, perfekt gekleidet zu sein und selbstsicher aufzutreten. Andere machen eher eine traurige Figur.

Der gelungene Auftritt ist kein Geschenk des Himmels, sondern eine Frage des geschickten Kombinierens innerer und äußerer Auftrittsmerkmale: Ausstrahlung, Aussehen, Körperausdruck und Stimme müssen im Einklang stehen mit Outfit, Frisur, Brille, Kosmetik und Farben. Passt Ihr Outfit zu Ihrer Stimme? Unterstützt Ihre Frisur Ihre Körperhaltung oder lässt sich Ihre Ausstrahlung mit Ihrer Brille vereinen? Ihr persönlich ermittelter Auftrittstyp macht Sie einzigartig und bietet Ihnen die nötige Sicherheit für zukünftige Jobauftritte.

Die vielen Jobbühnen einer Frau

Der Berufsstart – »Premierenfeier«

Nachdem Sie die Schule oder das Studium erfolgreich abgeschlossen haben, machen Sie sich auf die Suche nach Ihrem Traumjob, der für Sie finanzielle Unabhängigkeit, Selbstverwirklichung und Erfolg bedeutet. Doch wie nach den Sternen greifen, wenn Sie noch keine Berufserfahrung vorzuweisen haben und der potenzielle Arbeitgeber von Ihrer Leistung überzeugt werden will? Wie ihm deutlich machen, welchen Gewinn es ihm bringen wird, wenn er sich für Sie entscheidet?

Viele junge Frauen glauben fälschlicherweise, allein gute Noten und beste fachliche Kenntnisse seien ein Einstellungsgarant, und wundern sich, wenn sie mit ihren Bewerbungen immer wieder scheitern. Eine 19-jährige Gymnasiastin: »Ich habe mein Abitur mit 1,2 bestanden und habe jetzt meine 43. Absage erhalten.« Die 32-jährige Frau B. ist ein ähnlicher Fall: »Ich habe mit 26 promoviert, drei Jahre später habilitiert und einen hoch dotierten Preis gewonnen, der mich als begabte Nachwuchswissenschaftlerin auszeichnete. Leider musste ich feststellen, dass Begabtenförderung nicht alles ist, um an einen Topjob zu gelangen. Nach 15 Vorstellungsgesprächen habe ich es aufgegeben und bin heute Mutter von drei Kindern«, sagt die Mathematikprofessorin.

Da Hochbegabung, glänzende Leistungen und Abschlüsse wenig Auskunft darüber geben, wie Berufseinsteiger ihren angestrebten Job tatsächlich meistern werden, setzen Personalchefs stärker auf das Auswahlkriterium »persönlicher Eindruck«. Erst im Vorstellungsgespräch, im Einzelinterview oder Assessment Center können sie sich ein Bild von der gesamten Persönlichkeit der Kandidatin machen und abschätzen, ob sie den zukünftigen beruflichen Anforderungen entsprechen könnte. Ihr Bewerbungsauftritt wird in Hinsicht auf Aussehen, Auftreten, Outfit, Sprachausdruck und Einstellungen genauestens unter die Lupe genommen. Gerade weil sich mehr oder weniger alle beruflichen Newcomer aufgrund ihrer beruflichen Unerfahrenheit ähneln, stellt der Faktor »persönlicher Auftritt« ein so gewichtiges Unterscheidungskriterium dar.

Wer zukünftig einen repräsentativen Job ausführen soll, wird im Bewerbungsgespräch von der Ausstrahlung bis zum Outfit überprüft. Wer einen Job im Callcenter anvisiert, wird auf Stimm- und Sprachausdruck begutachtet. Wer zukünftig im Team einer Abteilung arbeiten wird, muss einen individuellen, aber auch anpassungsfähigen Auftritt haben. Die Personalchefin einer großen Hotelkette, die verantwortlich ist für die jungen Auszubildenden, beschreibt die Auswahlprozedur so: »Die Mädchen haben ja noch keine Berufserfahrung, da fällt es oft schwer, sich zu entscheiden. Aufgrund der Unterlagen tappen wir manches Mal noch im Dunkeln. Erst der gezielte Blick auf die Person macht aus dem Bewerbungsverfahren kein Zufallsspiel mehr.«

Aber viele Berufseinsteiger unterschätzen das Einstellungskriterium »Selbstdarstellung in eigener Sache« und wissen nicht, dass Selbstdarstellungsfähigkeit zu den unabdinglichen »Soft skills« gezählt werden muss. Wie sonst ließe sich das folgende Zitat des Personalchefs einer Softwarefirma bei der Auswahl von Hochschulabsolventen interpretieren: »Wer schon nichts zu bieten hat und sich noch nicht mal gut verkaufen kann, fliegt gleich nach fünf Minuten bei mir raus.« Die extreme, aber im Kern sicherlich treffende Aussage signalisiert zwei Botschaften. Einerseits haben Personalchefs nicht die Entscheidung für oder gegen eine Kandidatin allein in der Hand, sondern sind zu einem erheblichen Teil auf die »Mithilfe« der Bewerber angewiesen. Und zum anderen sind Sie selbst als Berufseinsteigerin aufgefordert, etwas für sich zu tun. Es hängt entscheidend von Ihnen ab, wie Sie in einem Auswahlverfahren abschneiden.

Tun Sie konkret etwas dafür, um auf sich als zukünftige Arbeitskraft positiv aufmerksam zu machen und die Neugierde des Arbeitgebers zu wecken! Nur wer sich als Persönlichkeit entdeckt hat, ist auch in der Lage, andere zu überzeugen. Finden Sie heraus, wo Ihre Auftrittsstärken liegen, gestalten Sie diese bewusst im Einklang mit sich und dem Anforderungsprofil, um auf der ersten Jobbühne Ihres Lebens Eindruck zu hinterlassen. Denn Ihr Ziel muss es sein, sich durch ein ebenso stimmiges wie außergewöhnliches Bewerberbild von der Konkurrenz abzuheben.

Wir alle werden täglich durch Werbung beeinflusst. Nicht jede bleibt uns im Gedächtnis. Dazu müssen Bild und Text schon sinnvoll aufeinander abgestimmt sein. Be-Werbung ist nichts anderes als Werbung in eigener Sache. Das heißt nicht, dass Sie im Vorstellungsgespräch wie eine Schauspielerin auftreten und nicht vorhandene Qualifikationen vortäuschen sollen. Machen Sie sich stattdessen mit Hilfe dieses Buches auf die Entdeckungsreise zu Ihrem ganz persönlichen »Auftritt«, der Aussehen, Auftreten, Outfit, stimmlichen Ausdruck und Einstellung umfasst. Ich konnte immer wieder feststellen, dass Frauen, die ihre »Rolle« gefunden hatten, am sichersten und überzeugendsten auftraten und ihr Arbeitgeberpublikum für sich gewinnen konnten. Eine junge Juristin beschreibt ihren erfolgreichen Bewerbungsauftritt so: »Da ich meine ›Auftrittspersönlichkeit‹ rundum entdeckt hatte, konnte ich ein derartiges Selbstbewusstsein entwickeln, dass die Wahl trotz meiner Berufsunerfahrenheit in den ersten Minuten zu meinen Gunsten entschieden wurde. Heute habe ich die Stelle, die ich immer haben wollte.«

Bedenken Sie, jede Erstbewerbung ist eine Art Premierenfeier, die neugierig machen soll auf Sie als zukünftige Arbeitskraft. Es gilt also daran zu arbeiten, dass Sie eine gute »Bühnenkritik« bekommen.

Tipps für Berufseinsteiger –
damit die Premiere nicht zum Desaster wird

Bevor Sie in den folgenden Kapiteln gezielt an Ihrem persönlichen Auftritt arbeiten, hier ein paar grundsätzliche Tipps, damit die Premiere nicht zum Desaster wird.

Die Erstbewerbung ist die erste von vielen Jobbühnen im Lebenslauf einer Frau. Mangelnde Auftrittserfahrung ruft bei vielen Kandidatinnen ein erhebliches Maß an Unsicherheit hervor, auch wenn wir es heute mit einer durchaus emanzipierten und scheinbar selbstbewussten jungen Frauengeneration zu tun haben. So beobachte ich in Vorstellungsgesprächen immer wieder zwei typische Arten von Frauen: die einen, die sich wenig zutrauen, ungern im Mittelpunkt stehen und ihr mangelndes Selbstbewusstsein auch nach außen durch eine zurückhaltende Präsentation unterstützen. Wir bezeichnen diese Frauen gerne als »graue Mäuschen«. Und die anderen, die »voll in« sein wollen und vor »Girlie-ismus« strotzen. Sie tun sich durch coole Sprüche hervor und betreiben in ihrem Auftreten offensiven Exhibitionismus weit über die Schamgrenze hinaus. Mangelndes Selbstbewusstsein liegt beiden Frauentypen zugrunde. Identität wurde bisher wenig bis gar nicht entwickelt, und das authentische Selbstmarketing beider Frauentypen weist erhebliche Defizite auf. Erst die Auseinandersetzung mit der eigenen Persönlichkeit, den individuellen Auftrittsfähigkeiten und Talenten sowie deren gezielte Gestaltung hinterlassen Eindruck. Die Entdeckung des individuellen Auftritts wirkt identitätsstiftend und dient damit gleichzeitig dem Aufbau eines typgerechten Selbstbewusstseins, und nur ein solches nimmt auch andere gefangen.

Was außen ansetzt, wirkt nach innen und umgekehrt!

Sich wirkungsvoll in Szene zu setzen ist ein Muss für jede Bewerberin. Egal ob Sie an exponierten Stellen des Unternehmens tätig werden wollen, wie zum Beispiel PR, Vertrieb oder Führungspositionen, oder ob Sie an weniger repräsentativen Berufen wie Buchhalterin, Kfz-Mechanikerin oder Programmiererin interessiert sind: Überzeugend wirken müssen Sie gegenüber jedem Personalentscheider. Der einzige Unterschied liegt in der Herausarbeitung Ihrer persönlichen Auftrittsstärken im Abgleich mit dem Anforderungsprofil. Wer sich beispielsweise im Rechnungswesen bewirbt, sollte in seinem Auftreten darauf achten, dass der Eindruck von Rationalität, Disziplin und Ordnung entsteht, denn Seriosität und Pünktlichkeit stehen hier im Mittelpunkt. Hier wäre ein seriöser Hosenanzug oder ein Kostüm in Blau oder Grau ratsam. Im Gegensatz dazu sollte eine angehende Werbefachfrau darauf Wert legen, dass ihr Auftritt Kreativität und Flexibilität verspricht. Der Berufsalltag in der Werbung ist hektisch und schnell. Ständig werden neue Ideen produziert, die ebenso schnell auch wieder über Bord geworfen werden. So lassen ein extravagantes, eigenwilliges Outfit aus der avantgardistischen Stilrichtung, eine eigenwillige bunte Haarfarbe oder eine dynamisch-aktive Körperbewegung im Bewerbungsgespräch auf wesentliche Voraussetzungen für diese Tätigkeit schließen.

Ohne Ziel kein erfolgreicher Auftritt. Als Berufseinsteiger sollten Sie wissen, wo Sie hinwollen, welches berufliche Ziel Sie verfolgen. Ich konnte immer wieder beobachten, dass junge Frauen nach dem Schulabschluss sich nicht im Klaren waren, was sie beruflich erreichen wollen. »Ich bewerbe mich doch einfach nur auf die ausgeschriebene Stelle als Bankkauffrau, sollen die mir doch sagen, ob ich dafür geeignet bin«, sagt die 18-jährige Frau S. Sie ist zum Vorstellungsgespräch geladen, aber auf eine »Null-Bock-Auftrittshaltung« eingestimmt. Es wird schwierig sein, unter diesen Bedingungen erfolgreich aufzutreten. In der gemeinsamen Auftrittsarbeit mit der 18-Jährigen stellt sich später heraus, dass sie eigentlich gar keine Lust auf eine Ausbildung in der Bank hat. Sie will etwas ganz anderes machen. Wir haben die Auftrittsarbeit für das Bankprojekt gestoppt. Entscheidend ist: Wer seinen Auftritt vorbereitet, sollte sich mit dem Ziel identifizieren können. Gehen Sie noch einen Schritt weiter: Studieren Sie das damit verbundene Berufsimage. Wie treten die Angestellten in dieser Branche auf? Gibt es einen Dresscode? Müssen sie Rock tragen? Trägt man in ihrem beruflichen Umfeld nur die Farbe Schwarz? Gibt es eine Firmenphilosophie, und ist es ratsam, diese mit der Outfitfarbe aufzugreifen? Träumen Sie davon, einmal Abteilungsleiterin einer Bank zu werden, dann schauen Sie sich an, wie die Beschäftigten auf dieser Ebene auftreten. Auch wenn Sie sich heute zunächst als Bankkauffrau bewerben, lassen Sie Ihre Ziele mit in Ihren Auftritt einfließen. Denn jedem gelungenen Auftritt geht eine klare Zielvorstellung voraus. Ihre Zielorientierung sollte man Ihnen ansehen, wenn Sie Wirkung erzielen wollen. Ihr Gegenüber erkennt sofort, ob sie zu mehr tauglich sind. Für das Outfit heißt das: Treten Sie schon jetzt so auf, wie es der anvisierten Position entspricht. Und eine zweite Grundregel lautet: Wer etwas erreichen will, muss besser gekleidet sein als sein Gegenüber. Allerdings möchte ich an dieser Stelle betonen, dass Dresscodes nicht höher zu bewerten sind als Ihr eigener Stil. Ich konnte feststellen, dass das Tragen eines allgemein gültigen Dresscodes in einer Branche manchen Berufseinsteiger uniformiert wirken lässt. Wenn alle blaue Kostüme tragen und keine individuelle Note mehr zu erkennen ist, werden die Menschen austauschbar. Das ist Ihren Interessen in einem Vorstellungsgespräch nicht dienlich.

Hinter jedem Ziel verbirgt sich eine persönliche Grundhaltung. Damit ist das Motiv gemeint, das Sie antreibt, für Ihr Ziel zu kämpfen. Ihre Grundhaltung sollte Ihnen bewusst sein. Was verbinden Sie mit dem Berufseinstieg? Sehen Sie sich eher als angehende Karrierefrau, die sich hohe berufliche Ziele gesteckt hat und von dem Wunsch geleitet ist, irgendwann mal Macht auszuüben? Oder wissen Sie schon heute, dass Sie sich in Ihrem zukünftigen Job nach zwei Jahren ins Ausland versetzen lassen möchten, da Ihnen Freiheit und Unabhängigkeit über alles gehen? Oder sind Sie sicher, dass sie zwar Ihren Beruf gerne ausüben werden, aber ein Kinderwunsch doch irgendwann Priorität bei Ihnen hätte? Würden sie jetzt schon am liebsten halbtags arbeiten, weil Ihnen Ihre Familie über alles geht? Machen Sie sich klar, dass Sie diese Grundhaltung auch zur Schau stellen werden durch Aussehen, Outfit, Auftreten, Sprachausdruck. Wir sind in der Lage, viele Motive von außen abzulesen. Wenn Sie vor Ihrem ersten Vorstellungsgespräch nicht geklärt haben, mit welcher Grundhaltung und welchem damit verbundenen Berufsziel sie dort erscheinen, wird Ihr Auftritt nicht überzeugend und konsequent wirken.

Überprüfen Sie genau, ob Ihr Traumjob Ihnen ganz besondere Auftrittsmerkmale abverlangt, zum Beispiel im Hinblick auf Stimme, Aussehen, Auftritt. Bedenken Sie, dass Sie von Ihrem potenziellen

Arbeitgeber auf diese Qualitäten abgeklopft werden, auch wenn Sie noch keine Berufspraxis mitbringen. Legen Sie bei Ihrem Auftritt ganz besonderen Wert auf diese Aspekte. Denn nur so können sie allein durch Ihr Auftreten Überzeugungsarbeit leisten. Wenn Sie behaupten, als Telefonistin fürs Callcenter prädestiniert zu sein, aber Ihre Stimme Fülle und Vibrato vermissen lässt, hinterlassen Sie keinen überzeugenden Eindruck. Ihre Auftrittsstärken sollten sich mit dem Anforderungsprofil decken – ansonsten schauen Sie sich lieber nach einem für Sie geeigneteren Job um.

Die Forschung hat bewiesen, dass wir uns allein durch nonverbale Faktoren wie Aussehen, Kleidung, Farbe, Haltung und dergleichen in den ersten Sekunden einen Eindruck von unserem Gegenüber machen. Dabei entstehen Einschätzungen wie sympathisch, ordentlich, unsicher, dynamisch, sachlich, skeptisch, kreativ, damenhaft, witzig und so weiter. In einem weiteren Schritt kommen verbale Faktoren wie Stimme und Sprache noch dazu. Überlassen Sie Ihren Auftritt daher nicht dem Zufall. Unterstützen Sie Ihre Stärken vorteilhaft. Allerdings warne ich davor, durch das Vortäuschen falscher Tatsachen Ihr Ziel erreichen zu wollen. Denn wenn Sie eine Rolle spielen, die Sie später nicht erfüllen können, bringen Sie sich in Schwierigkeiten.

Verlassen Sie sich darauf: Hochbegabung, glänzende Leistungen und Abschlüsse im Studium sind keine Garantie für den Einstieg in den Traumjob. Schließlich haben Sie noch keine Berufserfahrung vorzuweisen, worauf es in erster Linie ankommt. Im Zweifel wird daher immer der Bewerber mit dem besseren Auftritt genommen, also derjenige, der seine Individualität besser herausstellen kann. Individualität wird als Abgrenzung, Prägnanz und Besonderheit verstanden. Sie soll sich zeigen und erkennbar werden. Aber was an uns besonders ist, müssen wir erst entdecken, um es dann zur Schau stellen zu können. Entdecken und vermitteln Sie Ihre Einzigartigkeit – nur so bleiben Sie anderen im Gedächtnis und haben als Erstbewerber eine Chance.

Karriereorientierte Bewerbung –
»die reife Bühnenvorstellung«

Sie haben es geschafft!

Sie haben die ersten Stufen auf der Karriereleiter mit Leichtigkeit genommen und bewegen sich heute sicher als Expertin in Ihrem Job. Sie konnten hohen Anforderungen gerecht werden, Aufgaben brillant erledigen und unternehmerische Ziele erreichen. Mittlerweile haben Sie sich viele Ihrer Träume erfüllen können. Sie fahren Ihr Wunschauto, ordern bei Bedarf das Kindermädchen und besitzen vielleicht ein eigenes Appartement oder Haus. Und dennoch möchten Sie neben all den schönen Dingen in Ihrem Leben etwas ändern. Sie sehnen sich nach der neuen beruflichen Herausforderung, wollen einfach noch höher hinaus, mehr Verantwortung übernehmen oder an die Macht, die Ihnen schon lange vorschwebt. Angeblich wünscht sich jede zweite Frau für ihre Berufsbiografie einen Führungsposten. In Deutschland steigt der Frauenanteil im Management stetig, und in den USA hat schon lange eine Frau den Weltkonzern Hewlett-Packard übernommen.

Nichts ist unmöglich. Aber wie gehen Sie an die Sache heran, wenn in den Auswahlverfahren für Führungskräfte und Manager die Besetzung hauptsächlich männlich ist und die Managementanforderungen nach männlichen Gesichtspunkten beurteilt werden? Wie ergattern Sie den Topjob, wenn die Auftrittssicherheit den Männern sowieso in den Schoß gelegt ist und der männliche Konkurrent fachlich genauso gut ist?

Viele Frauen sind der Meinung, um den ersehnten Führungsposten zu erreichen, müssten sie verstärkt in die eigenen Qualifikationsvorsprünge investieren, um ihre Chancen gegenüber ihren Kollegen zu erhöhen. So sind sie emsig damit beschäftigt, ihre Kenntnisse gezielt auszubauen, Weiterbildungstourismus auf allen Ebenen zu betreiben und die Fachzeitschriften als Erste in die Hand zu bekommen. Frau K., Abteilungsleiterin einer Computerfirma: »Ich habe, um weiter nach oben zu gelangen, regelmäßig nach Büroschluss Fortbildungsmaßnahmen über internationale Managementstrategien, Computersprachen, Fremdsprachen und Kommunikationskurse belegt.« Ähnlich beschreibt Frau J. ihre Bemühungen: »Als Mitarbeiterin einer großen renommierten Bank nahm ich als Mentee an einem Cross-Mentoring-Projekt teil, um alles über Führungsstile und Strategien im Topmanagement zu lernen. Arbeitete rund um die Uhr, um für das anstehende Assessment Center gewappnet zu sein.« Im Auswahlverfahren mussten beide Kandidatinnen dann enttäuscht feststellen, dass andere an ihnen vorbeigezogen waren.

Fachliche Kompetenz ist unbestritten eine wichtige Voraussetzung für die Karriere. Managementqualifikationen umfassen neben dem fachlichen Know-how wirtschaftliches und strategisches Verständnis sowie die Kunst, Mitarbeiter zielgerichtet führen zu können – unabdingbare Voraussetzungen, um neben den Konkurrenten bestehen zu können. Doch alles Wissen in Ehren – wenn heute manche Personalabteilung bereits klammheimlich Quoten für Männer eingeführt hat, weil die hoch qualifizierten Frauen regelmäßig ihre männlichen Mitbewerber ausstechen und die Praxis zeigt, dass auch nur halb so qualifizierte Fachleute den hoch dotierten Posten ergattern können, dann wird es Zeit, dass Frauen in anderen Bereichen aufrüsten.

Personalberater und Personalchefs beurteilen Bewerber und Bewerberinnen verstärkt in Bezug auf Durchsetzungswillen, Überzeugungskraft und Motivationsfähigkeit. Sie überprüfen, ob sie den Eindruck erwecken, Mitarbeiter führen, motivieren, überzeugen und begeistern zu können, um die strategischen Unternehmensziele langfristig zu sichern. Denn ihr Ziel ist es, zukünftig als Führungskraft oder Manager ein Topteam zu Topleistung zu führen. Zudem begutachten sie in einem Auswahlverfahren, ob sie sich im Kreis von gleich- und höherrangigen Karrierekonkurrenten durchsetzen können. So der Vorstandsvorsitzende eines 150 Mitarbeiter starken Softwareunternehmens: »Wer den Sprung an die Spitze schaffen will, muss Vorbild sein wollen für andere. Ob weiblich oder männlich, da machen wir keinen Unterschied. Wir schauen im Auswahlgespräch darauf, ob die Person eine Idee, einen Grundgedanken oder ein Ziel der zukünftigen Arbeit lebt. Denn wer in der Lage ist, die Mitarbeiter von einer Strategie zu überzeugen, schafft es auch, andere über Grenzen gehen zu lassen.«

Ähnlich beurteilt das der Personalchef eines großen Textilunternehmens. »Ob jemand gut ist, haben wir über die Jahre im Unternehmen beobachten können, da wir oft aus den eigenen Reihen besetzen. Aber dennoch, gut sein allein ist nicht alles. Wer höher möchte, muss mehr bringen. Wir schauen gezielt, ob der Bewerber oder die Bewerberin Persönlichkeit mitbringt, mit überzeugender Ausstrahlung und gesundem Selbstwertgefühl. Denn wer Führungskraft werden will, muss Teams coachen können. Die Person muss Mitarbeiter im Sinne des Unternehmens motivieren und für die gemeinsame Sache begeistern können.«

Eine junge Führungskraft fasste ihre Karriere einmal treffend so zusammen:

»Ursprünglich wurde ich in meinem Unternehmen eingestellt fürs Organisieren und Planen von Projekten, tatsächlich bewährt habe ich mich durchs praktische Umsetzen der Projekte, und befördert wurde ich wegen der selbstbewussten, mitreißenden Präsentation dieser Projekte. Und ich garantiere Ihnen, nichts, aber auch nichts davon stand in der Stellenausschreibung.«

Erneut wird der »persönliche Eindruck« einer Kandidatin auf der Bewerbungsbühne von Personalberatern und Personalchefs genau unter die Lupe genommen. Lassen Aussehen, Auftreten, Outfit, Stimme und Ausstrahlung auf Autorität, Durchsetzungskraft und Motivationsfähigkeit schließen? Haben Sie das Zeug, um sich als »Alpha-Tier« in Szene zu setzen?

Dass Männer sich auf diese Fähigkeit besser verstehen, ist bekannt. Wenn es um Durchsetzungskraft geht, betreten sie mit ihren schultergepolsterten Jacketts rückengestärkt den Raum, nehmen selbstbewusst Platz und sprechen wenn nötig mit erhobenem Zeigefinger, um wieder und wieder auf ihre eigenen Themen zu verweisen. Sie sind geübt darin, Eigenwerbung zu betreiben, eigene Fähigkeiten, Erfolge, Handlungen als positiv darzustellen. Sätze wie »Das ist mir wirklich gut gelungen«, »Da habe ich eine gute Hand bewiesen«, »Da kann man sich auf mich verlassen« gehen ihnen leicht über die Lippen.

Sie verstehen sich in der Status- und Unabhängigkeitssprache. Das haben sie früh gelernt. Schon als Jungen haben sie in großen Gruppen gespielt und ihren Status aushandeln müssen. So fällt es ihnen nicht schwer, zu akzeptieren, dass es einen Anführer gibt, der den anderen sagt, was zu tun ist und wie sie es zu tun haben. Prahlen mit den eigenen Fähigkeiten und ständiges Streiten, wer der Beste ist, gehört dazu. Dieses Auftrittsverhalten macht vor Managementauswahlverfahren nicht Halt und entscheidet, wer den Posten verdient hat.

Frauen sind grundsätzlich andere Auftrittsformen gewohnt. Sie haben in ihrer Kindheit gelernt, dass es keine Gewinner und Verlierer gibt. Obwohl einige Mädchen sicher geschickter und kompetenter waren als andere, wird erwartet, dass sie nicht mit ihren Fähigkeiten prahlen oder zeigen, dass sie sich für besser halten als die anderen. Mädchen geben keine Befehle, sie drücken ihre Wünsche durch Vorschläge aus und hoffen, dass diese aufgegriffen werden. So mussten Frauen allmählich lernen: Wer in der Männerwelt arbeiten will, muss sein Auftrittsrepertoire erweitern. Sie haben herausgefunden, wenn der Raum mit einer bestimmten Körperhaltung betreten wird, wird ihr Vorhaben eher ein Erfolg; eine bestimmte Art von Hosenanzügen lässt sie Verkaufsgespräche erfolgreicher abwickeln; oder sie wissen, dass eine bestimmte Stimmkräftigkeit Eindruck bei anderen hinterlässt. Sie haben zusätzlich im Laufe der Jahre ihren Gesprächsstil erweitert, denn wer wie die Männer »kurze Anweisungen, sachliches Argumentieren und ergebnisorientiertes Erzählen« beherrscht, wird in Männerkreisen geschätzt. Gleichzeitig werden sie von Frauen dafür verachtet, denn Frauen mögen keine Powerfrauen, sie brechen mit dem Egalitätsprinzip. Selbstbewusstes Auftreten kostet Sympathien bei den Geschlechtsgenossinnen.

Dennoch haben Frauen mit dem zusätzlich erworbenen männlichen Auftrittsrepertoire der Durchsetzungsfähigkeit und Überzeugungskraft eine größere Chance, im Auswahlverfahren erfolgreich abzuschneiden. Das heißt aber nicht, dass Sie Ihre weiblichen Auftrittsstärken gänzlich ablegen sollten. Ganz im Gegenteil. Wenn es um den Aspekt der Motivationsfähigkeit geht, schneiden Frauen mit ihren integrierenden und kooperierenden Fähigkeiten besser ab. Zahlreiche Untersuchungen belegen, dass Frauen in Bezug auf Teammotivation schon lange die besseren Managerinnen wären. Daher halte ich es für nötig, dass Frauen sich dieser Gewinn bringenden Eigenschaften bewusst werden und weibliche Anteile gezielt in ihren Auftritt mit einfließen lassen. Dezimieren Sie nicht Ihre Weiblichkeit weg, sondern spielen Sie den zusätzlichen Trumpf aus. Machen Sie sich bewusst: Frauen in Führungspositionen verleihen einem Unternehmen das Image, innovativ und modern zu sein, und das möchte sich niemand nehmen lassen.

Es gilt also, eine gelungene Mischung aus männlichen und weiblichen Auftrittsanteilen in Szene zu setzen. Dass dies bereits erfolgreich Anwendung gefunden hat, belegen verschiedene Beispiele: Frau C. arbeitet heute als einzige Frau unter 100 Männern in einem Elektrokonzern. Sie hat jahrelang das männliche Auftrittsgehabe studieren können und fand es die ersten Jahre »befremdlich«. Sie erkannte aber auch, dass sie nur eine Chance haben würde, neben ihren männlichen Kollegen bestehen zu können, wenn sie eine eigene Auftrittspersönlichkeit entwickelte, um das »Auftrittsspiel« gekonnt mitspielen zu können. So legte sie sich einen Auftrittsstil zu, der eine Mischung aus ihrer natürlichen Weiblichkeit und Androgynität besaß. Wenn wichtige Meetings anstanden, begegnete sie den Herren einerseits in einer eher männlichen Körperhaltung – breiter Stand und präsente Schulterlinie –, besann sich auf eine Atmung, die es ihr leicht machte, ein starkes Stimmvolumen zu erzeugen, und formulierte ihre Anweisungen in klaren, kurzen Sätzen. Andererseits kokettierte sie mit ihrer weiblichen Ausstrahlung, betrachtete ihre Kollegen in Konfliktsituationen mit einem warmherzigen, einfühlsamen Blick und schlichtete im Nu jede aufkeimende Unstimmigkeit. Zudem trat sie ausschließlich mit Minirock und Pumps auf.

Sie berichtet: »Als ich meinen Stil gefunden hatte, ging ich manchmal in ein Meeting und wusste zu Beginn noch nicht genau, was ich sagen wollte, wurde dann aber immer wieder für meine Redebeiträge gelobt. Dabei war mir nichts anderes gelungen, als die Männer durch meine bewusste Inszenierung zu fangen. Den einen Teil der Männer sprach ich durch meine ›Männlichkeit‹ an, die ihnen vertraut war, den anderen Teil durch meine weiblichen Anteile, der ihnen das Mütterliche, Verständnisvolle vermittelte.«

Frau M. stellt ein ähnliches Beispiel dar: »Ich bin heute Leiterin an einem kleinen medizinischen Institut für Genforschung. Damals im Auswahlverfahren konkurrierte ich mit drei Männern. In der Branche hatte ich den Spitznamen ›die Ohne-X-Chromosomen-Frau‹. Das hatte zum einen den wissenschaftlichen Hintergrund, aber auch den, dass mich viele Kollegen als ehrgeizig und tough einschätzten. Einerseits war ich stolz auf meine Leistungen, andererseits ärgerte mich diese Betitelung. So entschied ich mich, diesem Klischee nicht zu entsprechen und in dem Bewerbungsverfahren ganz bewusst meine weibliche Seite zu betonen. Ich zeigte mich in einer Mischung aus natürlicher Lockerheit, so wie ich mich im Privaten zeige, und einer verführerischen weiblichen Weise. Etwas gewagt, aber die Rechnung ging auf, ich konnte die Konkurrenten erfolgreich von der Platte fegen.«

Die karriereorientierte Bewerbung ist eine Art Fusion von männlichem und weiblichem Auftritt. Machen Sie aus Ihrer Bewerbung eine »bühnenreife Vorstellung«!

Tipps für karriereorientierte Bewerbungen – damit Ihre Vorstellung bühnenreif wird

Bevor Sie in den folgenden Kapiteln gezielt an Ihrem persönlichen Auftritt arbeiten, hier ein paar grundsätzliche Tipps zur bühnenreifen Vorstellung für hoch dotierte Stellen.

Überprüfen Sie Ihr Karriereziel. Was wollen sie noch beruflich erreichen? Möchten Sie sich verändern, eine Stufe oder gar einen größeren Sprung nach oben wagen, dann gehen Sie Ihren Auftritt gezielt an. Denn wenn Sie bisher erfolgreich waren, dann schaffen Sie es auch weiter. Manchmal höre ich Frauen sagen: »Macht ist Männersache.« Bedenken Sie, dass Sie durch diesen Satz anderen den Weg nach oben überlassen! Tatsächlich sind die Karrierechancen für beide Geschlechter gleich. Vertrauen sie darauf, andere Frauen haben es auch geschafft. Sie begegnen uns täglich in Wirtschaft, Politik und Wissenschaft.

Grundsätzlich forcieren junge Frauen lieber den Auftritt anderer als ihren eigenen und geben sich, solange sie keine eigene Bühnenerfahrung haben, eher damit zufrieden, die unterwürfige Rolle einzunehmen. Wenn Frauen aber erst ihre eigene Selbstdarstellung entdeckt haben, bieten sie Beeindruckendes. Meistens sind sie sogar in der Lage, ihren Auftritt vielschichtiger und facettenreicher als das andere Geschlecht zu gestalten. Kurz: Ein Selbstmarketingkonzept für Frauen tut Not, um die Chancen für beide Geschlechter zu erhöhen und erfolgreich im Wettbewerb abzuschneiden.

Das Ziel ist eine Frage der Grundhaltung. Überprüfen Sie Ihre Einstellung zum Thema Karriere. Nur mit einer klaren Grundhaltung kann Ihnen ein überzeugender Auftritt gelingen. Klären Sie für sich die Ambivalenz zwischen Erwerbsleben und Familie.

Als berufstätige Frau sind Sie Auftritte gewohnt. Sie mussten sich bereits vor den unterschiedlichsten Personengruppen wie Kollegen, Chef, Kunden und so weiter präsentieren. Grundsätzlich gilt für den Auftritt im Topmanagement: Wenn Sie führen wollen, sollten Sie eine Ausstrahlung haben, die andere mitreißt. Überprüfen Sie daher Ihre gesamte Auftrittspräsenz. Betrachten Sie sich bezüglich Ihrer Ausstrahlung, des Aussehens, der Körperhaltung, der Stimme. Entsprechen diese Merkmale eher einem zurückgenommenen oder expressiven Ausdruck, eher einem weiblichen oder männlichen, eher einem jugendlichen oder reiferen Ausdruck? Unterstützen Sie Ihren natürlichen nun durch Ihren gestalteten Ausdruck. Wählen Sie Kleidung, Farben, Frisur, Accessoires im Hinblick darauf. Überprüfen Sie Ihre Auftrittspräsenz, denn das hat Konsequenzen für Ihren Bewerbungsauftritt. Um ein aussagekräftiges Bild zu erhalten, sollten Sie Personen Ihres Vertrauens zu Rate ziehen, die Ihnen einen Eindruck aus der Außenperspektive liefern können.

Nachdem Sie Ihren Auftrittstyp ermittelt haben, sollten Sie folgende Regeln beachten.

Frau betritt Männerbühne

Achten Sie darauf, ein Gleichgewicht von männlichen und weiblichen Anteilen zu schaffen. Denn männliche Anteile schaffen Vertrauen (»Das ist eine wie wir, die spricht dieselbe Sprache, die passt in unser Männerteam«). Wie sich das ausprägt, ist individuell verschieden. Ich kenne Frauen, die eine männliche Denkweise erlernt haben, die Dinge sachlich benennen können und wegen ihrer knappen Anweisungen geschätzt werden. Andere drücken das durch ihren Kleidungsstil aus, fühlen sich in Hosenanzügen am wohlsten, wählen den Gehrock oder tragen Herrenschuhe. Ich kenne Frauen, die in ihrer Attraktivität einen höheren männlichen Anteil haben, über einen eher knabenhaften Körper verfügen und eine männliche Auftrittsweise bevorzugen. Aber bitte übertreiben Sie es nicht! Manche Frauen treten »von Kopf bis Fuß auf Mann eingestellt« auf, präsentieren sich in ihrem Auftritt angriffslustig von der ersten bis zur letzten Sekunde und schauen verwundert, wenn sie feststellen, dass andere das Rennen gemacht haben. Auftreten ist kein Androidenkampf, bei dem Sie jedes Mal Pluspunkte machen, wenn Sie Ihre Laserkanone zücken. Übermannen Sie nicht Ihr Gegenüber, sondern betrachten Sie Ihren Auftritt als ein selbstbewusstes Miteinander.

Bedienen Sie sich auch Ihrer weiblichen Anteile. Für Männer ist dies das Fremde, das Andersartige, aber auch das Reizvolle. Für den Bewerbungsauftritt sollten sich Frauen im Klaren sein, dass dies ihr Unterscheidungsmerkmal ist und sie damit etwas zu bieten haben, was die anderen nicht haben. Das schafft einen zusätzlichen Gewinn. Frauen stehen für gemeinschaftliche Atmosphäre, Einbinden der Mitarbeiter in den Entscheidungsprozess, bessere Teambildung. Sprechen Sie nicht nur darüber, sondern signalisieren Sie diese Kompetenzen bereits durch Ihr Auftreten. Denn bedenken Sie: Nur was wir sehen, überzeugt auch. Überprüfen Sie daher Ihre weiblichen Anteile. Verfügen Sie über Herzlichkeit, warme Ausstrahlung, einen warmen Blick, eine verbindliche Art? Stellen Sie das heraus, möglicherweise unterstreichen Sie es noch zusätzlich durch Ihr Outfit. Warme, weiche Stoffe oder lange Röcke bringen das am besten zum Ausdruck.

Die These, dass Erfolg grundsätzlich männlich macht, hat keinen Bestand.

Vorsicht: Frauen, die über zu hohe weibliche Anteile verfügen, haben es schwer, ernst genommen zu werden. Oftmals verfahren Männer hier nach zwei Devisen: Diskriminierung oder sexuelle Belästigung. Individuell äußert sich zu starke Weiblichkeit im Erscheinungsbild zum Beispiel durch extrem hohe Gesichts- oder Körperattraktivität. Frauen mit Kindchenschema-Gesichtszügen und weiblichen Körpertraummaßen, gepaart mit sexy Outfit und Kopfstimme, haben es

trotz bester Qualifikationen schwer, auf der Männerbühne respekt-
voll behandelt zu werden. Man wird sich für Sie interessieren, keine
Frage – aber nicht aus karriererelevanten Gründen. Sie sollten beim
Bewerbungsverfahren männliche Akzente zum Beispiel durch Hosenanzüge setzen, seriöse Outfitfarben wie Grau oder Blau wählen
und gegebenenfalls Distanz schaffen durch eine männlich wirkende
Fensterglasbrille.

Frau betritt Frauenbühne
Treffen Sie beim Auswahlverfahren nicht auf Männer, sondern auf
eine Frau oder Frauen, dann geschieht Folgendes: Die Bewerberin
möchte die Personalchefin von ihren Qualitäten überzeugen. Verhält
sie sich hier gegenüber der Personalchefin wie ein Chef, nach den
Verhaltensweisen, die sie aus der Männerwelt bereits gelernt hat, wird
sie für dieses Verhalten von der Entscheiderin dafür bestraft werden –
mit dem Resultat: »Stelle nicht bekommen«. Mädchen oder Frauen
erhöhen sich nicht selbst, schon gar nicht, wenn sie von anderen abhängig sind, lehrt das weibliche Verhaltensmuster. Grundsätzlich werden Verbundenheit und Gemeinsamkeit erwartet. Wie bei einer Mut-
ter-Kind-Beziehung versuchen beide Frauen zu überprüfen: »Kannst
du dich einerseits meinen Anweisungen unterordnen und mir vertrauen und bist du andererseits auch in der Lage, Unterstützung und
Kraft zu bieten?« Erst wenn beide Anteile sichtbar werden, erscheint
die Kandidatin geeignet und ist akzeptabel. Kann sie nur den kindlichen Anteil bedienen, wird sie für zu schwach befunden; ist sie nur
mütterlich, wirkt sie zu gereift, zu erwachsen, zu dominant, zu wenig
lernbereit. Es kommt also auf die gelungene Mischung von kindlichen
und mütterlichen Anteilen im Auftritt an. Frauen erkennen sofort am
Auftritt, ob der eine Anteil überwiegt oder der andere. So rate ich
Frauen in Bewerbungsgesprächen für Führungsposten eine auf ihren
Typ abgestimmte kindliche und mütterliche Auftrittsweise. Bringen
Sie zum Beispiel ein Gesicht mit sehr mädchenhaften Zügen mit, dann
achten Sie darauf, dass Sie sich reifer, erwachsener geben, über verbin-
dende Gesten Nähe und Vertrauen schaffen oder einen älter machen-
den Kleidungsstil einsetzen. Ist Ihre Ausstrahlung von Natur aus eher
stark und erwachsen, dann nehmen Sie Ihren Körperausdruck zurück
und lassen Sie auch unsichere Züge erkennen oder Ihr Haar zu diesem
Anlass jugendlicher und moderner stylen.

Treffen Frauen auf gemischte Bewerbungsgruppen, so sollte ihr Auftritt eine gelungene Mischung aus weiblichen, männlichen, kindlichen und mütterlichen Auftrittsanteilen enthalten. Jeder bekommt ein bisschen von Ihrer Aufmerksamkeit. Denn je mehr Teilnehmer der Jury Sie durch Ihren Auftritt ansprechen können, umso höher die Chance, sie alle für sich einzunehmen. Erkundigen Sie sich also vorher, wer Sie alles im Bewerbungsverfahren erwarten wird. Ein kurzer Anruf genügt.

Manche Frauen sind damit überfordert und wirken dadurch gerade unsicher im Auftritt. Greifen Sie in solchen Situationen immer auf Ihren individuellen Frauenauftrittstyp zurück, damit gehen Sie ganz sicher.

Etwas Grundsätzliches zur Gestaltung im Topmanagement. Machen Sie sich Folgendes klar: In dem Moment, wo Sie Autorität repräsentieren, spielen Sie in einer bestimmten Liga. Daher sollten Sie für Anlässe wie Vorstellungsgespräche für Toppositionen ein hochwertiges Outfit wählen. Beste Qualität, guter Sitz und stilvolle Kombination sollten selbstverständlich sein, denn dies symbolisiert Macht und Respekt. Je höher die Position, desto stilvoller der Auftritt.

Die Dozier-, Verkaufs- und Beratungsbühne – »der Auftritt mit Zugabe«

Sie treten täglich auf!

Ob im Vertrieb, in der Beratung, als Dozentin oder auf Fachvorträgen, Sie haben etwas zu geben und versuchen, Ihr Produkt oder Ihre Dienstleistung erfolgreich an den Kunden zu bringen. Sie haben Spaß an Ihrem Beruf, verstehen sich auf Ihr Fachwissen, sind geschult in Gesprächsführungstechniken und stets bereit, Ihre Kunden zufrieden stellend zu bedienen. Nachfrage und Kundenzufriedenheit haben Ihnen gezeigt, dass Ihr Produkt erfolgreich am Markt platziert ist und Zukunft hat. Dennoch möchten Sie noch erfolgreicher werden und suchen einen Weg, Ihr Produkt oder Ihre Dienstleistung noch überzeugender an die Frau oder den Mann zu bringen.

Viele Berater oder Anbieter setzen auf Information. Sie informieren noch weitreichender und detaillierter über ihr Produkt oder ihre Dienstleistung, in der Hoffnung, dadurch Überzeugungsarbeit leisten zu können. So ergießen sie ihr gesamtes Fachwissen über ihre Zielgruppe, ohne zu bemerken, dass diese sich längst ausgeklinkt hat. Bei Präsentationen, Unterrichtsstunden, Verkaufsgesprächen und Beratungen geht es nicht um eine reine Textwiedergabe. Eine Botschaft wirkt dann überzeugend, wenn das Gesagte auch gemeint und gelebt wird. Die Werbung lebt es vor. Ist die Darstellerin eines Produktes passend gewählt, sind wir bereit, uns mit dem Produkt und seiner Botschaft zu identifizieren. Steht zum Beispiel eine Kaffeesorte für Genuss und Luxus, dann erwarten wir eine Darstellerin mit edler Ausstrahlung, erhabener Körperhaltung und hochwertiger Kleidung. Text allein überzeugt nicht. Wir sind schnell enttäuscht, wenn ein Schauspieler uns seine Rolle nur auswendig gelernt vorträgt und sie nicht lebendig zu gestalten versteht.

Überzeugungsarbeit ist also gut, aber sie sollte nicht durch Worte, sondern durch Taten wirken. Ihr Produkt und Sie sollten also zusammenpassen. Wieder steht der persönliche Eindruck im Mittelpunkt, diesmal gepaart mit Ihrem Produkt. Ich kenne Softwareberater, die wissen nicht, was sie genau verkaufen. Sie wissen zwar, was dieses Produkt alles kann, und sind aus dem Stand heraus in der Lage, einen zehnminütigen technischen Vortrag zu halten. Aber wofür ihr Produkt genau steht, darüber haben sie sich bisher keine Gedanken gemacht. Ist es ein hochwertiges, mittleres oder günstiges Produkt, was ist das Außergewöhnliche daran, welches Bild könnte man für dieses Produkt finden?

So gilt es in einem ersten Schritt herauszufinden, wofür dieses Produkt oder die Dienstleistung steht, um dann in einem zweiten Schritt die dazugehörige Gestaltung herauszuarbeiten. Wenn ich ein exklusives Produkt anbiete und in Jeans herumlaufe, habe ich es schwerer, mein Gegenüber von der Qualität des Produktes zu überzeugen, als wenn ich in Designerkleidung erscheine. Wenn ich ein Diätprodukt verkaufe, habe ich es schwerer, wenn ich Kleidergröße 34 trage und mir Figurprobleme nicht anzusehen sind. Wenn ich Fitness verkaufe und verlebt und krank aussehe, habe ich größere Schwierigkeiten, von Kunden akzeptiert zu werden. Sie vertreiben Schmuck? Tragen Sie Ihren Schmuck selber. Auch als Ärztin sollten Sie sich darüber Gedanken machen, was die Botschaft Ihrer Praxis ist. Entwerfen Sie Ihre eigene PR-Strategie. Dadurch fällt es auch leichter, sich von anderen abzusetzen und ein eigenes Markenzeichen zu etablieren. Auch Vorträge oder Lehrstunden sollten daraufhin überprüft werden.

Oft höre ich: »Der Unterricht macht den Schülern einfach keinen Spaß, da kann man nichts machen.« Ich kann mich gut an meine Schulzeit erinnern: Da gab es Lehrer, die ich langweilig fand, und da gab es Lehrer, auf deren Unterricht ich mich gefreut habe. Das lag keineswegs am Fach, sondern an der Präsentation. Wenn Person und Fach zusammenpassten, dann war ich stark am Unterricht interessiert. Ich erinnere mich an eine Englischlehrerin, die 1,95 Meter groß war, Dynamik versprühte und Spaß daran hatte, Englisch zu unterrichten. Sie war eine moderne, lebenslustige Frau, die jeden Tag ihre langen braunen Haare anders frisierte und modern-britische Kleidung trug. Sie machte Lust auf Englisch, weil sie es lebte. Sie machte englische Kultur zum Greifen nah. Das war die Zeit, in der ich in Englisch brillierte.

Ich höre immer wieder berufstätige Frauen sagen: »Wenn ich sehe, wie mein Chef die Unternehmensziele darstellt, dann weiß ich nicht, warum ich dort noch arbeite.« Doch auch trockene Themen haben eine Botschaft, die man lebendig vermitteln kann. Ob Projektpräsentationen, Fachvorträge bei Symposien oder Statistiken – machen Sie sich auf die Suche nach der Verbindung zwischen persönlichem Auftritt und Botschaft.

So schildert Frau M., Großkundin einer Werbeagentur: »Wenn ich mit meinem Kollegen bei einer Produktpräsentation sitze und wir bereit sind, einiges an Geld dazulassen für ein gutes Werbeprodukt, dann brauchen wir uns nach einer Weile nur anzuschauen und wissen, die Sache passt oder die Sache passt nicht. Und das hat erheblich damit zu tun, ob die Person das selber gut findet, was sie uns verkaufen will.«

> **Jede Beratung, jedes Verkaufsgespräch, jeder Vortrag ist eine Art Auftritt, der neugierig machen soll auf Ihr Angebot. Arbeiten Sie daran, dass Ihr Auftritt der Auftritt mit der besonderen Zugabe wird.**

Tipps für Berater, Dozenten und Verkäufer – damit Sie Lust auf mehr machen

Bevor Sie in den folgenden Kapiteln gezielt an Ihrem persönlichen Auftritt arbeiten, hier ein paar grundsätzliche Tipps, damit man bei Ihrem Auftritt Lust auf mehr bekommt.

Erst wenn Sie Ihr Produkt oder Ihre Dienstleistung gut kennen, können Sie Ihren Auftritt gestalten. Überprüfen Sie Ihre Grundhaltung zu Ihrem Produkt oder Ihrer Dienstleistung. Wie sind Sie zu dem Produkt gekommen? Wenn Sie die Arbeit nur machen, weil Ihre Großeltern schon das Gleiche gemacht haben, wird das nicht ausreichen, andere von Ihrem Produkt zu überzeugen.

Welche Motive haben Sie, dieses Produkt zu verkaufen? Sie können kein Vertrauen stiften, wenn Ihr Antrieb nur finanzieller Natur ist. Macht Ihnen Ihre Tätigkeit noch Spaß? Wenn Sie Ihre Tätigkeit langweilt, dann suchen Sie sich etwas anderes.

Dienen Sie gern? Dienstleistung hat viel mit Dienen zu tun. Nur wer anderen gern gibt, wird das in seinem Auftreten auch ausstrahlen.

Überlegen Sie, um was für ein Produkt oder eine Dienstleistung es sich handelt. Ist es etwas Praktisches, etwas Theoretisches, etwas Sportliches oder etwas Ästhetisches? Was zeichnet Ihr Produkt oder Ihre Dienstleistung aus, was hebt Ihr Produkt von anderen ab? Ist es die Modernität, die Exklusivität, die Zuverlässigkeit?

Lassen Sie die Botschaften Ihres Produktes oder Ihrer Dienstleistung in Ihren Auftritt mit einfließen.

Überprüfen Sie Ihre natürlichen Auftrittsmerkmale, von der Ausstrahlung über das Aussehen bis zur Stimme. Lassen sich Verbindungen herstellen zwischen Ihnen und Ihrem Produkt? Nur Sie können Appetit machen auf Ihr Produkt, niemand sonst. Tun Sie das durch Ihre eigenen Zutaten. So sollten Sie, wenn Sie Schönheit verkaufen, Ihre Attraktivität herausstellen. Wenn Sie Seriosität oder Ernsthaftigkeit präsentieren, überprüfen Sie Ihren Blick oder Ihre Stimme auf Vertrauenswürdigkeit. Wenn Sie den neusten Schrei verkaufen müssen, sollten Sie Ihre Ausstrahlung oder Ihren Körperausdruck in puncto Lebendigkeit optimieren. Denn nur, was wir von innen leben, überzeugt.

Die äußere Gestaltung kommt dazu. Gleichen Sie Ihr Produkt oder Ihre Dienstleistung Ihrer Gestaltung an. Wer teure Autos verkauft, sollte teure Garderobe tragen, wer einen kompetenten Vortrag hält, sollte bevorzugt Blau tragen, wer Sportlichkeit verkauft, sollte dies auch in Frisur und Kleidung vermitteln.

Das Werk lobt den Meister. Und das sollte man Ihnen ansehen.

Die Rundfunk- und TV-Bühne – »das Millionenpublikum«

Sie treten vor Millionen auf!

Sie sind eine anerkannte weibliche Führungskraft oder eine hoch qualifizierte Fachfrau auf Ihrem Gebiet und müssen ein Interview in den Medien geben. Ihr Wissen aus Wirtschaft, Politik, Kultur oder Sozialem soll einer breiten Masse zur Verfügung gestellt und authentisch und treffend präsentiert werden.

Doch bei dem Gedanken zucken die meisten zusammen. Sie befürchten, ihre Gedanken nicht überzeugend vermitteln zu können, und wissen, wer einen schlechten Eindruck hinterlässt, blamiert nicht nur sich selbst, sondern auch sein Unternehmen.

In unserer Zeit, die nicht nur schneller, sondern auch lauter und glänzender geworden ist, braucht es zunehmend mehr an Inszenierung und lautstarker Persönlichkeit, um überhaupt bemerkt zu werden. Der Blick in die verschiedenen Fernsehsendungen beweist: Wer Aufmerksamkeit auf sich lenken will, muss auffällig sein oder zu extremen Mitteln greifen, um gesehen zu werden. In der Medienwelt sind durchschnittliche Auftritte langweilig. Es stellt sich also die Frage, wie die eigene Bildschirmpräsenz vorteilhaft in Szene gesetzt werden kann, auch wenn man kein Fernsehprofi ist.

Die wenigsten können frei und ungehemmt vor laufender Kamera reden und agieren. Meist zeigen sich in dieser Situation zwei Verhaltensmuster: Die einen glauben, etwas ganz Besonderes machen zu müssen, und halten Maskerade und Mitmachillusion für das Erfolgsrezept. Andere hingegen verhalten sich extrem zurückgenommen, geraten beinahe in Panik, empfinden eine zunehmende geistige Leere und stammeln sich durch ihren Auftritt, obwohl sie eigentlich zu jedem Thema etwas zu sagen hätten.

So berichtet Frau L., eine junge Politikerin, die noch relativ unerfahren im Mediengeschäft ist: »Bei spontanen Live-Interviews fühle ich mich heute immer noch überrumpelt, gerate in Panik und bin sofort leer im Kopf. Ich fasse mich dann wieder nach einer Weile, aber als normalen Zustand kann ich das nicht beschreiben.«

Auch Frau K., eine einflussreiche Führungskraft, kann sich noch gut an ihren ersten Fernsehauftritt erinnern: »Scheinwerfer und Kamera machten mich damals so nervös, dass ich Angst hatte, zu blöd erscheinen zu können. Ich setzte mich daher übertrieben in Szene, redete ständig in Fremdwörtern und versuchte auch sonst, auf intellektuell zu machen. Heute weiß ich, dass das aufgesetzt war und äußerst unvorteilhaft rüberkam.«

Tatsächlich kommen die Lauten nicht besser an als die besonders Leisen oder umgekehrt. Zum Zuschauerliebling wird, wer den Fachmann erkennen lässt und zugleich Natürlichkeit an den Tag legt. Das bedeutet, sich der eigenen Auftrittsmerkmale bewusst zu sein und diese gekonnt zu vermitteln. Hierzu ein Beispiel: Eine Expertin für Meinungsumfragen durfte erfahren, dass sie vor der Kamera einen weitaus besseren Eindruck hinterlassen hatte als ihr Kollege, für den sie kurzfristig eingesprungen war. Kompetent und selbstsicher bewegte sie sich durch die Sendung. Sie hatte verstanden, neben ihrer Kompetenz Persönlichkeit sichtbar zu machen. In einem farbenfrohen Outfit mit witziger Frisur präsentierte sich die lebenslustige Frau. Sie überraschte immer wieder durch ihre Schlagfertigkeit und Eloquenz und verstand es, schwierigen Fragen durch kecke Antworten zu entgegnen. Die Mischung aus Kompetenz, Zahlenfestigkeit und Lebendigkeit war ihr erfolgreiches Medienrezept. Wichtige aussagekräftige Sätze konnten haften bleiben, und zugleich war für den Unterhaltungswert gesorgt. Das schafft Bonuspunkte beim Publikum.

Erfolgreich mit Klischees zu brechen ist im Fernsehen ein wirksames Auftrittsmittel. Werden Sie sich also Ihrer Auftrittsstärken bewusst. Dabei geht es nicht vorrangig darum, in einer Welt von Schein und So-tun-als-ob um jeden Preis laut zu sein.

Tipps für den wirkungsvollen Auftritt vor Millionenpublikum

Wenn man Sie gebeten hat, ein Interview oder ein Statement vor laufender Kamera abzugeben, überlegen Sie sich Ihre Rolle. Als welche Art von Expertin treten Sie vor die Scheinwerfer? Was ist Ihre Botschaft oder Ihr Produkt? Transportieren Sie eine ernste, eine witzige, eine neutrale Information? Gestalten Sie, wie im vorangegangenen Kapitel beschrieben, Ihre Auftrittsmerkmale im Abgleich mit Ihrem Produktimage. Einer Schauspielerin bieten sich über Ausstrahlung, Mimik, Stimme und die gestalteten Auftrittsmerkmale andere Möglichkeiten als einer Juristin. Produkt und Person sollten immer übereinstimmen. Bedienen Sie Ihr Berufs- oder Produktimage.

Das Medium Fernsehen/Radio ist ein ungnädiges Unterhaltungsinstrument. Wirken Sie nicht interessant auf dem Bildschirm, werden Sie einfach weggeschaltet. Daher sollten Sie in der Erarbeitung Ihres Produktimages nicht nur Klischees bedienen, sondern auch mit Ihren Auftrittsstärken Aufmerksamkeit erregen. Wer auffällt, bleibt haften.

Wenn Sie Juristin sind und etwa über ein mädchenhaftes Lachen verfügen, dann kann genau das der Grund sein, warum Sie zum Publikumsliebling werden. Man nennt das Eyecatcher. Verbinden Sie Ihre Botschaft mit einem Ihnen spezifischen Transportmittel. Das kann ebenso gut ein mädchenhaftes Lachen sein wie auch ein anderes Stilmittel Ihrer Persönlichkeit. Es hängt von Ihrer Individualität ab.

Standard ist langweilig.

Wer vor der Kamera steht, wird mit ganz eigenen Regeln konfrontiert. Für Ihr Verhalten bedeutet dies, dass Sie Ihre körperlichen und mimischen Aktionen dem Bildausschnitt anpassen müssen. Übertriebenes Gestikulieren oder mimischer Einsatz können vom Inhalt ablenken. Minimieren Sie Ihre Bewegungen. Sie könnten schnell übertrieben, verspannt und unangenehm wirken.

Bei der Wahl Ihrer Kleidung sollten Sie grundsätzlich folgende Regeln beachten. Wählen Sie keine zu starken Kontraste wie zum Beispiel oben Schwarz und unten Weiß, da im Medium Fernsehen aus lichttechnischen Gründen nur geringe Kontrastumfänge gut darstellbar sind. Wählen Sie die Farbe Weiß nur in Ausnahmefällen, beispielsweise als Ärztin. Beige ist Weiß immer vorzuziehen. Alle gedeckten Farbtöne sind empfehlenswert, Blau, Grau und Schwarz. Diese lenken nicht von der Person ab und stellen das Gesagte stärker in den Vordergrund. Blau gilt als sehr geeignete Farbwahl für Bildaufnahmen. Leuchtende Farben wie Rot oder Orange stellen sich selbst in den Vordergrund – überprüfen Sie daher, ob diese Farben Ihr Produkt und Ihre Persönlichkeit unterstreichen, denn Ihre natürlichen Auftrittsmerkmale sollten ihnen standhalten können. Wählen Sie keine kleinen Muster wie Pepita oder Salz-und-Pfeffer. Sie erzeugen ein unvorteilhaftes Flimmern auf dem Kleidungsstück, den so genannten Moiré-Effekt.

Lernen Sie, sich vor der Kamera kurz zu fassen. Überlegen Sie sich vorher, was Sie sagen wollen, was genau Ihre Botschaft ist und welche Themen Sie in Ihrem Interview unbedingt behandelt haben möchten. Verwenden Sie einprägsame Sätze, denn so geben Sie dem Publikum die Möglichkeit, sich an Sie zu erinnern. Üben Sie sich in kurzen, präzisen und genau auf den Punkt gebrachten Formulierungen. Die Sendezeit im Fernsehen ist kostbar.

Die Unternehmerin als Ich-AG –
»ein modernes Bühnenstück«

Sie treten überall auf!

Sie sind bestens qualifiziert und bieten eine innovative Dienstleistung auf dem freien Markt an, überlegen schon länger, eine Agentur zu gründen oder haben Ihr Hobby zur Einkommensquelle gemacht: Internet, privater Massagedienst, eine Weinbar, ein Spezialversand oder sonst irgendeine innovative Idee. Sie vertreten die Auffassung, dass neben der Erwerbstätigkeit auch noch Raum für die Familiengründung sein muss. Sind flexibel, teamworkerfahren, selbstmanagementerprobt und betrachten Ihr Modell als Lebenskunstwerk. Willkommen im Club der Selbstständigkeit – in der Ich-AG!

Es sind vor allem Frauen, die Selbstverwirklichungsunternehmen aus dem Boden sprießen lassen. Sie realisieren Job und Kindererziehung in einem. So betreten sie am Tag zahlreiche unterschiedliche Bühnen und sollen dabei immer eine wirkungsvolle Figur machen. Vom Banktermin über den Besuch beim Kunden, von der Uni-Vorlesung bis zum Kinderhort: Sie pendeln von einer Rolle zur nächsten.

Ich kenne Powerfrauen, die ziehen sich einige Male am Tag um, um allen Anforderungen gerecht zu werden. Ich kenne Unternehmerinnen, die sind mit dem Rollenpensum so überfordert, dass ihnen keine Zeit mehr bleibt, sich Gedanken über ihr Aussehen zu machen. Frau G. zum Beispiel ist selbstständige Gesundheitsberaterin und beschreibt ihren Alltag folgendermaßen: »Als Beraterin hetze ich regelmäßig zwischen Hausbesuchen und Fachtagungen hin und her. Ein Einstellungsgespräch wird noch schnell dazwischengeklemmt, und nach Feierabend beginnt erst der wahre Stress für mich. Schlagartig, wenn ich die Firma verlassen habe, werde ich zur Mutter, muss mein Kind pünktlich von der Tagesmutter abholen. Laufe schnell in den Supermarkt, um zu Hause zur Köchin zu werden. Wenn ich abends meinen Lebensgefährten treffe, sagt der dann: ›Dich sieht man immer in dieser ollen Jeans, hast du nichts anderes?‹ Wo bleibt da noch die Zeit, sich Gedanken über Klamotten zu machen?«

Eine berechtigte Frage, und vor allem eine nötige. Denn tatsächlich hinterlassen wir bei jedem, dem wir begegnen, einen spezifischen Eindruck. Und jeder betrachtet dabei die Welt aus seiner Brille. So werden Sie von einem Bankangestellten, von dem Sie sich einen Kredit wünschen, in einer Jeans anders bewertet als in einem edlen Kostüm. Sie werden von einem Automechaniker in einem Chanel-Kostüm anders bewertet als in Pulli und Latzhose. Die Klassenlehrerin beim Elternabend wird Ihre modernen Stilettos anders betrachten als Ihre Birkenstock-Sandalen. Jede Gruppe, der sie in Ihrem Alltag begegnen, hat ihre eigenen Normen und Auftrittsansprüche.

Um sich wirkungsvoll in Szene zu setzen, sollten Sie zuerst Ihren persönlichen Auftritt definieren. Sie können auf den verschiedenen Bühnen nur überzeugend wirken, wenn Sie wissen, wer Sie sind und wofür Sie stehen wollen. Das schließt das Produkt, für das Sie als Unternehmerin stehen, genauso mit ein wie Ihre persönlichen Auftrittsmerkmale. Je nach Anlass sollten Sie nun diesen typgerechten Auftritt durch kleine Stilelemente salopper oder schicker gestalten. Dadurch nähern Sie sich geschickt der anderen Seite an, erfahren größere Akzeptanz und verhindern mögliche Widerstände.

Auch wenn Sie als Selbstständige zahlreiche Jobbühnen betreten, verlassen Sie nie Ihre Auftrittsidentität. Es ist, als wenn Sie ein fremdes Land bereisen: Sie nähern sich zwar der anderen Kultur durch Sprache, Essgewohnheiten und Benehmen an, aber Ihre eigene Nationalität verlieren Sie dabei nie. So erzählt eine selbstständige Architektin, die von morgens bis abends unterwegs ist und auf den verschiedensten Bühnen agieren muss: »Morgens, wenn ich vor dem Kleiderschrank stehe, überlege ich, was mich am Tag erwarten wird. Da ich eine sportliche, aktive Ausstrahlung habe, habe ich mir entsprechend auch eine praktische und bequeme Kleiderrichtung zugelegt. Der Business- und der Safaristil drücken das am besten aus. Von Hosen bis Röcken ist alles vertreten. Die Grundlinie bleibt, nur die Ausführung ist mal eleganter oder lässiger, das hängt ganz von der Gelegenheit ab. Ich greife also eine Grundgarderobe aus dem Kleiderschrank, die für den Tag tauglich ist. Ich wähle ein weißes tailliertes Leinenhemd mit Knöpfen und Brusttaschen und den passenden langen Leinenrock mit Schlitz dazu. Ein orangebraunes Nickituch binde ich mir um den Hals. Heute morgen bringe ich meine Tochter in den Kindergarten. Da bleibt alles so, wie es ist. Danach treffe ich Bauherren und Bauingenieure auf der Baustelle, dafür nehme ich meine braunen, supermodisch geschnittenen Steppstiefel mit, die passen zum langen Leinenrock und sind für schlammige Baustellen bestens geeignet. Zu diesem wichtigen Gespräch stecke ich noch schnell meine braune sportliche Metallbrille von Joop ein, die sieht aus wie eine Skibrille, nur viel filigraner, und lässt mich seriöser und älter erscheinen. Das macht es mir bei manchen Gesprächen leichter. Danach habe ich eine Vorlesung in der Uni, da kommt die Brille wieder ab. Heute Abend treffe ich meinen Mann im Restaurant, da wechsle ich die Schuhe wieder gegen die Slipper, toupiere mir meinen kurzen Wuschelkopf noch ein bisschen im Auto auf und lege braunen Lippenstift auf. Ein paar Handgriffe – das war's. Der Tag kann kommen.«

Einige Tipps, damit Ihre Selbstständigkeit zu einem erfolgreichen modernen Bühnenstück wird

Sie haben den Schritt in die Selbstständigkeit gewagt und wollen Ihr Produkt am Markt platzieren. Wie in den vorangegangenen Kapiteln bereits erwähnt, können Sie Ihren Auftritt erst typgerecht gestalten, wenn Sie Ihr Produkt genau kennen.

Überprüfen Sie Ihr Produkt oder Ihre Dienstleistung. Überlegen Sie, um was für ein Produkt oder eine Dienstleistung es sich handelt. Ist es etwas Praktisches, etwas Theoretisches, etwas Sportliches oder etwas Ästhetisches? Was zeichnet Ihr Produkt oder Ihre Dienstleistung aus? Was hebt Ihr Produkt von anderen ab? Ist es die Modernität, ist es die Exklusivität, ist es die Zuverlässigkeit? Lassen Sie die Botschaften Ihres Produktes oder Ihrer Dienstleistung in Ihren Auftritt mit einfließen, indem Sie beispielsweise auf Outfitfarbe, Material und Label achten.

Überprüfen Sie Ihre natürlichen Auftrittsmerkmale von der Ausstrahlung über das Aussehen bis hin zu Ihrer Stimme. Lassen sich Verbindungen herstellen zwischen Ihnen und Ihrem Produkt? Nur Sie können Appetit machen auf Ihr Produkt, niemand sonst. Tun Sie dies durch Ihre eigenen Zutaten. So sollten Sie, wenn Sie Schönheit verkaufen, Ihre Attraktivität herausstellen. Wenn Sie Seriosität oder Ernsthaftigkeit präsentieren, überprüfen Sie Ihren Blick oder Ihre Stimme: Wirken Sie vertrauenswürdig? Wenn Sie den neusten Schrei verkaufen müssen, sollten Sie Ihre Ausstrahlung oder Ihren Körperausdruck in puncto Aufgeschlossenheit und Lebendigkeit checken. Denn nur was wir von innen leben, kann auch nach außen überzeugen. Gleichen Sie Ihre Gestaltung, wie bereits in den vorangegangenen Kapiteln beschrieben, Ihrem Produkt oder Ihrer Dienstleistung an. Haben Sie ein klares Existenzgründungs-Profil, so sollte man es Ihnen auch ansehen.

Sie betreten als Existenzgründerin die unterschiedlichsten Bühnen: Bankgespräche, Kundengewinnung, Personalbeschaffung und so weiter. Wie bereits in den vorangegangenen Kapiteln beschrieben, sollten Sie studieren, welche Berufsimages damit verbunden sind. Wie treten die Personen in dieser Branche auf? Gibt es einen Dresscode? Ist es ratsam, eher auf einen offiziellen Businessstil zurückzugreifen, indem Sie Kostüm oder Hosenanzug wählen? Oder reicht ein legerer Businessstil wie Jeans und Pulli aus? Ich unterscheide in meinen Beratungen drei Outfitebenen: Freizeitstil, legerer Businessstil und offizieller Businessstil. Diese Ebenen unterscheiden sich in der Ausführung eines Kleidungsstils, sie haben nichts mit der für Sie typgerechten Kleidung zu tun. Beispiel: Sie bevorzugen für sich persönlich den Kleidungsstil »Leder«. Für die Freizeit kann das bedeuten: Riemchenledersandaletten, getragen ohne Strümpfe, dazu Jeans und weites Herrenhemd in Kombination mit Lederschmuck. Für die legere Businesskleidung kann das bedeuten: Lederslipper oder Lederschnürschuh mit Strumpf, einen farblich passenden Pulli, kombiniert mit einer Velourslederhose und passender Velourslederjacke. Für die offizielle Businesskleidung kann das bedeuten: hochwertiger Schlangenlederschuh in Form eines Pumps oder Stiefels, Seidenstrumpf, schlichte Hemdbluse und Rock oder Hose, kombiniert mit taillierter Schlangenlederjacke aus demselben Material wie die Schuhe. Abgerundet wird das Bild durch eine Schlangenledertasche. Eine Alternative stellt ein elegantes Lederkostüm in Kroko-Prägung dar. Ein weiteres Beispiel: Sie fühlen sich im Citystil am wohlsten. Kennzeichen dieses Stils sind Streifenmuster. In Ihrer Freizeit tragen Sie einen gestreiften Seemannspullover und Segelhose, im legeren Businessstil greifen Sie zu Sneakers mit Streifenmuster, hellen Jeans und gestreiftem Oberteil passend zum Schuh. Sie hängen sich einen Pullover über die Schulter oder greifen zum Marinejackett. Witziges Accessoire: ein Rucksack. Im offiziellen Businessstil tragen Sie einen Nadelstreifenanzug oder einen gestreiften Gehrock in Kombination mit Rock oder Hose; ein freches Nickituch kann die strenge Linienführung unterbrechen.

Wer seinen Auftrittsstil gefunden hat, bleibt seinem Stil treu. Variieren Sie nur zwischen den verschiedenen Ausprägungen (Freizeit, legerer oder offizieller Businessstil), je nach Anlass und Zielgruppe. Wenn Sie etwas wollen, müssen Sie immer etwas besser angezogen sein als die andere Seite.

Für eine Unternehmerin sind die Grenzen zwischen Jobbühne und Privatbühne fließend. Aus Privatkontakten können Berufskontakte entstehen, die nicht abzusehen waren. Sie treffen in der Mittagspause

Ihre Nachbarin und kommen kurz ins Gespräch, wobei diese plötzlich Interesse an Ihrer Dienstleistung bekundet. Ihre Tochter hat eine neue Freundin gefunden und möchte, dass Sie ihre Eltern kennen lernen. Nach anfänglichem Smalltalk werden Sie dann für ein Projekt engagiert. Ihr Mann hat ein Geschäftsessen und wünscht sich Ihre Anwesenheit. Die Frage »… und was machen Sie beruflich?« lässt nicht lange auf sich warten, und schon sind Sie auf der Jobbühne gelandet. Als Unternehmerin verkaufen Sie sich auch noch nach Büroschluss. Auch wenn der Anlass privater Natur ist, bedenken Sie, als Unternehmerin werden Sie immer auch auf Ihren Jobauftritt überprüft. Und hier gilt: Sie können umso sicherer und überzeugenderer auf jeder Bühne auftreten, je mehr sie über Produktimage und Ihre Auftrittsmerkmale wissen und daraus einen typgerechten Stil ableiten können.

Die Eindeutigkeit hinterlässt Eindruck. Ich kenne Frauen, die ganz bewusst zwischen Berufs- und Privatkleidung trennen. Morgens im Büro tragen sie einen klassischen Stil, in ihrer Freizeit entscheiden sie sich für einen sportlichen, lässigen Stil oder wählen das genaue Gegenteil und greifen zu flippigen, extravaganten Varianten. Lassen sich die Stile klar definieren und sind sie stimmig mit der Persönlichkeit, so sind auch mehrere Stile möglich. Was nicht eindeutig ist, wirkt jedoch schnell stillos und austauschbar. Aus Erfahrung weiß ich, dass es zu Beginn leichter ist, mit einem gemeinsamen Auftrittsstil für Job und Privat zu beginnen und sich im Laufe der Jahre einen zweiten oder weitere zuzulegen, wenn Sie ihrer sicher sind.

Stilecht wirkt, wer weiß, was er trägt, und es nicht dem Zufall, der Mode oder anderen überlässt.

Da Sie als Unternehmerin mehrmals am Tag die Bühnen wechseln müssen, gilt die Regel: Erstens, machen Sie es zuerst sich selbst recht, finden Sie Ihren persönlichen Auftrittsstil, der zu Ihrem Produkt passt. Zweitens, berücksichtigen Sie das Gegenüber. Kleine Variationen zwischen leger und offiziell geben Ihnen die Sicherheit, dem Anlass gemäß gekleidet zu sein. Denn das Ziel kann es nicht sein, dass Sie sich mehrmals am Tag komplett umziehen und sich dabei immer wieder neu entscheiden müssen.

Bedenken Sie: Charismatische Persönlichkeiten können jede Zielgruppe für sich gewinnen. Sie faszinieren durch ihre eigene, unverwechselbare Linie. Sie setzen Markenzeichen und bleiben dadurch anderen lange in Erinnerung. Wir sagen dann noch nach Jahren: »Das war doch die Frau mit der witzigen Lache und den extravaganten roten Schuhen« oder »Das ist doch die Frau mit dem schönen Gesicht, die immer so elegant gekleidet ist«. Frauen, die sich in Szene zu setzen wissen, wechseln nicht ihre Kleidung, um es anderen recht zu machen, sondern ruhen in sich selbst und haben ihr Markenzeichen gefunden. Das ist der Zauber, mit dem sie uns beeindrucken. Nichts ist kränkender, als im Gedächtnis anderer gelöscht zu werden und in der Masse unterzugehen.

Machen Sie sich also auf die Suche nach Ihrem typgerechten Auftritt, damit Sie für die unterschiedlichen Jobbühnen gewappnet sind.

Vorhang auf für drei erfolgreiche Frauen-Auftrittstypen

Selbstdarstellung im Trend – sich ins rechte Licht rücken

Drehen Sie sich mal um!

Sie leben in einer Zeit, in der die Schau- und Zeigelust blüht, in der das Eindruckschinden und die Selbstreklame zu Tugenden geworden sind. Geübte Selbstinszenierer sind eindeutig im Vorteil. Sie ziehen alle Aufmerksamkeit auf sich und verweisen die Bescheideneren ins Abseits. Zurückhaltende und unsichere Menschen werden auf der Bühne des Alltags schnell zu Komparsen. Wer um seiner selbst oder seines Könnens wegen geachtet und wahrgenommen werden will, wer über Angeber die Nase rümpft und sich lieber auf die Zunge beißt, bleibt meist unbeachtet. Denn Aufmerksamkeit wird uns nicht einfach geschenkt, nur weil wir nett und tüchtig sind. Wir müssen sie uns regelrecht erkämpfen. Zwei Gründe sind dafür verantwortlich.

Wir leben in einer Gesellschaft, in der weniger das Wissen und die Information an erster Stelle stehen als vielmehr die Beachtung. Jeder von uns ist täglich einer Flut von Informationen, Angeboten, Verlockungen ausgesetzt und muss entscheiden, wem er seine Aufmerksamkeit schenkt. Ob in Wirtschaft oder Politik – wem es am besten gelingt, sich wirkungsvoll in Szene zu setzen, der wird durch unsere Aufmerksamkeit belohnt. Ein kostbares Gut, das es nur einmal zu verteilen gibt. Im Kampf um die Beachtung ist jedes Mittel recht. So schrecken Selbstdarsteller und solche, die es werden wollen, auch nicht davor zurück, mit schrägen Tönen, grellen Bildern und Skandalen die Blicke auf sich zu ziehen. Denn nur wer gesehen wird, kann zum Vorbild werden. Wer nicht gesehen wird, der existiert auch nicht, lautete die moderne Alltagsbotschaft.

Ein zweiter Grund für den Wunsch nach Selbstdarstellung liegt darin begründet, dass wir in einer Zeit des narzisstischen Individualisierungstrends leben. Der trendgerechte Mensch des 21. Jahrhunderts hat vor allem das Ziel, sich selbst zu verwirklichen und die eigene Individualität hervorzuheben. Ich erinnere mich an das Beratungsgespräch mit einer 33-jährigen amerikanischen Internet-Designerin, die diesem Anspruch völlig entsprach: »Ich bin damals gerade rechtzeitig auf die Internet-Welle aufgesprungen. Es ist erstaunlich, dass ich mit meiner Idee nicht gleich Millionen gemacht habe. Zusammen mit einer Partnerfirma in Kalifornien habe ich ein interaktives Internet-Forum entwickelt. Mein Gehalt von mindestens 150 000 Dollar pro Jahr zahlte ich mir aus dem Firmenbudget, um gut zu leben. Dazu gehören regelmäßige Symphoniekonzerte im Edeloutfit genauso wie der Besuch von 250-Dollar-Restaurants im trendigen New Yorker SoHo-Viertel und natürlich die regelmäßigen Wüsten- oder Dschungeltouren mit dem Offroad-Jeep.« Auf meine Frage, was sie mit diesem Lebensstil ausdrücken wolle, antwortete sie schlicht: »Mich! Darüber finde ich zu mir selbst, ich weiß dann, wer ich bin.«

Der Trend der Selbstverwirklichung hat also vor allem ein Ziel: die eigene Individualität und Identität hervorzuheben. Nicht in erster Linie das Geld, der exzessive Genuss und die Völlerei bestimmen das Lebensgefühl in unserer Wohlstandsgesellschaft, sondern die gezielte Gestaltung der Umwelt verschafft Befriedigung und verleiht der Persönlichkeit »Einzigartigkeit«. Dabei bedienen wir uns des reichen Repertoires an Stilen und Stilelementen, die uns zur Verfügung stehen: die Einrichtung der Wohnung, das Auto – Sportflitzer oder Jeep –, die Musikrichtung – Techno oder Mozart.

Dieser Wunsch nach Unverwechselbarkeit drückt sich auch im persönlichen Erscheinungsbild aus. Es ist heute entscheidend geworden, ob wir eine Brille von Joop oder ein Modell von Armani auf der Nase tragen, ob wir gepierct oder dauergewellt sind oder wir über gestählte Muskeln oder Silikonbusen verfügen. Der Wunsch nach Branding ist mega-angesagt, denn das bedeutet nichts anderes, als sich um jeden Preis zum individuellen Markenartikel zurechtzustylen. Ein Grund, warum der narzisstische Individualismus so greifen konnte, ist sicherlich darin zu sehen, dass uns stabile Bezüge wie familiäre, soziale und religiöse Institutionen, in denen wir durch Zugehörigkeit Beachtung finden, verloren gegangen sind. Natürlich brauchten die Menschen früher auch Beachtung, aber da familiäre und soziale Systeme fest verankert waren, war diese dort ausreichend erfahrbar. Heute müssen wir Beachtung durch eigene Regie und Anstrengung erringen.

Doch bei aller Selbstdarstellungstendenz gibt es auch einen Haken. Immer wieder mache ich in meinen Beratungen und Seminaren die Beobachtung, dass es Frauen gar nicht so leicht fällt, die Beachtung zu ertragen, die ihnen zuteil wird. So sprechen sie zwar davon, dass ihre Individualität Ausdruck finden soll, aber das damit verbundene Stehen im Mittelpunkt wollen sie eigentlich gar nicht.

So ist wahre Selbstsicherheit, die einige Frauen in ihrem Business an den Tag legen, um mit den Männern mithalten zu können, eher noch als Ausnahmeerscheinung zu sehen. Denn wenn man der Umfrage des Allensbacher Instituts für Demoskopie Glauben schenken kann, dann halten 97 Prozent der 20- bis 49-jährigen Frauen zwar Selbstsicherheit für ein wichtiges und erstrebenswertes Lebensziel. Doch nur wenige glauben, dieses Ziel für sich selbst erreicht zu haben. Laut dieser Studie wünscht sich mit 77 Prozent die große Mehrheit der Frauen zumindest »gelegentlich« mehr Selbstsicherheit, 22 Prozent möchten sogar »häufig« selbstsicherer auftreten.

Worauf lässt sich diese Unsicherheit zurückführen? Ein psychologischer Ansatz begründet das Phänomen mit der Kindheit. Bekommt ein Kind nicht die Aufmerksamkeit der Eltern, die es für seine gesunde Entwicklung braucht, entwickelt es Selbstunsicherheit, mit der es oft sein Leben lang zu kämpfen hat.

Ich kenne Mütter, die sich nichts sehnlicher wünschen, als dass das eigene Kind es später einmal besser haben soll, als sie es hatten. Sie lassen ihre Kinder schon im Alter von elf Jahren an Castings teilnehmen, damit sie lernen, wie es ist, sich vor anderen frei zu bewegen und zu sprechen, obwohl die Kinder keinerlei künstlerische Ambitionen haben.

In einem anderen Fall erzählte eine Frau: »Wäre ich schwanger, würde ich mich in ein pränatales Trainingszentrum begeben und mein Kind schon vor der Geburt auf Auftritte vorbereiten«, will heißen, den Fötus gezielt mit Lichtsignalen oder Texten beschallen – wäre so etwas schon erfunden.

Ein anderer Ansatz erklärt die Unsicherheit damit, dass Mädchen und Frauen ausschließlich Anerkennung und Bestätigung durch Männer kennen und dadurch nicht selbstbewusst eigene Ambitionen und Interessen vertreten. Die Abhängigkeit von Männern führt zur mangelnden Wertschätzung seiner selbst sowie anderer Frauen und damit zu einer Begrenzung weiblicher Talente und Möglichkeiten.

Zu dieser Theorie passt wohl die folgende Anekdote einer erfolgreichen BWL-Trainerin, die erzählte, dass ein Seminarteilnehmer sie einmal bei einer Veranstaltung an die Seite genommen habe, um ihr zu sagen: »Sie machen das ja ganz toll, aber vielleicht sollten Sie sich doch mal etwas anderes anziehen oder Ihre Haare anders tragen und den Job den Männern überlassen.« Anschließend war die Trainerin schon ein bisschen verunsichert, denn diese Bemerkung hatte sie als Kind oft von ihrem Vater gehört, der sich für sie als Übervater dargestellt hatte. »Das ist die tägliche Bemühung der Männer, über uns Frauen Definitionsmacht auszuüben«, habe ich ihr später versucht zu erklären, »und daher nicht weiter beunruhigend.« Ich konnte allerdings feststellen, dass die Verunsicherung tiefer verwurzelt war. Heute finde ich es immer wieder beunruhigend festzustellen, dass wir Frauen grundsätzlich schnell bereit sind, aufgrund männlicher Kritik unser Licht unter den Scheffel zu stellen.

Die Profiboxerin Regina Halmich hat einmal gesagt: »Als ich meine Karriere startete, bekam ich von Kollegen zu hören, Frauen können nichts einstecken. Das hat mich schon getroffen, aber dann erboxte ich mir einfach Schritt für Schritt meine Selbstsicherheit.« Wir sollten es machen wie Frau Halmich, denn zurückhaltende und unsichere Menschen werden auf der Bühne des Alltags schnell zu Komparsen.

»Das Schlimmste, was dir passieren kann heutzutage – wenn du schüchtern bist. Das ist noch schlimmer, als hässlich zu sein«, zitiert die Psychotherapeutin und Autorin Irmtraud Tarr Krüger eine junge TV-Mitarbeiterin. Doch was tun die, denen dieser Betrieb zuwider ist, die zu schüchtern oder zu gehemmt sind?

Manche reden sich ein, sie bräuchten gar nicht so viel Aufmerksamkeit. Sie machen sich selbst und anderen weis, dass sie den lauten Selbstdarstellern das Feld gerne überlassen und sich selbst genug sind. Doch damit lügen sie sich in die Tasche. Wir brauchen alle ein bestimmtes Maß an Aufmerksamkeit. Selbstdarstellung ist vielmehr ein wichtiges Mittel, um ein Gefühl für den eigenen Wert zu bekommen.

Vor diesem Hintergrund halte ich es für notwendig, dass Frauen Erfahrungen im Auftreten machen und gezielt dabei unterstützt werden, sich wirkungsvoll in Szene zu setzen. Denn nur wer seine Wirkung kennt, kann Selbstbewusstsein aufbauen. Allerdings ist es uneffektiv, wahllos den Stil eines anderen zu kopieren oder bedingungslos der Mode hinterherzulaufen. Frauen, die uns beeindrucken, haben einen unverwechselbaren Stil und überzeugen durch typgerechte Unterstreichung.

Der erfolgreiche Frauen-Auftritt – die Idealbesetzung für jede Bühne

Und dann begegnen wir ihr!

Selbst- und auftrittsbewusst wandelt sie durch den Alltag. Wir treffen sie im Konzert, beim Sport und ganz besonders auf der Karriereleiter. Sie verfügt über das gewisse Plus, das uns neidisch macht und gleichzeitig Fan werden lässt. Sie glänzt, wenn sie den Raum betritt, und brilliert auf jeder Jobbühne.

Nehmen wir Frau M., 33 Jahre. Wo immer sie auftritt, steht sie im Mittelpunkt. Genau besehen ist sie nicht hübscher als andere Frauen, doch schon nach kurzer Zeit hat man den Eindruck, sie sei besonders attraktiv. Auf Partys stehen die Männer in Zweierreihen um sie herum, und interessante Frauen bemühen sich, mit ihr befreundet zu sein. Auch Frau S., 48 Jahre, eine ehemalige Teilnehmerin meines Seminars, zählt zu denen, die sich gut selbst darstellen können. Wenn sie den Raum betritt, konzentriert sich die gesamte Aufmerksamkeit auf sie. Das hat weniger mit ihrer Position als Aufsichtsrätin zu tun als mit ihrer Persönlichkeit. Sie besitzt eine natürliche Autorität, die sich auf andere überträgt. »Einfach super, wie die rüberkommt«, urteilten am Ende des Seminars die Teilnehmer über Frau S.' Gesamtauftritt. Was hat sie, was ich nicht habe?, fragen sich viele Frauen.

Frauengestalten, die ähnliche Faszination auslösen, sind uns durch die Klatschpresse oder das Fernsehen bekannt. Heidi Klum, das Laufsteg-Model, ist so ein Auftrittswunder. Im Gegensatz zu Claudia Schiffer wird sie immer wieder mit »Persönlichkeits«-Preisen ausgezeichnet. Wenn sie den Raum betritt, geschieht etwas Besonderes. Man sieht Herren mit offen stehenden Mündern und Frauen, die über die perfekte Schönheit, das Charisma und die starke Ausstrahlung staunen.

Auch in der Politik begegnen uns immer wieder Frauengestalten, die Eindruck machen. Ganz besonders blieben die kraftvollen, energischen Fernsehauftritte der verstorbenen Regine Hildebrandt in Erinnerung. Eine Frau, die durch Argumentation, Schlagfertigkeit und Witz überzeugte.

Oft in den Medien zu sehen ist auch die Bischöfin Margot Käßmann. Sie ist eine Frau, die fest mit beiden Beinen auf dem Boden steht und der Kirche ein neues Image verpasst.

Dass der gelungene Auftritt nicht eine Frage des Alters ist, beweist die 60-jährige Schauspielerin Senta Berger. Sie gilt als die personifizierte Eleganz und wird gern als Ausstrahlungs-Phänomen zitiert.

Blickt man zurück in die vergangene Film- und Theatergeschichte, so ragen auch dort außergewöhnliche Frauengestalten heraus, die über ihre Film- und Theaterrollen hinaus Eindruck hinterlassen haben. Ein Name drängt sich ganz besonders auf: Marlene Dietrich. Nicht nur durch ihr schauspielerisches Talent nahm sie ihr Publikum für sich ein, sondern vor allem auch durch ihre Erscheinung faszinierte sie. Ob, damals revolutionär, in Frack und Zylinder oder im durchsichtigen Glitzerkleid, ihre androgyne Ausstrahlung sprach Frauen wie Männer an: »She has sex, but no particular gender.« Sie wurde zum Idol der sich emanzipierenden Frauen zwischen den Weltkriegen. Auch politisch war die Dietrich emanzipiert. Sie unterstützte Fluchthelferinnen, half jüdischen Emigrantinnen, sang und tanzte als Betreuerin der amerikanischen Truppen.

Einen ganz anderen Frauentyp verkörperte die zierliche Audrey Hepburn. Diese Kindfrau bestimmte das Mode- und Schönheitsideal der fünfziger Jahre: weite, wippende Röcke, enge knöchellange Hosen und flache Ballerinaschuhe. Sie war eine grazile Elfe mit zartem Körper, leuchtenden dunklen Augen und einem herzförmigen, mädchenhaften Gesicht. Diesen Mädchen-Typus legte sie nie ab, auch nicht, als sie das Playgirl Holly Golightly in ihrem wohl größten Erfolg *Frühstück bei Tiffanys* spielte.

Eine kurvenreichere Diva stellte Zarah Leander dar. Sie vereinte in sich Gegensätze, die auf den ersten Blick kaum vereinbar schienen und daher umso mehr faszinierten. Ihr opulentes Aussehen, ihr exzessiver Kleidungsstil und ihre dunkle, unweibliche Baritonstimme wurden zu ihrer Signatur. Die schwedische Schauspielerin umgab eine geheimnisvolle, sinnliche Aura.

Nicht nur im Künstlermetier tummeln sich Vorbilder, auch die Geschichte brachte außergewöhnliche Frauengestalten hervor. Kleopatra, die letzte Königin der Ptolemäerdynastie, setzte ihre Schönheit und ihre Verführungskünste auch als politische Waffen gegen die römischen Herrscher Cäsar und Antonius ein, um die Kapitulation Ägyptens vor dem römischen Imperium hinauszuzögern. Eine Frau, die es verstand, ihre Schönheit durch Schmuck und Schminke hervorzuheben. Sie war die erste Frau, die ein Handbuch der Kosmetik verfasste.

Einen kämpferischen, unerschrockenen Frauentyp stellt die französische Freiheitskämpferin Jeanne d'Arc dar. Sie zog in Männerkleidung und mit Waffen mit 10 000 Mann gen Orleans, das sie am 7. Mai 1429 im weißen Harnisch, mit einer kleinen Streitaxt bewaffnet und auf einem schwarzen Kampfross sitzend befreite.

Einen gebildeten und eleganten Frauentyp verkörpert Maria Stuart. Sie soll der strahlende Mittelpunkt ihres Hofes gewesen sein. Schön, erlesen gekleidet, mit sicherem künstlerischem Geschmack, dichtend und musizierend. Durch ihren Charme, ihre Impulsivität und Großzügigkeit übte sie auf ihre Gäste eine magische Anziehungskraft aus.

Eine der erfolgreichsten Frauen der deutschen Geschichte war Maria Theresia. Innerhalb von 20 Jahren brachte sie 16 Kinder zur Welt, ohne ihre Berufstätigkeit auch nur einen Tag zu unterbrechen. Sie gilt als die vollendete weibliche Identifikationsfigur und als Projektionsfläche für sehr unterschiedliche Bilder von »Frau«. Für unemanzipierte Männer ist sie das Ideal einer treu sorgenden Mutter. Puritanisch gesinnte Seelen sehen in ihr das leuchtende Beispiel für Sittsamkeit in einer frivolen Zeit. Für emanzipierte Frauen ist sie der unwiderlegbare Beweis für die weibliche Befähigung zu erfolgreichem politischen Handeln. Und fromm war sie auch noch, eine treue Tochter der katholischen Kirche.

Was haben nun diese Frauen gemein, was wir nicht haben? Was macht sie zur Idealbesetzung für jede Bühne? Im Folgenden werden drei Frauen-Auftrittstypen aus unserem Berufsalltag vorgestellt und analysiert, die gleichermaßen Eindruck hinterlassen.

Erster Frauen-Auftrittstyp:
die »sich verstärkende Darstellerin«

Fallbeispiel: Frau M., 40 Jahre, Psychotherapeutin
»Wie eine Orchidee«

Sie lehnt sich zurück auf dem samtbezogenen Sessel, schlägt die schlanken Beine übereinander und schaut mich erwartungsvoll mit ihren schönen großen braunen Augen an. Frau M. ist Psychotherapeutin. Seit zwölf Jahren arbeitet sie in Hamburg und hat viel Spaß an ihrer Arbeit. Ich frage sie, was für sie Erfolg bedeutet:
»Erfolg bedeutet für mich, im Einklang mit mir und den anderen zu leben. Nur wenn ich gebe, kann ich bekommen, und nur wenn ich bekomme, kann ich geben. Erfolg ist ein Naturgesetz!« Das sagt sie mit einer Mischung aus Selbstverständlichkeit und unwiderstehlichem mädchenhaften Charme. Sie hat ihren Modus gefunden. Dabei wirkt sie nicht wie eine alles wissende Analytikerin, ebenso wenig wie eine esoterische Lebenskünstlerin und auch nicht wie eine kokettierende Businessfrau. Sie ist kein Durchschnitt. Wenn man ihr auf der Straße begegnet, schaut man sich nach ihr um. Es sind die seidigen dunklen langen Haare, es ist das mit Liebe zum Detail ausgesuchte bestickte Satinkostüm und es ist vor allem die Leichtfüßigkeit, mit der sich diese zierliche, schlanke Frau bewegt.
Sie erzählt: »Anfangs haben mir die vielen Vorlesungen, die ich an der Universität halten musste, zeitlich zu schaffen gemacht. Mein Mann war ein Jahr im Ausland beschäftigt und konnte sich an Haushalt und Kindererziehung nicht beteiligen. Ich musste nach einer Form suchen, Tochter, Praxis und Uni miteinander zu vereinen.« Und während sie so zurückblickt, lächelt sie mich mit ihren braunen Augen an wie ein schüchternes junges Mädchen. Lachfalten um ihre Augen werden dabei sichtbar, aber der kindlichen Klarheit ihrer Gesichtszüge tut das keinen Abbruch. Bei ihr steht alles perfekt zueinander im Verhältnis.
Ich frage sie, was ihr Ästhetik bedeutet. Sie wirft ihre langen braunen Haare zurück und sagt spontan: »Ein Leben ohne Schönheit ist für mich nicht vorstellbar. Ich mag schöne Dinge: Formen, Farben. In meiner Frei

zeit male ich, ich habe durch die Malerei die Welt ganz neu entdecken gelernt. Das ist, als wenn man eine Tür öffnet und eine neue Sichtweise auf die Dinge bekommt.«

Und dann verzieht sie ihren rosa geschminkten Mund, beugt sich zu mir herüber und sagt ganz leise: »Mein Mann könnte Ihnen Geschichten erzählen, was ich für einen Aufstand machen kann, wenn es nicht nach meinen ästhetischen Vorstellungen geht. Ob wir das Haus einrichten, den Koffer packen oder kochen, alles hat für mich eine Anordnung. Für ihn hat es auch eine Anordnung, aber eine, die mir nicht immer verständlich ist«, und dabei lacht sie wieder in ihrer mädchenhaften Art. »Manchmal geraten wir schon ein bisschen aneinander, aber er kennt mich schon in dieser Hinsicht, und durch ihn lerne ich ja auch, dass die Welt auch anders aussehen kann.«

Plötzlich zeigt sie auf die weiße Vase mit der Orchidee vor ihr auf dem Tisch. »Schauen Sie«, sagt sie, »ich suche schon jahrelang eine passende Vase für Orchideen. Und gestern habe ich endlich diese Vase entdeckt, auf dem Flohmarkt. Jetzt habe ich sie gefunden, und darüber kann ich mich jeden Tag neu freuen.«

Analyse:

Wie drückt sich der persönliche Auftrittsstil der »sich verstärkenden Darstellerin« aus? Alles ist eine Frage der persönlichen Regie. Jede Frau verfügt über natürliche Auftrittsmerkmale wie Ausstrahlung, Aussehen, Körperhaltung, Stimme und Sprache. Hinzu kommen gestaltete Auftrittsmerkmale wie Outfit, Farben, Make-up, Frisur und Brille. Die sich verstärkende Darstellerin verfügt über eine große Anzahl gleichgerichteter natürlicher Auftrittsmerkmale. In diesem Fall bedeutet das:

Ausstrahlung: getragen von ästhetischen Leitmotiven. Sich die Welt schön machen, romantisierend und verspielt. Auch hedonistische (genießerische) Ansätze erkennbar.

Aussehen: jung, mädchenhaft, weiche Gesichtsform, glatte Haut, große wache Augen (Kindchenschema).

Körperhaltung: klein, grazile Körperform, wippender und leichtfüßiger Gang.

Stimme: hell, klar und fest.

Sprache: blumig, in Bildern sprechend, die Ganzheitlichkeit beachtend.

Die natürlichen Auftrittsmerkmale geben die Richtung vor für die gestalteten Auftrittsmerkmale. Die Quantität der natürlichen Auftrittsmerkmale bestimmt das Thema. In diesem Fall heißt das: jung, mädchenhaft. Bei einer anderen Frau kann das ein ganz anderes Thema sein, dennoch verfügt die sich verstärkende Darstellerin immer über eine große Anzahl gleich gerichteter natürlicher Auftrittsmerkmale.

Frau M. versteht es nun, diese Stärken noch durch die Gestaltung stimmig zu unterstreichen. Hierin beweist sie Geschick und Talent. Ihre Farben: hell, Rosa, Creme. Ihr Outfit: ein asiatischer Stil, der ihre Zartheit noch unterstreicht. Edle Stickereien und Blumenmotive sind Kennzeichen dieses Stils, Seide oder Satin die Grundlage. Figurbetont ist das Kostüm. Sie trägt cremefarbene Pumps und filigranen Schmuck mit romantischen Motiven. Ein filigranes Rosenblattmotiv schmückt ihr Ohr, dazu trägt sie einen passenden Ring. Ihre Frisur: Das Haar trägt sie natürlich offen. Brille: keine. So entsteht bei ihr der Eindruck, alles sei rund, harmonisch und perfekt.

Dieser Frauentyp überzeugt durch seine Konsequenz und Eindeutigkeit. Selbst bei dem Thema »Mädchenhaftigkeit« entsteht nicht der Gedanke von Schwäche, Unsicherheit oder Naivität. Das liegt daran, dass sie sich selbst annimmt und weiß, dass sie stark und unverwechselbar ist. Diese Frauen werden oft bewundert und wegen ihrer Ganzheitlichkeit zum Vorbild für andere.

> **Dieser Frauentyp verstärkt konsequent seine gleichgerichteten natürlichen Auftrittsmerkmale in eine Richtung.**

Zweiter Frauen-Auftrittstyp: die »sich ausgleichende Darstellerin«

Fallbeispiel: Frau K., 36 Jahre, Politikerin
»Etwas Extremes ausprobieren!«

Ich begegne Frau K. in ihrem Haus und frage sie, ob sie schon immer in München gewohnt hat. Nein, sagt sie, sie kenne die halbe Welt. Sie habe schon in fast jeder Stadt gelebt. Jetzt tollen Ziegen und Ponys ums Haus, ein dreistöckiges Gebäude aus Holz, das auf den Ruinen einer Sägerei errichtet wurde nach den Maßgaben des Denkmalschutzes und unter dessen Dach acht Menschen leben. »Das war schon immer mein Traum. Hier lässt sich Ökologie leben.« Vor mir sitzt eine Frau in edlen Designerklamotten und mit weißblondem Raspelschnitt. Frau K. ist eine energische Frau, eine schnelle Sprecherin.

Mit einem Satz springt sie auf von ihrer Couch und holt das Familienalbum. In der achten Klasse sah sie sich berufen, »eine deutsche Schüler-Union« zu gründen. Dann ging sie in die weite Welt, um Länder kennen zu lernen. Und zur Politik hätte sie dann über Umwege gefunden. Ich frage sie, was für sie Erfolg bedeutet. »Für eine Sache kämpfen, zum Beispiel Umweltschutz, in der Gemeinschaft, mit vollem Körpereinsatz«, sagt sie.

In ihrem Leben ging nicht immer alles glatt. Dann wird sie plötzlich ganz still. Ihre eiswasserblauen Augen wirken, als wäre sie gerade ganz weit entfernt. Plötzlich wieder hochkonzentriert, schaut sie mich an. »Schicksalsschläge im Leben meistere ich, indem ich mich zurückziehe und etwas Extremes ausprobiere. Wissen Sie eigentlich, dass ich leidenschaftlich gerne Helikopter fliege und Climbing mache?« Ich möchte mehr wissen über ihre sportlichen Tätigkeiten. »Als Kind habe ich sportliche Ehrenurkunden gesammelt. Eine bekam ich für fünf Stunden Dauerschwimmen.« Mit sieben kam sie zum Männerturnverein, damals längst ein gemischter Verein. Weitsprung, Kugelstoßen, Laufen, im Winter Ski fahren.

Sie hat sich in Bewegung geredet. Alle Gliedmaßen sind in das Gesagte mit einbezogen. Wenn ich Frau K. so betrachte, habe ich den Eindruck, dass sie nicht durch ihren Mund spricht, sondern durch ihren Körper. Fest steht, diese Frau kann immer wieder aufs Neue überraschen.

Analyse:
Wie drückt sich nun der persönliche Auftrittsstil der »sich ausgleichenden Darstellerin« aus? Auch hier ist es eine Frage der persönlichen Regie. Aber die sich ausgleichende Darstellerin verfügt über viele unterschiedlich gerichtete natürliche Auftrittsmerkmale.

Drei verschiedene Themen werden offensichtlich. Zunächst die Körperhaltung: sportlich, dynamisch begrüßt mich Frau K., spontan springt sie von der Couch, alles macht ihre Agilität deutlich. Zudem verfügt sie über einen durchtrainierten Körper. Passend dazu ihre Stimme: energisch, schnell sprechend, tief. Sie erweckt den Eindruck einer aktiven, sportlichen Macherin.

Dazu gesellen sich zwei weitere starke Elemente ihrer Ausstrahlung:

Zum einen ist sie ein Gruppen- und Familienmensch. Der Gemeinschaftssinn, das Wir ist ein zentrales Thema in ihrem Leben. Sie spricht viel von »wir«. Sie lebt in einem großen bäuerlichen Haus, ist politisch engagiert, ökologische, alternative Lebensgewohnheiten stehen für sie im Mittelpunkt. Ihre Ausstrahlung ist geprägt durch Werte wie Natur und Sozialmoral.

Darüber hinaus lässt sie einen Rückzug in das männliche Muster erkennen. Helikopter fliegen, Extremsportarten, Technik und Alleinsein machen das entgegengesetzte Ausstrahlungsmuster aus. Ihre Attraktivität weist hohe männliche Anteile auf, sie hat kleine Augen und schmale Lippen. Ihr Blick ist fest, und ihre eiswasserblauen Augen können stechen. Ihre Sprache ist einerseits Wir-geprägt, andererseits männlich und ergebnisorientiert, Fakten benennend.

Die sich ausgleichende Darstellerin versteht es, ihre stärksten natürlichen Auftrittsmerkmale (drei Hauptthemen: Aktivität, Soziales und Männlichkeit) geschickt durch gestalterische Mittel zu verstärken, abzuschwächen oder durch den Kontrast zum Einsatz zu bringen. Sie wählt die richtige Balance, um von ihren vielen unterschiedlichen natürlichen Auftrittsmerkmalen nicht abzulenken, sondern sie geschickt in Szene zu setzen.

Frau K. zeigt ein gutes Gespür dafür. Sie wählt neutrale Farben: Schwarzgrau ist die Farbe ihres Designer-Hosenanzugs. Da ihre Power unter anderem durch ihre Körperaktion zum Ausdruck kommt, nimmt sie sich andererseits durch gedeckte Farben zurück. Eine gute Entscheidung, da sie dadurch den Betrachter durch ihre Kraft nicht überrumpelt und sich damit die Möglichkeit lässt, durch andere gestaltete Auftrittsmerkmale Akzente zu setzen. Wie in der Malerei schafft sie mit der schlichten Grundfläche Neutralität und setzt Farbtupfer gezielt ein.

Ihr Outfit-Stil: Hosenanzug. Das passt zu ihrem männlichen Ausstrahlungsmuster. Nun überrascht sie, denn sie wählt nicht irgendeinen sportlichen Hosenanzug. Schon gar nicht einen aus Naturfaser oder Ökostoff, wie man bei ihrem zweiten Ausstrahlungsmuster, der »Linksorientiertheit«, hätte vermuten können. Nein, sie wählt einen exklusiven modernen Hosenanzug von Helmut Lang (ein Blick in ihren Kleiderschrank belegt, dass das kein Zufall ist, sie kauft nur hochwertige Designerware im Secondhandshop). Das Material ist edel und exklusiv. Der besondere Clou: Der Hosenanzug wirkt durch seine changierende Oberfläche metallisch-technisch. Das erinnert an ihr zweites Ausstrahlungsmuster: männlich, technischen Dingen wie Helikopterfliegen zugewandt.

Das ist das Überraschungsmoment. Frau K. bricht hier mit einem Klischee. Eine vom Ausstrahlungsfaktor eher auf Gemeinschaftssinn ausgerichtete, im Bauernhaus lebende Politikerin verbindet man nicht mit technischer Modernität, sondern mit Ökokleidung. Im Kopf des Betrachters wird schnell das Klischee bedient, eine angehende Politikerin mit diesen Grundwerten könne nicht für modischen Schnickschnack sein. Und doch trägt sie ihn: Das macht neugierig. Wir wollen wissen, ob sie einfach einen unglücklichen Griff gemacht hat oder ob uns der Eindruck täuscht, den wir von dieser Frau gewonnen haben, und überprüfen ständig, ob sie nun modern oder alternativ ist. Da Frau K. beide Grundsätze für sich vereint, müssen wir gedanklich eine neue Schublade aufmachen, eine eigene, unverwechselbare, ihrer Identität entsprechende – und das ist es, was sie mit ihrem Auftritt erreichen möchte. Diese Frau weiß, wer sie ist. Geschickt lässt sie nun den Farbton der metallischen Oberfläche wieder im modernen Turnschuh (Sneaker) auftauchen. Die Schuhe sind schwarz-grau-rot gestreift.

Der kurze Raspelhaarschnitt passt zu ihrem Ausstrahlungsmuster »männlich« und der Aktivität, die sie versprüht. Die Kunstfarbe Blond verstärkt wiederum das Überraschungsmoment, steht ihr sehr gut und macht sie jung. Brille: Vor ihr liegt eine rasante Fahrradbrille, die sie bei Bedarf aufsetzt (indem sie das sportliche, aktive Thema erneut aufgreift). Make-up: Sie wählt einen knallroten Lippenstift und etwas Rouge. Die Lippenfarbe passt zum Turnschuhrot und zu ihrem Ausstrahlungsmuster: aktiv.

Kennzeichen der sich ausgleichenden Darstellerinnen ist die Überraschung in ihrem Auftritt. Denn erst im Laufe des Gesprächs werden die vielen unterschiedlichen natürlichen Auftrittsmuster sichtbar. Wenn sie es schaffen, eine gute Auswahl zu treffen, und es geschickt anstellen, diese durch kleine unterstreichende Gestaltungen hervorzuheben, hinterlassen sie starken Eindruck. Sie sind eindeutig in der Uneindeutigkeit auf den ersten Blick. Dieser raffinierte Schachzug ermöglicht es ihnen, mit Klischees zu brechen und fortlaufend für Spannung zu sorgen in ihrem Auftritt.

Denn wie in der Werbung sind wir von Widersprüchlichkeiten fasziniert. Eine Frau, die uns in Rockerkluft Motorräder verkaufen will, aber ansonsten nicht viel zu bieten hat, fällt uns nicht weiter auf. Eine dicke Frau, die in Rockerkluft auf einem Motorrad sitzt, uns von ihrem Lieblingsessen erzählt und dann für Kochtöpfe aus hochwertigem Stahl wirbt, sorgt für mehr Aufmerksamkeit. Das ist ungewöhnlich, und wir nehmen ihr das Versprechen ab, denn die Freude am Essen wird durch das natürliche Auftrittsmerkmal »Körperfülle« sichtbar.

Nichts anderes gelingt Verona Feldbusch mit ihrem »Blubb«. Es geht nicht darum, die typischen Feldbusch-Klischees zu bedienen, die gewohnte Schlüpfrigkeit. Stattdessen sehen wir Verona im Bademantel und mit Lockenwicklern in der Küche, da, wo man sie am wenigsten vermutet hätte, auf der Suche nach dem »Blubb«. Niemand anders könnte für langweiligen Spinat so sexy werben wie Verona Feldbusch.

Im Laufe meiner Beratungen habe ich immer wieder erleben können, mit welch unterschiedlichen Auftrittsmerkmalen die sich ausgleichenden Darstellerinnen ausgestattet sind. Einmal saß eine 70-jährige Frau vor mir und hatte den Wunsch, einen typgerechten Stil herausgearbeitet zu bekommen. Ihr Ausstrahlungsmuster war auf den ersten Blick ein angepasstes, biederes, unauffälliges Erscheinungsbild. Sie präsentierte sich in einem eher damenhaften Kleidungsstil. Und ein Blick auf die mitgebrachte Garderobe unterstützte diesen Eindruck: Trachten waren da genauso vertreten wie Blümchenkleider.

Nach wenigen Minuten trat jedoch ein ganz anderes Ausstrahlungsmuster zutage, und zwar in Form von gedanklichen Anschauungsweisen. Sie erzählte von ihrer Tochter, die der Gothic-Szene angehöre, und dass sie das »dufte fände, wenn die mit ihren schwarzen Haaren durch die Welt« liefe, auch wenn das anfangs etwas gewöhnungsbedürftig für sie gewesen sei. Heute freue sie sich riesig, wenn die ganze Gothic-Horde bei ihr am Tisch säße, um zu essen.

Sie war eine geborene Erzählkünstlerin, und jede Geschichte brachte Witz, Selbstironie und Weltoffenheit zutage. Schließlich einigten wir uns darauf, dass die Grundlinie damenhaft bleiben sollte, aber die Klischeebrechung durch kleine unkonventionelle Accessoires ihren Ausdruck finden könne.

Da die sich ausgleichende Darstellerin um die Power der verschiedenen Auftrittsmerkmale weiß, vermeidet sie tunlichst ein Zuviel an Gestaltung. Das Understatement macht sie als Person interessant. Wer so viel unterschiedliche Funken zu versprühen hat, sollte sich in der Basis wie Outfit und Farbe eher zurücknehmen und nur durch kleine Details und Accessoires wie Brille, Schminke, Frisur und so weiter typgerechte Akzente setzen oder mit dem Kontrast arbeiten. Frauen, die willkürlich gestalten, hinterlassen keinen Eindruck.

Dritter Frauen-Auftrittstyp:
die »sich hervorhebende Darstellerin«

Fallbeispiel: Frau P., 62 Jahre, Schriftstellerin
»Der Rotkäppchensekt«

Vor einem Jahr lernte ich im Zug von Frankfurt nach Berlin eine Dame kennen. Sie saß schräg vor mir und fiel sofort auf. Sie hatte ihre schwarzen eingeölten Haare kunstvoll zu einer Schnecke über der Stirn gebunden. Bei der kleinsten Körperbewegung hämmerten ihre eiswürfelgroßen Glassteinringe gegen alle Gegenstände in ihrem Umkreis, so dass einige, die still in ihre Laptoparbeit versunken waren, irritiert aufschauten.

Es verging eine Weile, bis sie umständlich aus ihrem krokodilledernen Köfferchen ein Stückchen Marmorkuchen auspackte und nach dem Service klingelte. Der Zugbegleiter erschien. Mit fester, unerschütterlicher Stimme bat die Dame um einen Rotkäppchensekt. Der Wunsch brachte den Kellner in Schwierigkeiten, da er diese Marke nicht vorrätig hatte. Sie erklärte dem Mann, während sie mit ihren schweren Ringen durch die Luft fuchtelte, dass nur dieser Sekt ihren Kreislauf anrege. Ihr sei nach der langen Zugfahrt etwas kalt geworden, und sie brauche jetzt dringend etwas zur Kreislaufstabilisierung.

In der Zwischenzeit hatte eine große Anzahl Mitreisender ihre Arbeit unterbrochen und sich an dem Gespräch beteiligt. »Typisch Bahn«, kommentierte mein Nachbar das Geschehen und schüttelte den Kopf, dann vertiefte er sich wieder in seine Papiere. Die Dame drehte sich zu mir und meinem Platznachbarn um und fragte in höflichem und zugleich liebenswürdigem Ton: »Möchten Sie auch ein Stück? Ist selbst gebacken.« Wir lehnten dankend ab.

»Wissen Sie«, kam sie mit mir ins Gespräch, »ich reise nicht mehr so oft. Seitdem ich diese Kreislaufprobleme habe, ist das Reisen anstrengender geworden«, und dabei wirkte ihr Gesicht mit der großen Nase etwas traurig. Auf meine Frage, von wo sie jetzt komme, entgegnete sie redewillig: »Aus Frankfurt, ich war dort eingeladen und sollte über meine Bücher berichten. Nichts Bedeutendes«, winkte sie ab. »Frankfurt, die Stadt der modernen Obelisken, mag ich nicht. Ich bin froh, wenn ich wieder in meinem kleinen Nest bin, einem hübschen Vorort von Berlin. Da bin ich zu Hause.«

Sie erzählte von ihrem Leben in Berlin. Von ihrem ersten Mann, der Bankräuber war, von ihrem zweiten Mann, der Industrieller war und mit ihr die Welt bereist hat. Nach seinem Tod legte sie sich ein Haustier zu, eine

Schlange, eine Boa Constrictor. Die Leute hätten sich darüber aufgeregt, aber das mache ihr nichts. Sie könne sich ein Leben ohne ihre Schlange nicht mehr vorstellen, daher mache ihr das Reisen auch keinen Spaß mehr. Und während sie noch so erzählt, steht der Zugbegleiter mit dem gewünschten Rotkäppchensekt vor ihr. Sie schlägt die Hände über dem Kopf zusammen und fragt ihn, ob er zaubern könne.

Ich möchte noch mehr über ihre Arbeit wissen, sie erzählt: Seit ihrer Kindheit habe sie nie etwas anderes gemacht als schreiben. Ihr Schreibstil sei ein eigenwilliges Gemisch aus lyrischen Passagen von barocker Bilderfülle und minutiös-realistischen Beschreibungen. Auf meine Frage, was für sie Erfolg bedeute, legte sie ihre Stirn in Falten und schaute ernst. »In meinem Dachstübchen in Berlin zu sitzen, gesund zu sein und zu schreiben, auch wenn es merkwürdige Extravaganzen sind, das ist das größte Glück.«

Analyse:
Wie drückt sich nun der persönliche Auftrittsstil der »sich hervorhebenden Darstellerin« aus? Dieser Frauen-Auftrittstyp verfügt über ein außergewöhnliches, von der typischen Norm abweichendes natürliches Auftrittsmerkmal. In diesem Fall bedeutet das: Die Lebensmotive Freiheit und Liberalismus machen die Ausstrahlung dieser Dame aus. Ausdruck findet das in ihrem extravaganten Schreibstil und ihrer außergewöhnlichen Lebensweise. Das Ignorieren gedanklicher und gesellschaftlicher Gepflogenheiten (Rotkäppchensekt, Schlange als Haustier), also die Andersartigkeit, macht ihre Aura aus.

Diese Ausstrahlung ist nicht gespielt, sondern durch eine persönliche Idee getragen, eine Art Berufung. Hier werden daher exzentrische Ansätze erkennbar. Dieses natürliche Auftrittsmerkmal ist das Auffälligste und Stärkste an ihr. Ihr Aussehen: eine Mischung aus Gereiftheit und witzigen Gesichtszügen. Ihre Körperhaltung: lebhaft und aktiv. Ihre Stimme: tief und fest. Ihre Sprache: blumig, in Bildern sprechend, ihre Andersartigkeit drückt sie manchmal durch eine eigene Sprachkomposition aus. Das natürliche Auftrittsmerkmal gibt die Richtung vor für die gestalteten Auftrittsmerkmale. Die Qualität des natürlichen Auftrittsmerkmals bestimmt das Thema. In diesem Fall lautet es Andersartigkeit und Extravaganz.

Bei einer anderen Frau kann das ein ganz anderes Thema sein, dennoch verfügt die sich hervorhebende Darstellerin immer über ein außergewöhnlich hervortretendes natürliches Auftrittsmerkmal. Frau P. versteht es nun, diese Stärken stimmig durch die Gestaltung zu unterstreichen. Hierin beweist sie vor allem Mut. Sie wählt als Outfit ein selbst genähtes, A-linienförmiges Brokatkleid mit Trompetenärmeln, großen schweren Steinschmuck an den Händen und als Kette. Braune, samtige Pumps mit niedrigen Pfennigabsätzen runden das Bild ab. Sie trägt extravagante, keinem Modestil entsprechende Eigenentwürfe mit einem theatralischen Touch. Ihre Farben: Braun, Beige und Gold. Ihre Frisur: Das Haar trägt sie kunstvoll zu einer Schnecke auf der Stirn gedreht. Diese Frisur entspringt eher einem anderen Jahrhundert und ist Ausdruck der Unabhängigkeit dieser Frau. Brille: keine. Make-up: Sie zieht sich die Augenbrauenlinie dunkel nach und verwendet rotbraunen Lippenstift.

Dieser Frauentyp überzeugt durch seine Konsequenz und Eindeutigkeit. Exzentrikerinnen sind starke Frauentypen, die auch bereit sind, unkonventionelle Wege zu gehen, und dadurch unverwechselbar werden. Selbst bei dem Thema der Andersartigkeit entsteht im Fall von Frau P. nicht der Eindruck von Unnahbarkeit, Arroganz oder Fremdheit. Das liegt daran, dass sie sich nicht aufspielt oder sich elitär gibt, sondern ihr Grundmuster lebt. In der Regel reden Exzentriker gar nicht gern über sich und ziehen sich bevorzugt in die Privatheit zurück.

Es gibt die unterschiedlichsten Typen von Exzentrikerinnen. Ich kenne Frauen, die einen speziellen Sprachausdruck haben oder eine schrille Lache. Die Kunst besteht nun darin, das auffallende Merkmal durch die äußere Gestaltung zu doppeln. Beispiel: Eine schiefe Nase findet Verstärkung in einem schrägen Designerlook oder durch auffälliges Schuhwerk. Oder: Die Schlagfertigkeit im Sprachausdruck findet ihr Äquivalent in einer witzigen Frisur. Die Kunst ist es, nicht in allen Gestaltungskomponenten zu übertreiben, sondern gezielt das Thema herauszuarbeiten und den Rest dezent zu gestalten. Sonst wirkt es schnell lächerlich oder übertrieben. Aber dieser Frauentyp sollte auch den Mut haben, zu sich zu stehen. Eine der bedeutendsten englischen Exzentrikerinnen ist Edith Sitwell. Sie sagte einmal: »Wenn man ein Windhund ist, sollte man nicht versuchen, als Pekinese durchzugehen.«

Die sich hervorhebende Darstellerin betont ihr starkes Auftrittsmerkmal durch ein einziges oder mehrere Gestaltungsmittel. Vorsicht! Nichts ist unerträglicher als eine bunte Mischung von allem, die dem Betrachter als »schlechter Stil« im Gedächtnis bleibt.

Die gekonnte Darstellung ist erlernbar –
der Bühnenzauber ist entlarvt

Der Bühnenzauber ist zu entlarven!

Das Geheimnis der drei Frauentypen besteht also darin, dass sie um ihre natürlichen Ausdrucksmittel wissen. Jede kennt ihre Stärken bezüglich Ausstrahlung, Attraktivität, Körperhaltung, Stimme und Sprache. Auch wenn diese bei jeder unterschiedlich stark ausgeprägt und verschieden im Thema sind, so besteht der erste Schritt darin, sie zu erkennen. Diese Erkenntnis gibt die weitere Richtung an. Denn im zweiten Schritt, der gezielten Darstellung, lassen Sie diese Erkenntnisse nicht unberücksichtigt, sondern beziehen Sie in das Styling ein: Outfit, Accessoires, Kosmetik, Brille und Farben werden so gewählt, dass das »Gesamtkunstwerk Frau« Eindruck hinterlässt. Also: Es ist alles eine Frage der Inszenierung.

Wie wir sehen, machen das alle drei Frauen sehr unterschiedlich, je nach Veranlagung: verstärkend, ausgleichend oder hervorhebend. Finden Sie heraus, welcher Typ zu Ihnen am besten passt. Dazu werden Ihnen in den folgenden Kapiteln die einzelnen natürlichen Auftrittsmerkmale (Ausstrahlung, Aussehen, Verkörperung, Stimme und Sprache) vorgestellt, damit Sie im Anschluss einen kleinen Test bezüglich Ihrer Wirkung durchführen können. Wenn Sie alle natürlichen Auftrittskomponenten ausgewertet haben und Schwerpunkte herausarbeiten konnten, entscheiden Sie sich, ob Sie sich eher zu Frauen-Auftrittstyp 1, 2 oder 3 hingezogen fühlen. Bedenken Sie: In der Konsequenz liegt die Wirkung.

Gehen Sie dann zum Kapitel der gestaltenden Merkmale über, und suchen Sie hier je nach Ihrem Typ das entsprechende Äußere. Hier haben Sie die Möglichkeit, etwas über Ihr Outfit, Ihre Farben, Ihre Kosmetik, Ihre Frisur oder Ihre Brille zu erfahren. Im letzten Kapitel erhalten Sie noch ein paar Anregungen bezüglich der Wirkung Ihres neuen Auftritts. Denn wenn Sie Ihr neu erworbenes Wissen gezielt einsetzen, werden Sie Reaktionen auslösen. Darauf sollten Sie gefasst sein.

Erster Schritt – entdecken Sie Ihre natürlichen Auftrittsmerkmale

Welche Ausstrahlung umgibt Sie?

Ausstrahlung und Job

Was strahle ich aus?

Jede Frau ist auf der Suche nach ihrem gewissen Etwas, auch gern Charme, Charisma, geheimer Zauber oder Aura genannt. Jede hat es, nur unterschiedlich ausgeprägt. Die einen wirken durch ihre Herzlichkeit und fröhliche Art, die anderen versprühen Lebenslust und Kraft, und die nächsten faszinieren durch Andersartigkeit und Eigenwilligkeit. Die einen haben diese Aura permanent und als Dauerzustand, die anderen leiser und nur zu bestimmten Zeiten. Manche sagen, es ist das Geschenk der Götter, die anderen sagen, es ist mit den Genen mitgegeben, und wieder andere sagen, es ist antrainierbar.

Wie dem auch sei, eines ist sicher: Wer viel davon hat, hat mehr vom Leben. Menschen, die Aura haben, gelten etwas. Sie werden als begehrenswerter, hübscher und intelligenter angesehen. Sie erhalten häufiger Einladungen, werden von einflussreichen Personen mehr beachtet und haben im Job Vorteile. Wer zur Elite gehören will, braucht viel davon, sagen Karriereberater, und wer die Massen betören kann, erreicht schneller seine Ziele. Am besten, Sie verfügen noch über ein reichhaltiges Angebot an Ausstrahlungsmustern, dann können Sie je nach Zielgruppe gerade die betören, die es zu betören gilt. Ideale Voraussetzung, um auf den Jobbühnen erfolgreich zu sein.

So überprüfen Frauen ihr Leben lang, wie sie in puncto Ausstrahlung wirken. Leider wissen viel zu wenige Frauen, dass Ausstrahlung etwas mit Strahlung zu tun hat. Strahlung kommt von innen und dringt nach außen. Sie entspringt unserer Lebensgeschichte. Im Laufe unseres Lebens haben wir Geschichten angesammelt: Kindheitsgeschichten, Jugendgeschichten, Erwachsenengeschichten. Jede dieser Geschichten mit ihren Erlebnissen hat unseren Selbstausdruck geprägt. Wir tragen unsere Urteile, Werte und Motive in unserer Ausstrahlung spazieren, für jeden sichtbar. Wir sind uns dessen nur nicht immer bewusst.

Ein Blick in die Geschichtsbücher offenbart, dass viele charismatische Menschen durch persönliche Schicksale oder Ereignisse dem Leben eine

Wendung gegeben haben. Motive, die aus ihnen selbst entsprangen, haben sie kämpfen lassen und ihnen zu einer Strahlkraft verholfen, die andere Menschen wiederum faszinierte. Ausstrahlung ist daher eine Frage des persönlichen Skripts. Wir müssen uns auf die Suche nach unseren persönlichen Motiven und Grundsätzen machen. Denn sie sind die Basis unserer Ausstrahlung und dafür verantwortlich, dass wir einen authentischen Auftritt hinterlassen und dadurch auf den unterschiedlichsten Jobbühnen das Publikum für uns gewinnen können.

Wir sind in unserem Leben nicht immer nur auf ein Grundmuster festgelegt, es kann mehrere geben. Aber auch hier müssen wir immer überprüfen, ob sie zu uns passen und stimmig sind, denn Aura kann nur von innen kommen. Werfen wir einen Blick auf die bereits gelebte eigene Geschichte, um den Ausstrahlungsmustern näher zu kommen.

Ausstrahlung und Biografie

Viele Ausstrahlungsmuster werden schon in der Kindheit festgelegt. So machen wir die unterschiedlichsten Erfahrungen, wie wir auf andere wirken. Immer wieder lässt sich beobachten, dass einige Mädchen bei allen beliebt sind, stets ein sonniges Gemüt haben oder über eine besondere Energie verfügen. Frau A. gehört zu diesen Glückskindern, die scheinbar mit einem ganzen Sortiment an positiven Eigenschaften zur Welt gekommen sind. So berichtet sie: »Als ich Kind war, wurde ich immer bevorzugt. Egal was ich angestellt hatte, ich wurde nicht getadelt und bekam immer mehr Süßigkeiten geschenkt als andere. Angeblich hing das mit meiner positiven, lustigen Art zusammen. Diesen Humor habe ich mir im Leben erhalten können und setze ihn manchmal ganz bewusst in Lebenssituationen ein, wo er nützlich sein kann. Ich würde sogar behaupten, dass dadurch schon so manche berufliche Situation zu meinen Gunsten ausgegangen ist.«

In der Tat: Eltern, Freunde und die Atmosphäre, in der wir aufwachsen, nehmen Einfluss auf unsere Ausstrahlung. Wurden wir geliebt, gelobt, geschätzt, dann können wir mit unseren gesammelten Mustern viele neue Bühnen betreten und sie mit Ausstrahlungskraft füllen. Leider konnten wir aber nicht nur Erfahrungen sammeln, die unsere Ausstrahlungsmuster bestärken, sondern mussten auch erfahren, dass uns andere kritisieren und bremsen.

Frau Q. berichtet aus ihrer Schulzeit: »Als ich sieben Jahre alt war, sollten wir in der Schule einen Tanz vorführen. Dazu wurden wir Kinder mit Kos-

tümen verkleidet. Ich fand, dass ich gut tanzen konnte und interessant aussah, so stellte ich mich in die erste Reihe. Da kam die Lehrerin, nahm mich
beim Arm und zog mich in die letzte Reihe. Dabei sagte sie: ›Da gehörst du
nicht hin, andere können das besser als du.‹ Das war ein Schlüsselerlebnis
für mich, und ich lebe bis heute den Grundsatz: Nimm dich lieber zurück
und fall nicht auf.« Negative Zuschreibungen, traumatische Erlebnisse oder
Werte sind Gift für unsere Ausstrahlung.

Mit den Jahren vergrößert sich unser Beziehungsgeflecht, und wir werden von den unterschiedlichsten Menschen begutachtet, bewertet und beurteilt. Manche davon bestärken und unterstützen uns in unserer Ausstrahlung, andere hindern uns daran, sie zu leben. So geht es auch Frau B. Sie
hatte in ihrer Kindheit große Freude daran, Fantasiegeschichten zu erfinden
und sie auch kunstvoll vorzuführen. Für ihre zauberhafte Andersartigkeit
wurde sie geliebt, und sie war dadurch ein sehr auftrittssicheres Kind geworden. Jahre vergingen, und sie traf ihre erste große Liebe. Nach anfänglicher großer Begeisterung für ihre Begabung kritisierte ihr Partner sie in
den darauf folgenden Jahre immer stärker. Sie sei so laut, so lebhaft, so bunt
in ihren Ansichten, das habe oft nichts mit der Realität zu tun. Ganz besonders möge er es nicht, wenn sie sich immer so aufspiele, wenn sie bei
Freunden wären.

Sie nahm sich aus Rücksicht zu ihm zurück und wurde eine stille, schwei-
gende Frau. Wer sie traf, erkannte sie nicht wieder. Bis sie eines Tages
schwer krank wurde und nur mit viel Glück am Leben blieb. Ihr Mann hatte sich in dieser schweren Zeit von ihr getrennt und sich einer anderen Frau
zugewandt. Ihr wurde klar, dass sich jetzt in ihrem Leben etwas ändern
musste. Drei Möglichkeiten boten sich ihr: weiterhin unglücklich und depressiv zu bleiben, einen Strich unter ihr Leben zu ziehen und nach neuen
Werten und Leitbildern zu suchen oder da anzuknüpfen, wo sie bereits in
ihrer Vergangenheit positive Erfahrungen gemacht und ihre Umwelt fasziniert hatte. Sie besann sich auf ihre Gabe, unterhalten und Menschen in ihren Bann ziehen zu können. Sie grub ihr altes Ausstrahlungsmuster »Andersartigkeit« wieder aus. Dann bewarb sie sich mit 35 Jahren beim Radio
und ist heute eine der gefragtesten Hörfunkmoderatorinnen.

Dass uns Partnerschaften auch zur Ausstrahlung verhelfen können, belegt das Beispiel von Frau D.: »Als ich meinen Mann traf, habe ich mich
ganz neu entdeckt. Ich entdeckte meine weibliche Seite, ich entwickelte Sex-
appeal und konnte diese Ausstrahlung erfolgreich auf andere Lebensberei-
che übertragen. Im Job gelingt mir vieles heute viel leichter. Ich habe mich
als Frau entdeckt.« Ein ähnliches Beispiel schildert Frau S.: »Ich habe mit

meinem Mann eine Firma gegründet. Ich war jahrelang eher ängstlich und unsicher in meinem Leben. An seiner Seite habe ich mich zu einer mutigen, auftrittssicheren Frau entwickelt. Mein neues Lebensmotto ist: Wer vorankommen will, muss tun. Ich regele den Alltag mit links und lerne jeden Tag Neues dazu. Ich brauche die Beschäftigung und mache alles mit sehr viel Spaß. Freundinnen bewundern, wie gelassen und unangestrengt ich Berge von Arbeit verrichten kann. Ich habe den Eindruck, mit mir arbeitet man gerne. Wenn ich mal ruhig sitzen soll, werde ich schlecht gelaunt. Mein Mann hat eine ganz andere Frau aus mir gemacht.«

Nicht ihr Mann hat es gemacht. Sie hat durch ihn ihr Ausstrahlungsmuster erkennen können. Lebenspartner können unsere Ausstrahlung fördern. Aber auch in gezielten Beratungen erlebe ich, wie Frauen zu ihrer Ausstrahlung finden können.

Frau C. nahm an einem meiner Trainingsseminare teil. Sie war tadellos angezogen und hatte offensichtlich genug Geld, um sich kaufen zu können, was sie wollte. Sie machte bei der ersten Übung mit, bei der die Teilnehmer sich gegenseitig in 30 Sekunden einschätzen sollen. Die Betreffende stand dabei jeweils allein und schweigend vor der Gruppe. Die Einschätzung war anonym und wurde den Einzelnen mit der Auflage ausgehändigt, sie sich erst zu Hause anzuschauen.

Frau C. stellte erstaunt fest, dass über die Hälfte der Gruppe sie unsicher gefunden hatte. Obwohl ihr äußeres Erscheinungsbild die richtigen Eigenschaften aufwies, sie nicht mit hängenden Schultern vor der Gruppe gestanden und auch nicht nervös mit den Fingern gespielt hatte, hatte sie dennoch ihren inneren Zustand der Unsicherheit ausgestrahlt. Die Gruppe hatte ihre Signale sofort aufgefangen. Frau C. hatte aus der Quelle ihres inneren Selbst ein Energiefeld erschaffen, das deutlich Unsicherheit und selbst einschränkende Gedanken signalisierte.

Eine Woche später bat sie mich, an ihrem Ausstrahlungstyp zu arbeiten. Sie wollte herausfinden, ob es noch andere Ausstrahlungsarten gibt, die es wert wären, entdeckt zu werden. In der dritten Sitzung erzählte sie mir von Erlebnissen in der Kindheit. Sie hatte immer zu hören bekommen: »Brave Mädchen sind bescheiden und warten, bis sie gefragt werden.« Schüchternheit war lange ihr Problem, sogar im Beruf hätte sie heute noch Schwierigkeiten, sich das zu nehmen, was sie möchte, erzählte sie mit gesenktem Kopf.

Dieses Programm der Unsicherheit hat sie über viele Jahre verinnerlicht. In der nächsten Sitzung legte ich ihr zehn Frauenportraits vor und bat sie, sich zwei Bilder auszusuchen, die ihrer Wunschausstrahlung entsprechen würden. Sie griff sich die »Elegante« und die »Jugendliche« heraus. Ich fragte sie, was sie an dem ersten Bild angesprochen habe. Sie lehnte sich zurück und erzählte: »Wissen Sie, ich stamme aus einem wohlhabenden Elternhaus, es hat uns nie an Geld gefehlt. Diese Frau auf dem Bild erinnert mich an meine Mutter, die hatte so eine elegante Ausstrahlung, sie war immer perfekt gekleidet und konnte sich sicher in der Öffentlichkeit bewegen. Dann starb meine Mutter, als ich 14 Jahre alt war. Mein Vater verlangte, dass ich nun alle Pflichten übernahm und auf meine Geschwister aufpasste. Ich gehorchte, wie ich das gewohnt war, obwohl ich manches Mal überfordert war. Ich kleide mich seitdem im Stil meiner Mutter, obwohl ich den, wenn ich heute überlege, eigentlich gar nicht mochte. Das mit der Kleidung hat sich allerdings bis heute durchgesetzt. Ich wähle zwar heute ganz andere Labels als meine Mutter, aber das Einkaufen in teuren Boutiquen muss sein. Ich möchte heute auch Eleganz wie meine Mutter ausdrücken, aber eben ganz anders.«

Ich fragte, ob sie der Meinung sei, dass man durch Kleidung Wertschätzung erlangen könne. Sie nickte: »Ja, ganz unbedingt. Die Leute schauen doch zuerst auf das, was man anhat, und dann gehört man dazu oder nicht. Als ich in dem Seminar erfuhr, dass ich so unsicher erscheine, war das für mich ein richtiger Schock. Ich dachte immer, ich wirke elegant, so sicher wie meine Mutter.«

Dann schauten wir uns das Bild der »Jugend« an, und ich fragte sie, was sie mit diesem Bild anfangen könne. »Als meine Mutter starb, habe ich ja früh die Mutterrolle übernehmen müssen. Ich erledigte brav alles, was erledigt werden musste. Eine Jugend in dem Sinne kenne ich nicht«, erzählt sie wehmütig. »Woher auch, ich habe das immer nur an meinen Freundinnen gesehen, wie die ihre Jugend ausgelebt haben.«

Damit war das Stichwort für die weitere Arbeit gefallen: Jugendlichkeit, die nie gelebt worden war. Ich fragte sie weiter, was sie denn genau an dem Bild der Jugend gereizt habe. Sie vertiefte sich in den Ausdruck dieser Frau und begann jedes Detail ausführlich zu beschreiben. In der nächsten Stunde bot ich an, mit ihr auf persönliche Entdeckungsreise zu gehen. Wir erfanden eine jugendliche Frau C., die so real noch nie existiert hatte. Von der Frisur, dem Outfit, sogar der Ausdrucksweise arbeiteten wir uns an ihre Ausstrahlung heran. Nach 14 Sitzungen saß mir eine junge, lebendige 38-jährige Frau gegenüber, die mit der unsicheren, eingeschüchterten Frau C. vor Wochen wenig gemeinsam hatte. Der jugendliche, freche Charme stand ihr gut. Sie hatte zu ihrem Ausstrahlungstyp gefunden. Zugleich erhöhte sich dadurch ihr Ausstrahlungsgrad von »wenig« auf »mittel«. Denn auf die Frage, ob sie sich künftig in der ersten oder zweiten Reihe eines Auftritts sehen würde, sagte sie keck: »Ich würde mich mittlerweile trauen, mich von der ursprünglich letzten Reihe in die zweite Reihe vorzuwagen.«

Wenige Wochen später rief sie mich an und teilte mir mit, dass sie ihren Kleidungsstil geändert habe. Die damenhaften, eleganten Kleider habe sie beiseite gelegt und wähle zukünftig nur noch einen jugendlichen Stil, der ihre Ausstrahlung unterstreichen würde. Später erfuhr ich, dass sie auch einen neuen Lebenspartner kennen gelernt hatte, der von ihrem jugendlichen Auftritt schier begeistert gewesen sein soll.

In der Ausdruckspsychologie wird zwischen introvertierten und extravertierten Temperamenten unterschieden. Natürlich nimmt man die Lauten immer schneller wahr als die Leisen, aber ich konnte in meiner Beratungsarbeit erfahren, dass das nicht entscheidend ist. Ausschlaggebend ist vielmehr, dass Sie wissen, worauf Ihre Strahlkraft beruht, was Ihre Strahlkraft vorantreibt und nährt. Bin ich eine Frau, die richtig aufblüht, wenn sie aktiv werden kann und die Aktion im Vordergrund steht? Oder bin ich eine Frau, die strahlt, wenn sie ihren Wissensdurst stillen darf und sich mit geistigen, intellektuellen Dingen auseinander setzt? Oder bin ich eine Frau, die durch ihre Verspieltheit wirkt und dazu steht, dass sie ihre mädchenhaften koketten Anteile leben darf? Oder bin ich eine Frau, die sprüht, wenn sie ihre Andersartigkeit und Abgehobenheit leben darf? Oder bin ich eine Frau, die aufblüht, wenn sie ein Ziel verfolgen kann und ihren Ehrgeiz und ihre Machtgedanken leben darf? Oder bin ich eine Frau, die Familie über alles schätzt, in der das Gemeinschaftsprinzip Energien frei setzt? Wenn wir unser Grundprinzip im Leben herausgefunden haben, können wir die anderen mit ihren individuellen Ausstrahlungsarten auch neidlos neben uns stehen lassen.

Aber Frauen sind oft geneigt, sich miteinander zu vergleichen. So stehen sie einander gegenüber: die nicht erwerbstätige Frau mit Familie der berufstätigen Frau ohne Kind, die allein erziehende Mutter der Frau in der Ausbildung und so weiter – und sind geleitet von neidischen Idealisierungstendenzen, aber auch Selbstzweifeln und Minderwertigkeitsgefühlen in Bezug auf die Ausstrahlung anderer Frauen und ihre Grundmuster. Statt uns an den unterschiedlich gewählten Ausstrahlungskomponenten der anderen zu erfreuen und die Kraft und den Reichtum der Ausstrahlungsformen zu schätzen, entwerten wir sie. Auf dem Hintergrund der ständigen Entwertung entwickeln Frauen Härten, und das friert jede Ausstrahlung ein.

Ausstrahlung hat nichts mit Mode oder Trends zu tun. Erfolgreiche Frauen glauben bisweilen, wenn sie sich bestimmte Verhaltensweisen kurzfristig zulegen, seien sie »hip« oder begehrter als vorher. Die Strahlung kommt jedoch von innen, sie lässt sich nicht anziehen wie ein Kleid. Auch Status hat nichts mit Aura zu tun. Zwar fühlen sich viele Menschen zu Personen hingezogen, die es materiell zu etwas gebracht haben, aber das ist nicht die Brillanz, die andere bezaubert. So zum Beispiel Frau B.: »Ich bin sehr zielstrebig und erfolgreich in meinem Beruf, sage jedem, dass ich mir das alles hart erkämpft habe. Kann mir heute einen Sportflitzer leisten, wohne in der besten Gegend Frankfurts und kaufe immer nur Labelware, aber Bewunderung erhalte ich nicht.«

Ausstrahlung hat nichts mit Status zu tun, auch wenn dieser zunächst Eindruck macht. Wir können nur als Person strahlen, und das auch nur, wenn wir andere nicht kopieren, sondern frei aus unseren eigenen Motiven und Mustern agieren. Ausstrahlung hat nichts mit einem Pflichtprogramm und ebenso wenig mit Schönheit zu tun. Viele Frauen glauben, wenn sie sich einem Schönheitschirurgen ausliefern, hätten sie mehr Ausstrahlung. Das ist ein Irrtum. Sie sind dann gegebenenfalls schöner, aber verfügen noch nicht über besondere Ausstrahlungskraft. Ich kenne hässliche Menschen, die eine besondere Ausstrahlungskraft haben, weil sie ihre Werte und Motive überzeugend leben und daher auf viele Menschen wie Schönheitsköniginnen wirken.

Ausstrahlung und persönliche Einschätzung

Was Sie in Ihrer Lebensgeschichte angetrieben hat und was Ihnen wirklich wichtig ist, spiegelt sich heute in Ihrer Ausstrahlung wider. Es sollen daher im Folgenden verschiedene Ausstrahlungstypen mit Motiven und Werten vorgestellt werden, die unterschiedliche Wirkungen hinterlassen.

Jung

Es gibt Frauen, die in ihrer Ausstrahlung als eher jung und verspielt einzuordnen wären.

Frau M.: »Ich wirke in der Regel eher jung, bin allem Neuen aufgeschlossen, werde für meine ständig neuen Ideen geliebt und versprühe Lebenslust. So richtig erwachsen werden wollte ich nie. Oft gelingt es mir mit meiner spontanen Art, andere mitzureißen.«

Frau B.: »Ich war schon als Kind die Verspielte. Ich wurde zwar später im Berufsleben manchmal für naiv gehalten, aber mit meinem kindlichen Charme gelingt es mir immer wieder, die Leute zu bezaubern. Einmal hat es mich gekränkt, als mein Chef mir sagte, dass er mich nicht immer ernst nehmen kann, aber auf der anderen Seite weiß ich, dass es hier in der Abteilung furchtbar langweilig wäre, wenn sie meine frische Art nicht hätten.«

Gereift

Frau J.: »Mir hat mal jemand gesagt, ich hätte eine würdevolle Ausstrahlung. Die hatte ich schon, als ich jung war. Selten setzt man sich ganz dicht neben mich, ein bisschen Abstand hält man immer. Ich mag es auch nicht, dass man mir zu nahe rückt. Ich mache das mit anderen auch nicht. Ich möchte, dass man Distanz zu anderen achtet.«

Frau F.: »Wenn ich spreche, wird es immer ganz ruhig im Raum, eine andächtige Stille entsteht. Manchmal ist mir das eher unangenehm, aber ich habe auch herausgefunden, dass das zu mir gehört und sicherlich damit zu tun hat, dass ich mich nicht für zeitgenössische Dinge interessiere. Ich beschäftige mich viel mit Literatur aus anderen Jahrhunderten und höre nur Klassik. Ein bisschen sonderbar, aber ich betrachte das Verhalten der anderen mir gegenüber auch als ein Zeichen von Achtung und Respekt.«

Feminin

Der Ausstrahlungstyp des Feminin-Lieblichen zeigt sich darin, dass diese Frauen eine warmherzige, verständnisvolle Art aussenden.

Frau L.: »Ich werde gemocht für meine mütterliche Art, alle wollen immer in meine Nähe, weil ich gerne gebe. Ich habe viel Wärme zu vergeben.«

Frau B.: »Familie geht mir über alles. Ich halte alle familiären Werte hoch, Gemeinschaftlichkeit ist der Sinn des Lebens. Ich werde im Beruf dafür geschätzt, dass ich neben meiner täglichen Familienarbeit den Teamzusammenhalt in unserer Firma pflege. Meine Vorgesetzten haben mir schon das Angebot gemacht, ob ich nicht aufsteigen und irgendwann die Abteilung übernehmen möchte, denn die Projektarbeit, die unter meiner Leitung gelaufen ist, war zufrieden stellend für alle. Ich habe für jeden ein Ohr und sehe das gemeinsame Ziel als höchste Priorität. Nur wenn ich mal müde bin, möchte ich gern alle auf Abstand halten.«

Frau T.: »Ich habe eine weibliche, erotische Ausstrahlung. Ich habe im Job schon manches Mal feststellen müssen, dass ich zu sexy wirke. Erotisch wirken ist für mich das Wichtigste im Leben. Ich mag alle Romantik.«

Maskulin

Frau P.: »Man sagt mir, ich hätte eine strenge und oft auch coole Ausstrahlung. Das mag sein, ich verstehe mich mit Männern sowieso besser. Und finde es lästig, wenn Frauen nicht gleich auf den Punkt kommen können und lange über Gefühle reden müssen.«

Frau Q.: »Ich habe schon oft feststellen müssen, dass ich eine schroffe, raue Ausstrahlung habe und die Dinge gern nüchtern betrachte. Im Privaten wäre ich gerne manchmal etwas weicher, im Job hat mich diese Art schon weit nach vorne gebracht.«

Sportlich

Frau R.: »Ich kann nicht lange herumsitzen. Wenn ich den Raum betrete, suche ich gleich die Beschäftigung, ich versprühe Tatendrang. Das macht manchmal meine Umwelt nervös.«

Frau A.: »Wenn man in meine Wohnung kommt, dann findet man nichts, was nicht praktisch und von mir selbst gemacht ist. Vom Bettbauen bis zum Kleidernähen bin ich immer mit Dingen beschäftigt. Ich bin die Macherin und ständig in Bewegung. In meiner Firma habe ich schon den Spitznamen ›die Bohrmaschine‹, weil ich sofort in Aktion komme, wenn etwas erledigt werden muss.«

Vergeistigt

Frau L.: »Ich habe seit meiner Kindheit nur gelesen. Wenn ich mal helfen sollte in der Küche, war ich im Kinderzimmer verschwunden und habe gelesen. Freunde sagen, ich wirke intellektuell. Ich weiß nicht, wie man wirkt, wenn man intellektuell ist.«

Frau Ö.: »Wenn ich durch die Stadt gehe, dann bin ich manchmal in einer anderen Welt. Ich denke über dies und das nach. Wenn mich Leute ansprechen, nehme ich sie gar nicht so schnell wahr. Ich wirke vermutlich manchmal etwas verträumt.«

Eigenwillig

Frau P.: »Ich war schon immer ein bisschen anders als die anderen. Ich mochte schon als Kind auffallen. Ich zog mich komisch an und machte den Clown. Heute bin ich in meinem Beruf richtig aufgehoben. Ich kann als Modedesignerin immer neue Modelle erfinden und muss auf Konventionen wenig Rücksicht nehmen.«

Frau D.: »Ich bin in Spanien geboren und hier in Deutschland aufgewachsen. Frei sein geht mir über alles, man kann mich nicht auf etwas festlegen. Das möchte ich auch nicht. Ich habe heute den Mut, diese Andersartigkeit auch zur Schau zu stellen. Ich stehe zu meinem Temperament und meiner südländischen Art. Manche finden das toll, andere schauen blöd, das ist egal – ich mag mich, wie ich bin.«

Neutral/Klassisch

Frau E.: »Ich passe mich den anderen an, wenn ich auftrete, da fühle ich mich am wohlsten. Mit Mitarbeitern habe ich nie Schwierigkeiten.«

Frau R.: »Ich verhalte mich neutral den Dingen gegenüber und versuche nicht aufzufallen. Ein bisschen mehr individuelle Ausstrahlung wünsche ich mir allerdings manchmal schon.«

Stark

Frau A.: »Wenn ich den Raum betrete, falle ich immer gleich auf. Ich trete auch gerne auf. Ich ergreife das Wort. Spreche auch für andere. Viele schätzen mich dafür.«

Frau O.: »Ich bekomme manchmal von anderen gesagt, du trittst aber dominant auf. Wenn du kommst, müssen alle anderen dir Platz machen. Ich möchte mich ja manchmal zurücknehmen, aber ich kann mich nicht still in die Ecke setzen. Ich musste meine drei kleineren Brüder durchbringen, als meine Mutter starb, da musste einer das Zepter übernehmen.«

Zurückhaltend

Frau L.: »Ich wirke auf meine Umwelt zurückgezogen. Ich bin am liebsten allein. Ich habe Angst, vor große Gruppen zu treten und zu sprechen. Ich musste es in meinem Job lernen, aber gerne mache ich das nicht.«

Frau Z.: »Ich verstecke ich gerne hinter anderen. Man vermisst mich selten und vergisst schnell, dass ich irgendwo mit dabei war.«

Positiv

Frau S.: »Wenn ich auftrete, dann sagen mir andere, ich sei so witzig, ich würde immer gute Laune verbreiten. Ich bin in der Familie und der Schule schon immer der Pausenclown gewesen. Manchmal leide ich darunter, weil man mich nicht ernst nimmt und nur für den heiteren Teil liebt.«

Frau T. : »Ich werde ›die Ulknudel‹ genannt. Ich mag keine Menschen, die keinen Humor haben. Man sollte die Welt positiv sehen. Wenn ich in eine Runde komme, mache ich sofort ein Späßchen, dann habe ich schon viele Leute auf meiner Seite.«

Negativ

Zwei andere Frauen drücken ihre Verbittertheit aus, die sich auf ihre Ausstrahlung niedergeschlagen hat.

Frau D.: »Ich verachte viele Menschen. Niemand hat mir etwas in meinem Leben geschenkt, wieso soll ich nett sein?«

Frau H.: »Man sagt zu mir, ich sei ein Griesgram und schlecht gelaunt und oft zickig. Für meine Lage hat keiner Verständnis, daher mache ich meinem Ärger immer gleich Luft, wenn mir was nicht passt.«

Wie attraktiv erscheinen Sie?

Attraktivität und Job

Bin ich attraktiv? Was sagt mein Gesichtsausdruck über mich aus? Wirke ich mädchenhaft, komisch, intelligent?

Es gibt einen Bereich, der offenbar für Frauen ganz besonders von Bedeutung ist: die Attraktivität. Wenn in früheren Zeiten eine Frau hervorgehoben wurde, pries man vor allem ihre große Schönheit. Das gilt für Märchen ebenso wie für literarische Gestalten vergangener Jahrhunderte. Gute Königinnen, Heldinnen, Feen zeichneten sich stets durch außerordentliche Schönheit aus, die Bösen durch Hässlichkeit.

Auch heute springen uns aus Reklame und Modezeitschriften elegante, sportliche oder mondäne Schönheiten mit schlanken, jugendlichen Figuren und gebräunter Haut als Ideal entgegen. Ob nackt oder wenig bekleidet, sie haben eine makellose Figur, weisen ein ebenmäßiges Gesicht auf, sind mädchenhaft oder weiblich mit großer Brust.

Das Schönheitsideal selbst mochte zwischen der edlen und reinen Schönheit und der verführerischen, ja lasziven Schönheit wechseln, beschäftigt hat es Frauen Jahrhunderte lang. Während Männer Charakterköpfe mit eingeschriebenen Spuren von Originalität und Lebenserfahrung sein und kühn, beherzt, mutig, stark wirken müssen, hängt die Glückseligkeit einer Frau von ihrem Attraktivitätsgrad ab. Denn wer schön ist, hat Erfolg im Leben, ob privat oder beruflich.

Frau P. ärgert sich noch heute darüber, dass ihre Kollegin einfach immer vom Chef bevorzugt wird. Egal was für Projekte anstehen, er überträgt alles ihr, und das hat er ihr gegenüber auch mal geäußert: »So eine attraktive Person hat man gern um sich«, sagte er. Schönheit siegt, wer schön ist, hat mehr vom Leben.

Tatsächlich sind viele in der Berufswelt bereit, sich allein von Schönheit faszinieren zu lassen. So schreiben wir schönen Menschen schnell bessere Eigenschaften zu: »Wer schön ist, ist auch gut.« Und wir sind schnell bereit, Attraktivitätseinschätzung und Sympathieurteile miteinander zu verknüpfen.

Die Forschung hat sich jahrelang eingehend mit Attraktivitätsmustern befasst. Demnach ist es messbar, wie attraktiv jemand erscheint. Augenform, Nasenform, Lippenstärke beispielsweise bestimmen den Grad der Schönheit. Attraktivität wird hier zu einer objektiven Größe, die der einen Frau schicksalhaft zufällt, der anderen eben nicht. Die physiognomischen Gesichtsmerkmale sind es auch, die bestimmen, wie eine Frau auf ihre Umwelt wirkt. Die meisten von uns würden wohl bestreiten, dass sie jemandem positive Eigenschaften zuschreiben, nur weil er gut aussieht. Dennoch führen uns junge attraktive Gesichter täglich vor Augen, dass wir uns mehr von Äußerlichkeiten leiten lassen, als uns bewusst ist.

Ein Gesichtstyp, der uns besonders leicht zu Fehlurteilen über den Charakter einer Person verleitet, ist das »Babygesicht«. Es entspricht dem Kindchenschema, das auf Konrad Lorenz zurückgeht. Das heißt, es weist Merkmale auf, welche die Gesichter von Babys prägen: große Augen, hohe Stirn, kleines Kinn, volle und rote Lippen, schmale hohe Augenbrauen, kleine Nase, helle Haut, Haare und Augen. Babygesichter sprechen uns vermutlich deshalb an, weil sie in uns Beschützerinstinkte wecken.

Daher profitieren Frauen mit Babygesichtern einerseits von ihrem Äußeren, haben jedoch auch Nachteile. Sie werden als ehrlich, liebevoll und herzlich eingeschätzt, gelten jedoch auch als schwach, naiv, weniger intelligent und unterwürfig. Entsprechend werden Babygesichter in der Werbung eingesetzt. Soll eine »aufrichtige, persönliche« Stellungnahme eines Konsumenten zu einem Produkt dargestellt werden, so überzeugt das Kindchenschema. Ist hingegen die Meinung einer Fachfrau gefragt, so werden Darsteller mit reiferen Gesichtszügen bevorzugt. In der Berufswelt bekommen Menschen mit Babygesicht diese Stereotypisierung zu spüren: Aufgaben, in denen Führungsstärke, Durchsetzungsvermögen und Kompetenz gefragt sind, traut man ihnen nicht zu. Machen Sie sich klar, dass Merkmale Ihrer Attraktivität Einschätzungen anderer unterschwellig beeinflussen.

Es gilt also, die eigene Attraktivität gerade in Hinsicht auf den Beruf einmal genauer zu beleuchten und herauszufinden, wo Sie bezüglich Ihrer Gesichtsattraktivität und Ihres Gesichtsausdrucks stehen. Ich finde es wichtig, dass Frauen lernen, sich realistisch einzuschätzen, um erfolgreich im Job agieren zu können. Denn manchmal hat es Sinn, die schon vorhandene Gesichtsattraktivität noch durch andere Auftrittsmerkmale zu verstärken, sie auszugleichen oder sie zu kaschieren. Ich konnte die Erfahrung machen, dass Frauen dann nicht irgendwelchen Schönheitsidealen unreflektiert nachrennen, sondern selbst entscheiden, für wie attraktiv sie sich einschätzen.

Ich spreche hier auch ganz gezielt Frauen an, die bereit sind, jeden chirurgischen Eingriff über sich ergehen zu lassen, obwohl sie auf ihre Weise attraktiv sind. Wenn Sie zum Beispiel eine der interessantesten römischen Nasen im Gesicht tragen und die Möglichkeit hätten, Ihren Ausdruck in der Richtung durch Kleidung und Verhalten weiter zu unterstreichen, dann überlegen Sie erst einmal, welchen Weg Sie gehen wollen. So wie Männer aus sich einen Charakterkopf formen, liegt diese Möglichkeit auch in der Hand jeder einzelnen Frau. Auf der anderen Seite würde ich einer Frau, die ihre Nase definitiv als hässlich bewertet, nicht von einer Operation abraten. Es ist eine Frage des Leidensdrucks. Da Geschichten über Schönheit sowie den Gesichtsausdruck bereits in der Herkunftsfamilie gebildet werden, werfen wir einen Blick auf familiäre Schönheitsgeschichten.

Attraktivität und Biografie

Eine ältere Frau zeigte mir eine Fotografie aus ihrer Säuglingszeit, die ein kräftiges und frohes Kind zeigte. »Finden Sie das Bild auch so schlimm?« fragte sie mich. Ich schaute sie verständnislos an. »Warum schlimm?« fragte ich sie. »Ja, sehen Sie, meine Mutter fand, dass ich ein hässliches Kind sei«, sagte sie. Das Foto zeigte ein herziges Kind mit Pausbacken.

Diese Kundin stellt keinen Einzelfall da. Ich kenne einige Frauen, die aufgrund des elterlichen Urteils eine negative Beziehung zu diesem Kind aufgebaut haben, das sie einmal waren. Sie wollen damit nichts mehr zu tun haben, sagen sie dann, und sind froh, dass sie erwachsen sind. Dieses Kind ist jedoch nicht Vergangenheit, es ist ein ständig wieder auftauchendes Bild mit einer zugehörigen Geschichte. Es ist ein Teil unser selbst, den wir in unserem Gesicht verkörpert haben. Wir formen das hässliche, das böse, das dicke Kind in uns. Das Muster kann sich im Laufe der Jahre in die Gesichtslinien eingeprägt haben, oder es kommt in bestimmten Situationen wieder an die Öffentlichkeit.

Frau M. berichtet:»Mein Vater sagte oft zu mir als Kind: ›Schau nicht so streng wie deine Mutter.‹ Die beiden waren nie glücklich zusammen gewesen. Meine Mutter war im Laufe ihres Lebens eine harte, verbitterte Frau geworden und konnte sehr streng schauen. So war er das ganze Leben lang damit beschäftigt, mich mit ihr zu vergleichen. Meine Arbeitskollegin sagt oft zu mir: ›Lach doch mal mehr! Du guckst immer so streng‹, das macht mich sehr traurig.«

Tatsächlich sind Frau M.s Gesichtszüge über die Jahre unbeweglich und fest geworden. Das Gesichtsgewebe ist nicht trainiert. Und wenn sie sich bedroht fühlt, verstärken sich die Stirnfalten und bilden ein tiefes V, das ihren Blick noch strenger erscheinen lässt, als er tatsächlich ist. Ich habe ihr in meiner Beratung zwei Lösungsansätze angeboten, die helfen können. Zum einen schlug ich vor, über Outfit und Kosmetik eine positive und weiche Gegenlinie zu erarbeiten, zum anderen einen Trainingsansatz, um das starre Gesicht zu lockern. Sie hat sich für den Trainingsansatz entschieden. Es handelt sich dabei um das »Korkensprechen«, eine Technik, die häufig im Theater angewandt wird, um die Artikulation zu verbessern. In diesem Fall hilft es, die gesamte Mundmuskulatur aufzulockern und die Mundpartie weicher zu zeichnen. Man steckt den Korken zwischen die Zähne und spricht. Nach regelmäßiger Anwendung entstehen beim Lächeln weiche Linien. Diese Übung ist grundsätzlich eine gute Möglichkeit, um die im Alter an Spannkraft verlierende Haut im Gesicht in Form zu halten.

Das Problem der Schönheit kann schon die Kindheit überschatten. Wer von klein auf aufgrund seines Babygesichts für schwach und unselbstständig eingeschätzt wird, entwickelt womöglich tatsächlich diese Eigenschaften. Ein 18-jähriges Mädchen kam in meine Beratung, weil es in der schulischen und beruflichen Ausbildung stets Schwierigkeiten hatte. Sie teilte mir mit: »Als kleines Mädchen wurde ich überall wegen meiner Schönheit bewundert. Überhaupt sagten alle: Was für ein entzückendes Mädchen! Ich war immer der Liebling und so sonnig. Ich musste nur einfach da sein und nichts tun, und schon hatte ich die Menschen gewonnen. Aber als ich in die Schule kam, fing meine Mutter an, mich zu entwerten. Sie sagte, ein schönes Gesicht macht es nicht aus, und dann bestand ich eine wichtige Prüfung nicht. Auf einmal stand der Rest der Familie auch nicht mehr zu mir und beschimpfte mich: ›So eine Schande.‹ Seitdem ist für mich eine Welt zusammengebrochen.«

Die junge Frau wollte nicht mehr dem Bild »schön und dumm« entsprechen und fasste den Entschluss, sich hässlich zu machen. Sie schnitt sich die Haare ab und kleidete sich nachlässig. Es scheint, als sei einem manchmal die Schönheit im Weg.

Einen ähnlichen Fall erlebte ich in der folgenden Beratung. Frau K. wollte beruflich aufsteigen und musste durch ihre Schönheit Grenzen erfahren.

So erzählt sie mir in der Beratung: »Wissen Sie, wie sie mich immer nennen in der Firma? Lara Croft, das ist dieses synthetische Girlie mit den Breitstreifenlippen und der Körbchengröße D.« In der Tat, vor mir sitzt eine Vertreterin der Liga Superweib. Frau K., Jahrgang 1977, arbeitet als Sachbearbeiterin in einem Elektrokonzern und hat Probleme mit ihrer Schönheit. Zumindest machen ihr die anderen damit Probleme.

»Wenn ich dienstags zur Tür hereinkomme, machen die Männer gleich einen Spruch: ›Na, gestern dem Körper mal wieder ein Upgrade verpasst?‹, heißt es dann.« Das ist eine Anspielung auf ihren gestählten Body, den sie regelmäßig montags einem Fitnessprogramm unterzieht. »Dabei trage ich schon seit einem Jahr nur noch so eine Art militantes Outfit, schlichte, hochgeschlossene Pullover und kaum Röcke. Denn früher war das noch schlimmer, da trug ich Miniröcke, doch ich will um gar keinen Preis als kleines Mädchen gesehen werden. Sie müssen mir unbedingt sagen, was ich mit meinem Make-up machen soll, ist das zu viel? Ich weiß, ich habe sinnliche Lippen, manchmal schminke ich mir die rostbraun, vielleicht sollte ich das lassen?«

»Langsam«, unterbreche ich sie, »erzählen Sie mir doch einfach erst mal, was passiert ist und welches gemeinsame Ziel Sie sich mit mir vorstellen.«

»Also, von vorne – ich hatte letzte Woche ein Gespräch beim Chef und habe ihn gefragt, ob ich Chancen hätte, in die Buchhaltung versetzt zu werden, denn ich habe Abendkurse besucht und würde mir das zutrauen. Er hat nur gesagt: ›Aber Frau K., gefällt es Ihnen denn nicht mehr bei uns? Wir brauchen Sie doch hier, Sie wären ein großer Verlust für uns.‹ Ich habe ihm dann noch mal versucht verständlich zu machen, dass ich noch andere berufliche Pläne habe, als hier nur Kaffee zu kochen und mir morgens dämliche Sprüche anzuhören. Das hat ihm dann wohl nicht gepasst! Und er meinte, mir bleibe der Weg nach oben versperrt. Kinder ja, Küche, klar. Aber

Karriere? ›Frau K., das ist doch nichts für Sie, Sie haben ein viel zu hübsches Gesicht‹ – ich solle mir das durch anstrengendes Rechnen nicht verderben! Ist das nicht eine Unverschämtheit?« fragt sie mich entrüstet. »Ich will mich demnächst woanders bewerben, aber ich muss wissen, wie ich dort auftreten soll«, benennt sie ihr Anliegen. Dann schaut sie mich mit ihren großen Mandelaugen fragend an und will wissen: »Ist das wirklich so, dass Frauen mit Breitstreifenmund, wie die sich in der Firma immer ausdrücken, der Weg nach oben versperrt bleibt?«

Ich kläre sie auf. Wenn eine Frau alle Attribute der Schönheit mitbringt, so wie sie, und zudem noch einen Körper wie die Sünde hat, dann wird ihr in einer Welt, in der Business Männersache ist, der Karriereauftritt ungleich schwerer gemacht. »Aber keine Angst«, beruhige ich sie, »freuen Sie sich über Ihre Schönheit, um die Sie so viele beneiden. Ich werde in der weiteren Arbeit auch kein hässliches Entlein aus Ihnen machen. Ich werde versuchen, Ihre Schönheit auf ein ›erträgliches Maß‹ für die Berufswelt zurückzuschrauben, indem ich sie durch andere Komponenten ausgleiche. Denn Sie müssen wissen, eine Schönheit, wie Sie sie mitbringen«, und ich zeige ihr ein Bild mit einer Frau mit Kindchenschema-Morphologien, »löst bei Männern eher Beschützerinstinkte aus.« Ich halte einen kleinen Vortrag über die Attraktivitätsforschung der Frau, damit ihr verständlich wird, dass sie eigentlich eines der begehrtesten Geschöpfe auf der Welt ist, aber im Business andere Regeln herrschen, wenn man sich in den Chefsessel hieven will.

Oft bilden Menschen gerade solche Eigenschaften aus, die konträr zum Eindruck ihres Gesichtes sind. Frauen mit ehrlichem Gesicht neigen eher zu Unaufrichtigkeit, weil sie es sich leisten können. Oder sie kompensieren ihr Äußeres häufig mit besonders energischem und feindseligem Verhalten. So wollen wir vermeiden, dass aufgrund des Gesichts falsche Schlussfolgerungen gezogen werden.

Hier kommt ein weiteres Thema ins Spiel, in dem es nicht nur um Schönheit im weitesten Sinne, sondern um das Anderssein geht, um das Herausfallen aus einer Norm. Das kann durch die schöne Schwester oder Mutter, die beste Freundin oder auch durch das Alter ausgelöst werden, in dem sich die Konfrontation mit dem Anderssein ereignet. Zu krumme Nase, zu viele Falten, zu dicke Hüften. Im Vergleich zur Gruppe fallen uns die Andersartigkeiten auf. Wenn der Leidensdruck tatsächlich so groß ist, dass er die Lebensqualität beeinträchtigt, dann halte ich sogar eine Schönheitsoperation für angemessen.

Eine junge Frau sagte mir mal nach einem solchen Eingriff: »Jetzt habe ich das Gefühl, ich habe das erste Mal etwas für mich getan.« Und in der Tat, ihr

Auftreten im Job war um einiges sicherer. Allerdings möchte ich auch kritisch bemerken, dass im Zeitalter der chirurgischen Eingriffe viele Frauen einen solchen Schritt wagen, nur um nicht aus dem Schönheitsrahmen zu fallen. Sie legen sich einfach unter das Messer, weil es »in« ist, so auszusehen wie irgendein Star oder eine andere Person aus ihrer Umgebung. So eine junge Frau: »Ich entschloss mich, den zu kleinen Busen operieren zu lassen, um dem Modetrend zu entsprechen.« Niemand konnte sie von ihrem Vorhaben abbringen. Nach ihrer Brustoperation hatte sie schon einen neuen Termin ausgemacht und wollte nun ihre Nase operieren lassen. Selbstsicherer wirkt sie heute auch nicht – im Gegenteil, sie wirkt sehr weit von sich weggerückt. Oft höre ich das Argument: »Wer es sich wert ist, lässt sich verschönern.« Ich sehe das anders: Wenn Sie es sich wert sind, tun Sie selbst etwas für Ihre Schönheit. Ich möchte ein Beispiel geben, in dem das der Fall war.

Es gibt Dinge, die man nicht vergleichen kann, weil sie nichts oder zu wenig miteinander zu tun haben. So wenig wie Claudia Schiffer mit Sport und Dolly Buster mit dem *Literarischen Quartett* zu tun hat, so wenig hat Frau A. mit einer schönen Frau zu tun. Die 58-jährige Bildhauerin suchte mich in meinem Studio auf. Sie war zierlicher, als ich es von einer Frau erwartet hätte, die mächtige Plastiken aus Stein schlägt. Was beileibe nicht heißt, dass sie eine schüchterne, scheue alte Dame ist. Schon an der Tür berlinerte sie keck los und duzte mich fortwährend: »Sag mal, eure Taxifahrer hier in Hannover sind wohl ein bisschen auf den Mund gefallen. Die Berliner Taxifahrer sind wie geladene Gewehre, die fahren aggressiver, fluchen und quatschen auch mal ein paar Worte, auch mit so 'ner alten Schachtel wie mir. Aber hier sagen sie nur, das macht neun sechzig, und das war's. Du weißt ja, ich komme aus Berlin und reise eigentlich gar nicht gern, fast 40 Jahre wohne ich jetzt schon dort in derselben Wohnung. Ein Stockwerk tiefer liegt mein Atelier.« Im Garten stehen Skulpturen, die sie mir wie gute Freunde vorstellt. Jeder dieser Skulpturen trägt einen Namen, und während sie es sich bei Tee und Gebäck gemütlich macht, zählt sie stolz alle Namen auf: »Also, es gibt da Hildegard, Eva, Johanna, Clementine.«

»Warum Frauennamen?« frage ich sie neugierig.

»Weißt du, ich hatte mir immer eine Tochter gewünscht, aber ich bekam nie Kinder. Dann habe ich mich entschlossen, mir die Mädchen selbst zu formen. Heute habe ich eine große Familie. Was mich sehr glücklich macht. Offiziell heißen die natürlich anders, aber für mich sind das meine Mädchen, die haben alle eine andere Gestalt und Seele. Aber was sage ich dir das, du weißt ja als Psychologin selbst gut genug, dass jeder ein anderes Innenleben hat.«

Und während sie so mit ihrer linken Hand verspielt mit ihrer großen Glasperlenkette beschäftigt ist, schaut sie sich neugierig um.

»Du gestaltest auch gern«, bemerkt sie, und ich bin fasziniert von dieser Ausstrahlung und gleichzeitig verwirrt von so viel Hässlichkeit. Frau A. ist einer der hässlichsten Menschen, denen ich je in meinem Leben begegnet bin. Nichts, aber auch gar nichts entspricht der Schönheitsordnung in ihrem Gesicht. Es ist, als sei der für die Schönheitsgene Zuständige bei ihrer Erschaffung gerade im Urlaub gewesen. Die Gesichtsform entspricht einem Mond, ihre zu kleinen Augen wirken ungleich, schief und düster, ihre große Knollennase springt schief aus dem Gesicht hervor, während zugleich fröhliche Anekdoten aus ihrem fast zahnlosen Mund hervorquellen. Das erzeugt Spannung: Äußere Unästhetik trifft auf ästhetische Ausstrahlung. Geht das überhaupt?, fragt man sich. Der Beweis sitzt vor mir. Ich stelle mir vor, wie Frau A. wirken würde, wenn sie nicht über diese eigenwillige, humorvolle Ausstrahlung verfügte.

Warum sitzt Frau A. hier? Wir kommen zum Auftrittsthema. Da springt sie plötzlich auf:»Ach, ich hab dir ja meinen Katalog mitgebracht, da kannst du dir ein Bild machen von meiner Arbeit. Du weißt ja«, druckst sie plötzlich herum,»ich hab ein Problem mit meinem Auftreten, immer soll ich meine Skulpturen auf den Vernissagen vorstellen. Das liegt mir doch gar nicht. Und nun hab ich von dir gehört, dass du versuchst, passend zu meiner Arbeit und meiner Person ein Outfit zu finden. Du siehst ja, wie ich so rumlaufe, auch wenn es offiziell wird, sehe ich immer ein bisschen verhuscht aus, so passiert es mir auch immer wieder, dass mich die Leute für die Putzfrau halten. Die Schönste bin ich ja nun auch nicht gerade. Und dann hat mir eine Kollegin davon erzählt, dass du hilfst bei Auftritten, und nun bin ich da. Ich sag dir aber gleich, eine Schönheitsoperation lass ich nicht machen!«

Ich winke mit einem Zwinkern ab und sage:»Das ist in Ihrem Fall nicht nötig«, denn ich habe längst verstanden, dass sie mit ihrer Hässlichkeit selbstironisch umgehen kann. Ich frage sie, welches Adjektiv die Menschen wohl später auf ihren Grabstein meißeln würden, wenn sie zum einen ihre Person und zum anderen ihre Kunst beschreiben müssten. Sie überlegt und bekrittelt erst mal meine Frage mit dem Kommentar:»Mensch, das ist aber auch eine schwierige Frage!« Sie überlegt angestrengt, dabei entsteht eine noch hässlichere Stirnfalte in ihrem Gesicht. Schließlich erwidert sie:»Ich würde sagen, die schreiben für mich persönlich: ›hässlich‹ und für meine Kunst: ›schön‹.«

Ich brauche mehr Information über Ihre Arbeit. »Beschreiben Sie mir genau, was Ihre Arbeit Ihnen bedeutet und was Sie damit ausdrücken wollen.« Wir sprechen zwei Stunden ausgiebig über ihre Arbeit. »Am liebsten mache ich schmale, hochgerichtete Figuren aus weißem oder braunem Material. Diese Farben lassen sich gut in die Natur integrieren, es sieht aus, als wären sie dann in meinem Garten gewachsen, so wie das Grün um sie herum.«

Nach fünf Sitzungen habe ich einen Auftrittstyp mit ihr entworfen, der durch seine Gegensätzlichkeit Charakter schafft. Da ihre geringe Attraktivität als Erstes ins Auge fällt, haben wir einen ebenso extremen schönen Gegensatz gewählt: einen ihren Skulpturen entsprechenden weichen Kleidungsstil (Wickelstil aus Cashmere). Warme Erdtöne sowohl beim Make-up wie auch im Outfit wird sie künftig auf den Vernissagen tragen. Zudem habe wir an einem geschmeidigen Gang gearbeitet, der wiederum gegen die Unattraktivität im Gesicht anwirkt. Sie ist nun selbst zu einer geformten attraktiven Skulptur geworden und hat gelernt, dass ihr Gesicht eine ganz wichtige Rolle spielt in ihrem Gesamtauftritt. Zukünftige Verwechslungen mit der Putzfrau ausgeschlossen!

Attraktivität und persönliche Einschätzung

Jung

Frau M.: »Ich werde von meinem Gesichtsausdruck eher als süß und niedlich eingeschätzt. Ich habe weiches Gesichtsgewebe und weiche Züge um Mund und Nase. Da ich viel lache, werden die wohl oft sichtbar. Zudem habe ich eine helle, gleichmäßige Haut und eine runde Gesichtsform. Ich verfüge über große Kulleraugen und eine kleine Stupsnase. Meine Figur ist zierlich und schlank.«

Frau J.: »Ich habe sehr große, eng beieinander stehende Augen, eine kleine Nase und ein kleines Kinn. Viele Männer reagieren auf mein mädchenhaftes Gesicht. Ich habe eine schlanke Figur mit wenig Busen.«

Frau K.: »Ich bin klein und zierlich. Ich werde immer jünger geschätzt, wenn mir die Leute ins Gesicht schauen, ein typisches Kindchenschemagesicht. Ich habe große braune Augen und weiche Mimik. Man sagt, ich sehe ein bisschen aus wie die Hepburn.«

Gereift

Frau Z.: »Ich habe zwar schöne große Augen wie ein junges Mädchen. Aber da meine Haut schon so alt aussieht, können die nicht so richtig wirken. Ich hatte schon früh eine ledrige, faltige Haut.

Das liegt bei uns in der Familie. Meine Mutter hatte auch schon früh eine Haut wie Pergamentpapier. Die Konturiertheit der Gesichter liegt bei uns in der Familie.«

Frau W.: »Ich bin ein sehr hagerer Typ mit schmalen Augen. Meine Freundin sagt immer, ich sehe ein bisschen verhungert aus. Ich esse nicht viel. Dadurch treten natürlich die schmalen Augen sehr stark nach vorne, und so entsteht ein ausgemergelter, knöcherner Gesichtsausdruck. Die Struktur meines Hautgewebes ist fest und trocken. Und meine vielen Falten sind ja nun auch nicht zu übersehen. Jede ist eine Lebenslinie, habe ich immer gesagt. Und wie man sieht, habe ich viel gelebt. Ich habe auch viel in der Sonne gearbeitet. Das beschleunigt den Faltenbildungsprozess. Ich stehe dazu, dass ich nicht einem Schönheitsideal entspreche, und ich möchte auch nicht aussehen wie ein Püppchen.«

Frau W.: »In jungen Jahren hatte ich schon ernste Gesichtszüge, mit tiefen herabgezogenen Mundwinkeln und einem ernsten Blick. Das hat mir zwar Würde gegeben, mich aber auch früh alt erscheinen lassen. Wenn mir die Menschen ins Gesicht schauen, dann finden sie dort eine würdevolle Schönheit.«

Frau Q.: »Ich habe eine lange schlanke Gesichtsform und einen schönen sinnlichen Mund. Aber zwei Dinge lassen mein Gesicht alt erscheinen: die tiefen Furchen um die kleinen schmalen Augen und meine dunklen Zähne. Ich habe dunkle, unregelmäßige Zähne. Trotz Zahnpflege, es ist Veranlagung. Wenn ich den Mund geschlossen halte, wirke ich jünger, als wenn ich rede. Ich werde an den Zähnen vielleicht doch mal etwas ändern.«

Frau T.: »Ich habe heute schon ganz graues Haar. Das finde ich nicht schön. Ich lasse mir das färben.«

Feminin

Frau R.: »Ich habe eine erotische Ausstrahlung. Ich habe sehr lange Wimpern und eine mandelförmige Augenform und spiele gern mit meinem Blick. Und ich habe eine üppige, weibliche Figur mit viel Busen. Viele sagen, ich sehe aus wie Sophia Loren.«

Frau W.: »Ich habe ein ovales Gesicht, und neben meinen großen Augen ist vor allem mein sinnlicher Mund erkennbar. Den Mund male ich oft rot. Viele finden mich sehr attraktiv.«

Frau T.: »Ich habe zwei Arten von Gesichtsattraktivität: Ich kann sehr verführerisch gucken mit meinen großen Augen. Das ist mein lasziver Blick. Und ich habe manchmal einen sehr warmen Ausdruck in meinem Gesicht, dann wird meine weiche Haut ganz warm, und es legt sich ein süßer Ausdruck auf mein Gesicht. Das wirkt sehr mütterlich und warmherzig. Wenn ich mal im Job einen Konflikt schlichten muss, dann ist das meine Waffe, die funktioniert meistens. Das ist mein weiblicher Charme.«

Maskulin

Frau Z.: »Ich weise stark männliche Gesichtszüge auf. Ich habe kleine schmale Augen und einen ebensolchen Mund. Der sieht oft sehr fest aus, dadurch entsteht der männliche Ausdruck. Ich finde mein Gesicht nicht sehr schön, dafür aber meine Figur, die ist weiblicher.«

Frau W.: »Ich habe einen schmalen Mund, sowohl Ober- wie auch Unterlippe sind dünn. Zudem habe ich ein kantiges Gesicht und schmale Augen. Man hat mich schon mal für einen Mann gehalten. Ich kann damit leben.«

Frau V.: »Ich habe einen großen weichen Mund, aber die Kantigkeit in meinem Gesicht ist sehr auffällig, die macht mich hart im Ausdruck. Dazu soll ich über einen festen, bestimmten Blick verfügen. Meine Kinder sagen manchmal, du guckst wie Papi, das hilft sehr, wenn ich mal meine Ruhe haben will.«

Frau F.: »Ich habe die buschigen zusammengewachsenen Augenbrauen und den Oberlippenbart von meiner Mutter geerbt. Das rasiere ich mir, das finde ich nicht attraktiv.«

Sportlich

Frau F. hat ein langes schmales Gesicht. Die Hauptmasse des Gesichts liegt unterhalb der Augenlinie. Sie sagt: »Ich mag mein Gesicht. Es ist klar konturiert und zeigt festes, straffes Gewebe, so wie mein Körper. Ich bin eine durchtrainierte, schlanke, dynamische Frau.«

Frau R.: »Ich habe ein hervortretendes Kinn. Ich sage immer, das weist mir den Weg, wo ich doch so einen Tatendrang habe. Da ich viel unterwegs bin, habe ich eine gesunde Gesichtsfarbe und bin immer leicht gebräunt. Ich sehe kernig aus.«

Frau Q.: »Ich finde meinen Körper am attraktivsten, der ist drahtig und muskulös.«

Vergeistigt

Frau Ü. hat im Verhältnis zu ihren Gesichtsproportionen eine außerordentlich hohe, offene Stirn. Die Hauptmasse des Gesichts liegt oberhalb der Augenlinie. Eine Denkerstirn, sagt sie selbst von sich. »Die finde ich schön. Die gibt mir etwas Erhabenes.«

Auch bei **Frau L.** ist das Auffälligste in ihrem Gesicht die breite hohe Stirn. »Ich mag meine Geheimratsecken nicht so, aber ich trage das Haar auch nicht ins Gesicht. Ich brauche einen freien Blick. Das kritische und prüfende Denken ist mir eigen.«

Frau Z.: »Man sagt zu mir, wenn ich mich unterhalte, dann würde ich nicht die Person anschauen, sondern über sie hinwegschauen. In der Tat, ich stelle mir dann das Gedachte geistig vor mein Auge und überschaue alles mit einer gewissen Ruhe. Das ist meine Form von Attraktivität.«

Frau O.: »Ich fände mein Gesicht ausgewogener, wenn ich auch im unteren Gesichtsbereich weiche Gesichtszüge hätte, statt immer nur kopflastig grüblerische Falten zu machen. Das sähe harmonischer aus. Aber da ich das nicht ändern kann, schminke ich mir einfach einen kräftigen Mund, um einen Ausgleich von oben und unten herzustellen.«

Frau W.: »Man sagt zu mir, ich hätte einen langen Schwanenhals, das sähe sehr schön aus. Den habe ich wohl, aber der kommt eigentlich nur so zur Geltung, weil ich immer sehr aufrecht gehe und immer in die Ferne schaue. Ich bin nicht schön im klassischen Sinne. Meine Schönheit beruht darin, dass ich immer vorausschaue und einen weiten Blick habe.«

Eigenwillig

Frau E.: »Ich sah schon immer ein bisschen anders aus als andere. Ich soll ein sehr komisches Gesicht haben, weil das Kinn im Verhältnis zum Gesicht sehr lang erscheint. Und wenn ich dann lache, werden die Mundwinkel hochgezogen, wodurch das Kinn noch länger erscheint und etwas Groteskes im Ausdruck bekommt.«

Frau Z.: »Mein Gesicht ist unregelmäßig, die eine Seite fest, die andere locker, weich. Ich habe halt zwei Gesichter, ich finde das schön. Aber beim Schminken gleiche ich das aus.«

Frau L.: »Ich falle auf, weil ich eine überstarke Gesichtsmimik habe. Eine ausgeprägte Gesichtsmuskulatur. Ich wirke manchmal theatralisch, wenn ich erzähle. Einfach ein bisschen übertrieben, aber andere finden das attraktiv an mir.«

Neutral/Klassisch

Frau P.:   »Ich finde mich attraktiv, weil alles sehr ausgewogen ist. Nichts ist besonders betont, die Lippen nicht, die Augen nicht, nichts zu hart, nichts zu weiblich.«

Frau N.:   »Man hat mal zu mir gesagt, ich hätte ein Durchschnittsgesicht. Ich weiß nicht, ich finde gut, dass ich damit nicht so stark auffalle.«

Frau Q.:   »Ich finde, ich habe ein klassisches Gesicht, gut proportioniert.«

Frau A.:   »Ich habe eine große Nase, einen kleinen Mund, normale Augen und auch ein paar Falten. Eine Richtung ist nicht erkennbar bei mir.«

Stark

Frau O.:   »Das starke, in die Breite gehende Kinn und der breit gespannte Unterkiefer sind bei mir sehr auffällig. Es entspricht nicht einem weiblichen Schönheitsideal, aber das und meine große Nase zeigen meine Beharrlichkeit und Durchsetzungskraft.«

Frau E.:   »Ich bin sehr stolz auf meine Größe und Körperfülle, die ist Ausdruck meiner Kraft und verschafft mir Raum. Ich fixiere mein Gegenüber und setze meinen Körper gezielt ein. Ich entspreche mit meiner Figur keinem Schönheitsideal, kann damit aber Macht und Wohlstand demonstrieren.«

Frau F.:   »Man sagt mir, in meinem Gesichtsgewebe ist die energische Anspannung sichtbar, wenn ich mein Ziel erreichen will. Ich fixiere dann mein Gegenüber, lasse es nicht mehr aus den Augen. In meinen Augen kann man mein Vorhaben erkennen. Ich mag diese Entschlossenheit in meinem Blick.«

Frau I.:   »Ich setze meinen festen Blick ein, bei dem ich den Kopf leicht hebe und durchdringend schaue. Dieser Adlerblick verschafft mir Respekt. Ich finde das höchst attraktiv.«

Zurückhaltend

Frau P.:   »Ich habe ein starres, festes Gesicht. Da ich wenig Mimik einsetze, kann man bei mir wenig im Gesicht lesen. Ich neige meinen Kopf oft nach links oder rechts, aus Verlegenheit, wenn man mir zu nahe kommt. Und ich weiche mit dem Blick aus. Ich kann nie jemandem lange in die Augen blicken. Ich wünschte, ich wäre stärker.«

Frau T.: »Man hat mir mal gesagt, dass mein scheuer Blick auch hübsch aussieht.«

Frau A.: »Ich soll angeblich ein sehr unbewegtes Gesicht haben. Kaum Regungen seien erkennbar. Ich wäre gern etwas lebendiger, das fände ich attraktiver.«

Positiv

Frau W.: »Ich habe schon oft gehört, dass ich lebhafte, lustige, oft verschmitzt blickende Augen habe, das finde ich sehr attraktiv an mir.«

Frau V.: »Ich lache so gern und mache gerne Witze. Man sagt mir, dass man an meinen Augen meine Reaktionen ablesen kann. Leuchtend groß sollen sie werden, wenn ich mich mit Leuten unterhalte, und der Schalk soll bei mir aufblitzen.«

Frau P.: »Ich habe viel Spaß am Leben und bin gern mit Menschen zusammen. Angeblich habe ich immer einen offenen, zugewandten Blick und eine stark bewegte Mimik. Ich drücke mein Erstaunen durch große Augen aus und meine Freude durch eine weiche, geschwungene Oberlippe. Wenn ich ein bewegtes Mienenspiel habe, dann finde ich das schön, dann lebe ich.«

Negativ

Frau L.: »Ich sehe heute die Spuren meiner Grundhaltung im Gesicht. Mein verbitterter Mundzug hat sich deutlich hervorgehoben. Ich mag auch nicht gern in den Spiegel blicken.«

Frau J.: »Ich habe eigentlich ein weiches Gesicht, aber ich ziehe die Mundwinkel oft ganz fest und straff herunter, wenn mir etwas nicht passt. Die Lippen sind dabei wie ein Strich sichelförmig gebogen. Das soll ganz hässlich aussehen, hat mir meine Kollegin mal im Vertrauen gesagt.«

Frau N.: »Ich weiß, dass ich einen harten, böswilligen, starren Blick haben kann, den setzte ich auch viel ein.«

Frau A.: »Mir hat man schon oft gesagt, dass ich so einen coolen Blick habe ohne Ausdruck. Ich empfinde auch nichts.«

Körperausdruck und Job

Wie trete ich auf?

Diese Frage stellen wir uns täglich im Job. Wirke ich standfest, eigenmächtig, überzeugend, sicher? Wie wirken mein Körper, mein Gang, meine Bewegungen? Die meisten Menschen lokalisieren ihr Ego in ihrem Kopf. Das befindet sich irgendwo zwischen Augen und Ohren – und der Rest baumelt an diesem Bezugspunkt. So hoffen wir, dass wir körperliche Handlungen kontrollieren können und immer Herr der Lage sind.

Alles in der Hand zu haben, uns zu kontrollieren ist eine Grundtendenz unserer modernen Industriegesellschaft. Männer stellen sich breitbeinig in den Raum, die Knie nach hinten gedrückt, ziehen den Oberkörper aus dem Unterleib heraus und blähen siegessicher die Brust auf. Heldische Haltung wird das genannt und bringt ihnen Bewunderung und Respekt bei beiden Geschlechtern.

Viele Frauen leben heute hingegen in einer typischen Dilemmasituation. Sie verkörpern im Beruf wie die Männer Eigenständigkeit und Selbstbewusstsein, in der Partnerschaft dagegen Abhängigkeit (die sich zum Beispiel durch eingezogene Schultern zeigt). Freilich gibt es auch Frauen, die in der Berufssituation dieselben Muster leben wie in Partnerschaften, weil manche Berufe das von einer Frau fordern. Doch wer nach oben möchte, muss in der Öffentlichkeit Eigenständigkeit und Autonomie demonstrieren. So urteilt ein Personalchef: »Wenn sich eine Frau ihres selbstsicheren Auftritts nicht bewusst ist – und das fängt schon in der Körpersprache an –, dann gelangt sie nicht an die Spitze.« Auch in Verkaufsgesprächen wird großer Wert auf die Körpersprache gelegt. »Gekauft wird meist nur von starken Persönlichkeiten, und das sieht man am Verhalten«, sagt ein Verkaufstrainer. Hier zeigt sich das Dilemma: Haben Frauen Rückgrat, werden sie als hart oder männlich verurteilt, sind sie unsicher im Auftreten, gelten sie als typisch weiblich.

Da bleibt Ihnen als Frau nur die Chance, ein breites Körperverhaltensmuster anzulegen, um für viele Situationen gewappnet zu sein. Berücksichtigen sollten wir bei unserer Suche nach dem individuellen Körperauftritt, dass wir im Laufe unseres Lebens viele »Körper« angesammelt haben: zu Beginn den des Babys, dann den des Kleinkindes, eines größeren Kindes und schließlich den erwachsenen Körper. Im Laufe unserer Entwicklung formen wir verschiedene Beziehungsstadien oder Beziehungskörper. Anfangs ist es der von Nähe und Urvertrauen, dann wandelt er sich zu Getrenntsein, Unabhängigkeit und geht danach über zu einer leidenschaftlichen Form, die mit dem pubertären Erwachen der Sexualität verbunden ist. Erst dann gelingt es uns vielleicht, eine reife Form zu finden, die uns die Möglichkeit gibt, bei uns selbst und doch mit den anderen zu sein. Im Beruf ertappen wir uns, wie wir manchmal in einem Verkörperungsmuster stecken bleiben – etwa gerne dem Chef den Rücken zuwenden würden, aber in unserem bisherigen Leben nie die Erlaubnis bekommen haben, jemanden abweisend zu behandeln.

Wir haben die Möglichkeit, unsere eigene Geschichte zu verkörpern, eine Geschichte also, welche die emanzipatorischen Perspektiven als Rahmen für das eigene Gestaltungsvermögen versteht. Manche »Verkörperungen« müssen wir auflösen, um dadurch Raum für den Entwurf einer neuen eigenen Geschichte zu gewinnen. Werfen wir dazu einen Blick auf die überkommene Geschichte als Verkörperungsgeschichte. Wie verkörpern Sie sich als Frau?

Verkörperung und Biografie

Schon in jungen Jahren stellen wir ständig neue Bewegungsgesetze im Einklang mit unserer Körperform auf. So tanzen wir als kleine Mädchen um unsere eigene Achse und bekommen ein Gespür für das menschliche Aufrechtsein. Wir spüren, wie mit der Zeit die Bewegungen fließender werden, und gewinnen dadurch laufend neue Erfahrungen des In-der-Welt-Seins hinzu. Es ermöglicht uns, mit Hilfe der geschaffenen Muster in unserem Leben Orientierung zu finden, ihm eine Struktur zu geben. Wie wir also konkret in jeweiligen Situationen Stellung nehmen, Wider-Stand leisten, auf andere zugehen oder uns zurückziehen, unseren Raum bewahren oder uns schützen, ist früh erlernt worden. Eine Kindheitserinnerung beschreibt Frau K.

»Ich kann mich noch genau erinnern, ich muss vier Jahre alt gewesen sein, da stand ich bei meiner Mutter in der Küche und wollte ein Glas aus dem Schrank holen. Ich griff daneben, und es zerbrach auf dem Steinfußboden. Es muss wohl ein sehr wertvolles Glas gewesen sein. Die Wut meiner Mutter hatte mich so erschreckt, dass ich mich lange nicht traute, etwas anzufassen. Zudem hielt sie mir oft vor: ›Weil du alles umschmeißt, verschließe ich lieber die Schränke.‹«

Dieses Beispiel macht deutlich: Wenn wir neugierig in die Welt ausgreifen, können wir vieles falsch machen und können dafür gerügt werden. Frau K. ertappt sich heute noch dabei, dass sie sich in manchem zurückhält und versteift, weil sie von der Angst begleitet ist, etwas falsch zu machen. Sie unterdrückt dadurch ihre Lebendigkeit und signalisiert: »Halt dich zurück, reiß dich zusammen.«

Viele Eltern handeln nach diesem Muster. Vor allem Mädchen müssen sich zurückhalten, Jungen dürfen schon mal zupacken. Schnell wird daraus ein geschlechtsspezifisches Muster im Körperverhalten, das nur für weibliche Personen gilt. So sagt Frau W.: »Ich habe oft bei uns zu Hause gehört, weil ich ein Mädchen bin, darf ich das nicht anfassen.« Auf diese Weise bildet sich weibliche Geschichte im Zusammenhang mit entsprechenden Körpermustern. Wir formen also unsere Gestalt als Kinder im Beziehungsraum von Familie und Gesellschaft, um uns selbst wieder für den formenden Prozess der nächsten Generation zu engagieren.

Sehr viele Frauen unserer Gesellschaft bringen überkommene Geschichten mit, welche die eigene Körperlichkeit entwerten oder zumindest nicht ernst nehmen. Vor diesem Hintergrund möchte ich ein paar Beispiele vorstellen, in denen Frauen das Bild von Vater oder Mutter verkörpert haben. Frau V. ist so ein Fall: »Wenn ich meine Mutter nur sehe, dann weiß ich schon, so geduckt will ich nie aussehen. Wie klein sie aussieht! Mit ihrer eingesunkenen Brust und der leblosen Spannung! So stolz wie mein Vater will ich gehen. Ich drücke immer meine Schultern nach vorne und gehe erhobenen Hauptes. Nur wenn mich jemand zurechtweist, dann erwische ich mich, dass ich innerlich zusammenschrumpfe wie meine Mutter.«

Auch Frau M. wird in ihren beruflichen Auftritten immer wieder von der verkörperten Mutter beeinflusst und bittet mich, gezielt daran zu arbeiten. So erzählt sie: »Manchmal, wenn ich in ein wichtiges Meeting gehe, bin ich geneigt, gebeugt zu gehen. Ich spüre dann regelrecht einen Zug nach unten. Neulich sollte ich eine Präsentation vorführen. Das war nicht nur irgendeine Präsentation, sondern gleichzeitig die Probe, ob ich die Stelle meines Kollegen übernehmen werde. Ich vermute, ich habe mir alles durch meine Haltung kaputt gemacht. Ich fühle mich in dieser Haltung depressiv und verliere alle guten Vorsätze, die ich noch vor Betreten des Raumes hatte.«

Ich forderte sie auf, sich so hinzustellen, wie sie das dann gewöhnlich tut. Da streckte sie den Kopf nach vorn, ließ die Brust einfallen, zog die Arme eng an ihren Körper. Plötzlich sagte sie: »Meine Mutter stand oft so da. Schon als kleines Mädchen hatte ich mir geschworen, nicht so zu werden wie meine Mutter.« Ich spreche eine Weile mit Frau M. über ihre Mutter und lege ihr drei verschiedene Bilder vor, um zu erfahren, welches ihrer

Mutter entspricht. Sie wählt das Bild der »Unterwürfigkeit«. Ich frage, was sie mit dem Wort anfangen kann. Sie sagt: »Meine Mutter war immer so abhängig, sie fragte immer meinen Vater, wie es richtig ist. Sie hatte keine eigene Meinung.«

Tatsächlich bleiben viele Frauen in der Verkörperung ihrer Mütter stecken. Grundsätzlich stellt diese Haltung auch eine gesunde Schutzfunktion dar. Nur für Situationen, wo sie »ihren Mann stehen« müssen, sind sie damit nicht gut beraten. In meiner Arbeit bot ich der Kundin zwei Lösungsansätze an. Entweder die Arbeit über ein äußeres Stilmittel, das die Funktion hätte, sich wie ein Schutzmantel um ihre eingefallenen Schultern zu legen. Das wäre die gezielte Suche nach einem Kleidungsstück für wichtige Auftritte. Oder eine Auftrittsübung, die ich »Adler, Löwe, Stier« nenne. Sie entschied sich für die Auftrittsübung.

Diese Übung habe ich persönlich das erste Mal während meiner Theaterzeit angewandt, als es darum ging, sich während eines Theaterstücks durch die stehende Zuschauermenge zu bewegen. Das Resultat war, dass Personen schon aus einer Entfernung von drei Metern spürten, dass jemand kommt, dem man den Weg frei machen muss. Auf alle drei Tiere konzentriert, öffnet sich mir eine Gasse wie ein Reißverschluss, ohne dass ich ein Wort sagen muss. Diese Übung war für mich damals so einschneidend, dass ich sie heute immer mit meinen Seminarteilnehmern mache, wenn es um entscheidende Auftritte geht, wo erfolgreich repräsentiert werden muss.

Die Tiernamen stehen für die wichtigsten Präsenzzonen unseres Körpers: der Adler für die Augen, der Löwe für den Brustbereich und der Stier für den Beckenbereich. Jeder von uns verfolgt täglich durch mindestens eins dieser Tiere sein Auftrittsziel. Die einen betreten den Raum, indem sie ihr Ziel fest in den Augen haben, die anderen fixieren es vom Brustbereich aus, und die dritten bestimmen über den Schritt, wo es langgehen soll. Wenn man die drei Tiere gemeinsam verkörpert, dann ist die Außenwirkung enorm. Durch diese Übung wird deutlich, was nun gerade die Präsenz einer Person gezielt ausgemacht. Das ist auch ihr Ziel. Niemand muss wissen, welches Ihr Lieblingstier ist, Hauptsache, Sie hinterlassen »tierischen« Eindruck. Die Tiernamen haben zudem den Vorteil, dass sie einprägsam sind und uns von unserem meist kopfgesteuerten Auftrittsproblem wegführen. Sie lähmen uns nicht, sondern sie schaffen Kraft.

Frau M. stellte ich nun die Übung vor. Zu Beginn lief sie ganz normal wie immer durch den Raum nach den verschiedenen Präsenzzonen und überprüfte, mit welchem Tier sie sich am wohlsten fühlte. Wie zu erwarten, fühlten sich Adlerauftritt und Stierauftritt angenehm an, beim Löwenauftritt dagegen bekam sie ein unsicheres Gefühl. Verblüffend war, dass sie nach einigen Durchläufen durch die Löwenvorstellung in der Lage war, eine außerordentliche Präsenz aufzubauen. Nachdem wir ausführlich darüber sprachen, ordneten wir dem Löwen nicht mehr die Mutter zu, sondern den Vater. In weiteren Schritten erarbeiteten wir die Möglichkeit, sich diese Körperpräsenz schnell in einschüchternden Situation abzurufen.

Manchmal haben wir auch durch unsere verkörperte Familiengeschichte zu viel Präsenz aufgebaut, was auf andere bedrängend wirken kann. Von einem solchen Beispiel soll im Folgenden die Rede sein. Eine junge Programmiererin hörte von ihrem Chef des Öfteren: »Frau H., wenn es sich vermeiden lässt, dann fallen Sie nicht immer mit der Tür ins Haus.«

Was war passiert? Eine Frau mit der Grundhaltung »Streben nach Erfolg« hatte schnell Karriere in ihrer Firma gemacht. Sie war auf allen Gebieten leistungsstark und auftrittssicher. Eines Tages wurde ihr die Abteilungsleitung angeboten. Ihr jetziger Chef, ein ebenfalls sehr geschätzter Mann in der Firma, hatte eine andere, höhere Stelle in einer Filiale angeboten bekommen, und sie sollte nachrücken. Er hatte jahrelang ein gutes Verhältnis zu seiner Mitarbeiterin gepflegt, war es gar selbst gewesen, der Frau H. als seine Nachfolgerin empfohlen hatte. Und doch hatte er ihr immer nach Verhandlungen oder Sitzungen diesen Satz zu hören gegeben. Sie konnte nicht verstehen, was er damit sagen wollte.

Als ich Frau H. durch die Tür zu mir kommen sah, wusste ich, was er meinte. Sie verfügte über eine enorme Auftrittsstärke, was ein großes Plus ist. Sie wurde von niemandem übersehen. Das lag zum einen sicherlich an ihrem Ausstrahlungsmuster »Alles ist machbar«, das sie förmlich auf der Stirn geschrieben trug, zum anderen aber auch an ihrer starken Auftrittsverkörperung, die sie noch steigerte, indem sie ein rotes Sommerkleid trug. Eine auftrittssichere Frau, die in sich stimmig war und so auch erfolgreich ihren Weg ging. Aber was zu viel ist, ist zu viel. Ihr zielstrebiger Gang war so dominant und ihre Bewegungen so raumgreifend, dass sogar ich mich bedrängt fühlte. Das muss es gewesen sein, auf das sie ihr Chef vorsichtig hinweisen wollte. Er sprach wohl auch für sich selbst: Sie beherrschte nicht nur ihr Territorium, sondern das der anderen mit.

Dann kamen wir auf ihre Familiengeschichte zu sprechen. Sie erzählte mir, dass sie die Älteste in der Familie war und früh die Verantwortung übernehmen musste. Ihre Mutter sei oft weg gewesen und ihr Vater früh durch einen Autounfall gestorben. Dabei betonte sie: »Den habe ich aber, als er noch lebte, sehr gemocht, das war ein zielstrebiger Mann, und er hat in seinem Leben alles erreicht, was er wollte. Als er starb, musste ich die Verantwortung übernehmen, und da ging es dann darum, mich und die Geschwister durchzuboxen.« Im wahrsten Sinne des Wortes hatte sie männliche »Boxmuster« entwickelt.

Ich schlug ihr vor, an ihrem Tempo zu arbeiten; den gesamten Auftrittsgang langsamer zu gestalten und ihrem »Löwen« ein bisschen die Luft rauszulassen. In einem zweiten Schritt versuchte ich dann, den unterdrückten weiblichen »Stier« mehr in Bewegung zu bringen. Dadurch büßte sie nichts von ihrer Ausstrahlung und Stärke ein – ganz im Gegenteil, sie gewann eine zusätzliche weibliche Note und gab damit anderen Gelegenheit, auf sie zuzukommen.

Die Erfahrungen mit den Eltern bringen es oft mit sich, dass sich junge Frauen schon als Mädchen schwören, nicht werden zu wollen wie der weniger geliebte Elternteil. Später entdecken sie, dass sie ihm in sehr vielem doch gleichen, das heißt sein Verkörperungsmuster übernommen haben. Oftmals spielt die Mutter-Tochter-Beziehung hierbei eine herausgehobene Rolle. Junge Frauen gehen sogar so weit, durch Magersucht oder Bulimie einen weiblichen Körper zu verhindern oder einen weiblichen weichen Gang abzulehnen, um sich von der Körperlichkeit der Mutter abzusetzen. Erst im Prozess, in dem wir eine eigene Identität zu formen vermögen, verändert sich häufig auch der Bezug zur Körperlichkeit. So berichtet eine junge Frau: »Als ich in die Pubertät kam, bemerkte ich, dass man sich anders bewegen muss, um den Jungen aufzufallen. Ich kokettiere noch heute, mit 50 Jahren, damit. Wenn mir ein attraktiver Mann entgegenkommt, spanne ich den Bauch an und bewege meinen Gang nur aus den Hüften heraus. Dann bekomme ich etwas leicht Tänzelndes. Das zeigt enorme Wirkung, die drehen sich heute noch um.«

Eine selbstbewusste 30-Jährige machte die Erfahrung: »Wenn ich mich mit meinem Freund gestritten habe und wieder einlenken will, dann lege ich den Kopf zur Seite und gehe wie eine Katze, da kann er mir gar nicht lange böse sein.«

Viele Frauen wissen um ihre Körperwirkung auf Männer. Ich kenne auch junge Frauen, die diese Tricks bei ihren Kollegen im Job einsetzen. Pauschal warne ich davor, denn Männer bewerten dieses Verhalten als sexuelle Anspielung. Im privaten Bereich ist es schon mal ratsam, mit den Waffen einer Frau zu spielen, aber im Berufsbereich verspielen Sie damit Respekt. Es sei denn, sie wirken als Gesamterscheinung zu androgyn.

Ein weiteres typisches Frauenverhalten gegenüber Männern ist vor allem bei Frauen aus bürgerlichem Milieu immer wieder zu beobachten. So berichtet Frau A.: »Mein Mann mag nicht, dass ich gescheiter bin als er, deshalb muss ich so tun, als sei ich unterlegen. Das heißt, im Job gehe ich aufrecht und gerade, gehe ich mit ihm aus, muss ich mich kleiner machen.«

Dass die Familie großen Einfluss auf unsere Verkörperung hat, ist unbestritten. So ahmen wir früh ihre Gebärden nach. Ich erlebe es aber auch immer wieder, dass junge Frauen sich eine Gangart von jemandem abschauen und kopieren. Die Anatomie ist jedoch nicht bei allen gleich, daher bekommen wir schnell den Eindruck von etwas Gekünsteltem. In jungen Jahren ist es hilfreich, durch Tanz und Sport seine spezielle Körperlichkeit zu entfalten.

Verkörperung und persönliche Einschätzung

Jung
Frau F.: »Ich bekomme, wenn der Auftritt wichtig wird, ganz bewusst einen kecken, wippenden Gang. Dabei schaue ich auch schon mal von unten nach oben mein Gegenüber verschmitzt an. Meine Kollegen mögen das, das merke ich daran, wie sie auf mich reagieren, auch wenn das vielleicht manchmal zu sexy ist, aber damit habe ich schon so manches bekommen, was ich wollte. Meine Kolleginnen hingegen strafen mich dann immer mit ihren Blicken.«

Frau H.: »Mein typischer Gang ist schnell und tippelig, ich habe mir das so angewöhnt. Mein Mann sagt zu mir, er könnte an der Körperhaltung ablesen, in welcher Verfassung ich mich gerade befinde. Ich würde springen wie ein junges Mädchen, ich würde trotzen wie ein junges Mädchen, ich würde betteln wie ein junges Mädchen.«

Gereift
Frau J.: »Ich gehe langsam und bedächtig, schaue genau, wohin ich die Füße setze, und lasse die hektische Welt an mir vorüberziehen.«

Frau M. hat einen erdigen, standfesten Gang. Sie hat einen schweren, festen Tritt und macht gerne große Schritte. Der Kontakt zum Boden ist sicher. Langsamkeit bestimmt ihren Gang.

Feminin
Frau L.: »Ich richte mich von der Mitte her auf und lasse mich über den Beckenbereich leiten. Wenn ich mich im Spiegel betrachte, ge-

fällt mir mein weicher, mit den Füßen abgerundeter Gang. In der Regel sitze ich sittsam da, wie es sich für eine Frau gehört.«

Frau N.: »Ob mein Kundengespräch erfolgreich verläuft, hängt oft davon ab, in welcher körperlichen Verfassung ich mich befinde. Geht es mir gut, kann ich das Gesagte noch mit einer weiblichen Note versehen. Ich sitze, stehe und gehe dann wie ein Model. Ich atme in den Bauch und lasse Beckenbewegungen zu. Der untere Körperbereich bestimmt meinen Gang. Daher sind im Frühling meine Kundengespräche am erfolgreichsten.«

Maskulin

Frau L.: »Mein Rückgrat ist aufgerichtet. Ich pumpe meinen Brustkasten auf und spanne den Schultergürtel an. Stelle die Beine leicht auseinander, die Füße auswärts gedreht. Schultern und Brust immer in Konfrontation mit dem Gegenüber. Ich werde für mein Zupacken gelobt. Zupacken hat immer etwas mit männlich sein zu tun. Vor allem Männer sagen mir, dass sie froh seien, dass ich anders bin. Ich bin für sie der Kumpel, der Kamerad, aber nicht eine Frau. Manchmal macht mich das traurig.«

Frau T.: »Ich hätte schon als Kind ein Bub werden sollen und fühle mich in meinem Körper sicher, weil ich mich allem gewachsen fühle. Im Job habe ich durch mein aufrechtes Sitzen schon viel an mir abprallen lassen können. Bevorzugt sitze ich breitbeinig.«

Sportlich

Frau D.: »Ich gehe schnell und aktiv. Bin kaum zu bremsen. Steuere alles aus meinem Becken heraus, aber es ist nicht weich, sondern fest. Es gibt mir die Richtung an, wo es langgehen soll. Ich renne auch schon mal die Leute um, Schnelligkeit ist das Muster meines Ganges. Ich will zeigen, schaut her, wie tüchtig ich bin.«

Vergeistigt

Frau T.: »Die Stirn, Sitz des Geistes, ist mir das Wichtigste. Ich trage daher den Kopf immer ein bisschen erhoben. Manche Leute sagen, ich hätte einen arroganten Gang.«

Frau W.: »Ich war im Sport nie sehr gut, ich konnte mich nicht gut bewegen, weil ich Angst hatte, wenn ich einen Ball an den Kopf bekäme, könnte alles im Kopf kaputt gehen. Ich habe mir eine erhobene Kopfhaltung angewöhnt und bewege mich bedächtig.«

Eigenwillig

Frau J.: »Man sagt zu mir, ich hätte einen komischen Gang, er würde sich unterscheiden von andern. Ich hinke nicht, ich gehe auch nicht schief, aber die Koordinierung der Arme und Beine ist nicht gleichmäßig. So sieht das manchmal lustig aus. Einfach anders als bei anderen.«

Frau Q.: »Ich gehe wie Charlie Chaplin. Ein Art, die auffällt.«

Neutral/Klassisch

Frau Z.: »Ich denke manchmal, ich habe gar keinen Gang. Ich gehe nicht fraulich und nicht männlich, vielleicht einfach normal, wie alle anderen auch. Wenn es einen wichtigen Auftritt für mich gibt, dann versuche ich mich an die anderen anzupassen. Ich schaue, wie die sich verhalten, so mache ich das dann auch.«

Stark

Frau I. hat einen lauten Auftritt. Man hört sie schon beim Gehen: Sie tritt zuerst mit der Hacke auf. »Das gibt mir ein gutes Gefühl. Wenn ich den Raum betrete, dann weiß ich, ich werde gesehen. Ich mag es auch nicht, wenn man mich irgendwo umstoßen würde, ich möchte, dass die anderen mir aus dem Weg gehen, und das tun sie auch. Manchmal ist dieses ›Platz da, jetzt komm ich‹ zwar sehr dominant und Angst einflößend, aber es hat mich an manches Ziel gebracht. Ich schaue auch gern andere an, die einen stolzen Gang haben.«

Frau S.: »Ich fühle mich groß in meinem Auftreten. Mein Hals ist lang. Ich schaue den Menschen in die Augen. Ich bin nicht ängstlich im Auftreten. Es macht mir Spaß, aber ich brauche Raum. Wenn ich sitze oder stehe, muss ich gestikulieren können. Ich muss mich entfalten können in meinem Körperraum.«

Zurückhaltend

Frau O.: »Ich habe einen unscheinbaren Gang, ich gehe so unauffällig wie möglich. Ich möchte oft nicht wahrgenommen werden, ziehe gern die Schultern ein und gehe mit einer gebückten Haltung. Wenn ich einer Gruppe von Menschen gegenüberstehe oder gar in der Öffentlichkeit stehe, spüre ich mein Rückgrat kaum. Ich habe das Gefühl, ich müsste zehn Frauen im Rücken haben, um es zu wagen. Ich brauche Rückenstärkung.«

Positiv

Frau R.: »Ich habe einen leichten Gang. Ich sehe das Leben leicht. Springe gern und hüpfe gern, das habe ich schon als Kind gern getan. Man sagt mir, wenn ich komme, sehe ich immer strahlend aus. Mein körperliches Empfinden ist angenehm, ich stehe oft mit lockeren Knien. Arme und Beine schwingen einfach mit. Ich zeige meine gute Laune in meinem Gang. Ich kann gar nicht schleppend und schwer gehen.«

Negativ

Frau J.: »Ich wirke oft unnahbar. Leute können mich nicht einschätzen. Mal wirke ich verkniffen und angespannt und dann wieder aggressiv und rüpelhaft. Ich will nicht alles in mir unterdrücken, da lasse ich es die anderen spüren. Die Umwelt reagiert irritiert auf meine Körperhaltung. So explodiere ich im dümmsten Moment, fuchtele dann mit den Armen in der Luft herum, und keiner weiß, was los ist. Ich schäme mich dann dafür, aber die anderen in meinem Job grenzen sich schon ab, wenn ich meine Wutausbrüche habe.«

Kann sich Ihre Stimme hören lassen?

Stimme und Job

Wie klingen meine Worte?

Viele von uns möchten gerne wissen, wie sie in Bezug auf den stimmlichen Ausdruck wirken. Klingen wir laut, zaghaft oder kalt, sprechen wir schnell, langsam oder akzentuiert?

Keine zwei Menschen hören sich genau gleich an. Der Klang unserer Stimme ist ein wichtiger Bestandteil unserer Persönlichkeit. Klang, Tonreichtum und -höhe sowie Akzent vermitteln beträchtliche Informationen über uns.

Frau O. sagt: »Wenn ich morgens ins Büro komme, dann erkenne ich den Chef schon an seiner Stimme, noch ehe ich den Raum betreten habe.« Frau Z. erzählt: »Wenn ich die Frau Ü. am Telefon habe, dann ist der Tag gelaufen. Die braucht nicht mal ihren Namen zu sagen, die erkenne ich schon an der Stimme.«

Einige Stimmen sind so angenehm, dass sie die Aufmerksamkeit für das Gesagte steigern, andere dagegen dermaßen monoton, dass man ihnen nur mit Mühe folgen kann. Karriereberater sagen, wer sich bei Vorträgen oder Präsentationen durch seine Stimme bloßstellt, findet nur schwer Akzeptanz. Eine deutliche Aussprache und eine feste Stimmlage sind Grundvoraussetzungen für den Erfolg. Wer beruflich aufsteigen will, muss gut vor Publikum auftreten können.

Einen Schritt weiter geht dieser Berater: »Grundsätzlich sollte Ihr Stimmstil Interesse wecken, aber es kommt auf die Situation an. Jeder Mitarbeiter, Kunde oder Vorgesetzte muss anders bedient werden. So ist es hilfreich, wenn Sie über ein reichhaltiges Spektrum an Stimmvariationen verfügen, zum Beispiel lautes Sprechen bei Kontrollabsicht, indem Sie andere übertönen und damit Dominanz signalisieren; leises, mit Kunstpausen versehenes Sprechen, um andere zum Zuhören zu bringen, und weiche Stimmlagen für die Besänftigung im Team.«

Sprache kann durchaus auch manipulativ eingesetzt werden. Ein Autohändler erläutert: »Wenn es um die Vorteile eines Gebrauchtwagens geht, akzentuiere ich diese mit lauter und sicherer Stimme. Das schafft Vertrauen.«

Eine Vertreterin sagt: »Ich trete schon mal ganz bewusst hektisch auf, um dem Kunden zu zeigen, ich habe auch noch mehr zu tun. Und wähle als festen Bestandteil meines Verhaltensrepertoires das erhöhte Sprechtempo.«

Nicht was gesagt wird, sondern wie es gesagt wird, ist hier die wichtige Botschaft. Im Grunde finden bei jedem Gespräch zwei Dialoge statt – einer auf der wörtlichen Ebene und einer auf der stimmlichen. Gute Menschenkenner empfangen deshalb auf zwei Kanälen und dechiffrieren nicht nur den Sinn der Worte, sondern vor allem den Ton, die Stimmlage, das Muster des Sprechens. Und sie gleichen ihre so gewonnenen Muster des Sprechens ab.

Die Paralinguistik erforscht alle Aspekte des Sprechens wie Lautstärke, Sprechgeschwindigkeit, Tonhöhe, Ton und Versprecher, aber auch beispielsweise das Stottern. Die eigentliche menschliche Lautsprache hat sich vor zwischen 250 000 und 35 000 Jahren entwickelt. Sie setzt spezielle Fertigkeiten bei der Hervorbringung wie bei der Wahrnehmung von Lauten voraus. Schimpansen besitzen diese Grundlagen so wenig wie andere Tiere.

Der Stimmapparat des Menschen unterscheidet sich insbesondere durch die Lage des Kehlkopfes. Weil dieser so tief sitzt, verschafft er dem Menschen ein besonders großes Ansatzrohr, so heißt der Stimmtrakt oberhalb des Kehlkopfes, bestehend aus Rachen-, Mund- und Nasenhöhle. Die Atemluft passiert beim Ausatmen die Stimmritze, einen V-förmigen, auf-

und zuklappbaren Verschluss im Kehlkopf. Die Stimmbänder, die beiden seitlichen Begrenzungen dieses Verschlusses, können durch die entweichende Luft in Vibration versetzt werden. Diese Schwingungen teilen sich der Atemluft mit. Schwingend ausgeatmete Luft klingt. Wie sie klingt, hängt unter anderem von der Form des Ansatzrohres ab, dem Weg, den die schwingende Luft durch Rachen-, Nasen- und Mundhöhle nimmt. Gesprochen wird durch die Mundhöhle, und deren Form ist vor allem durch die Zunge sehr fein veränderbar. Die verschiedenen Vokale werden durch die Zungen- und Lippenpositionen gebildet. Die Konsonanten dagegen sind Geräusche, welche der Luftstrom erzeugt.

Ist man verkrampft, spannt sich das Zwerchfell und verzerrt die Stimme, so dass unerwartete Änderungen in Lautstärke und Tonhöhe eintreten. Frau O. ist Abteilungsleiterin in einem Großkonzern: »Auch wenn ich schon seit einem Jahr hier arbeite, immer wenn ich mal wieder mit der ganzen Mannschaft ein Meeting ansetze, bin ich sehr aufgeregt. Ich bekomme Herzklopfen, und vor allem habe ich den Eindruck, mir würde meine sonst feste Stimme wegrutschen. Aus Angst davor presse und drücke ich viel mehr und klinge dadurch unnatürlich laut.« Viele von uns kennen das Phänomen, dass wir in bestimmten Situationen der Anspannung eine heisere, angespannte Stimme bekommen.

Jeder bringt eine individuelle Stimme mit verschiedenen Anlagen mit. Gehören Sie eher zu den Menschen, die zu schnell, zu langsam, fließend, ökonomisch, rhythmisch sprechen? Zählen Sie zu denjenigen, die ihre Stimme in der Regel so einsetzen, wie es die jeweilige Situation erfordert? Gehören Sie zu den Rednern, die vor großem Publikum mit Sprechlust und Mitteilungsdrang auf der Bühne des Jobs stimmlich brillieren? Wie unser Stimmverhalten ausgeprägt ist, hat auch entscheidend damit zu tun, wie wir es in jungen Jahren erlernt haben. Denn bleiben Bedürfnisse in der Kindheit und in der weiteren Entwicklung bis in die Gegenwart hinein unerfüllt, können sich diese Frustrationen als Verspannungen und Energieblockaden im Organismus verankern und strukturieren den Stimmcharakter mit. Werfen wir einen Blick auf Ihre Stimmbiografie.

Stimme und Biografie

Über erblich bedingte Anlagen hinaus übernehmen Kinder die Sprache und den Stimmklang oft von den Eltern. Je jünger wir sind, beginnend mit unserem Heranwachsen im Mutterleib, desto stärker werden wir von außen beeinflusst und geprägt. Der Klang unserer Stimme ähnelt sehr dem Klang des gleichgeschlechtlichen Elternteils, und die Art, wie wir mit unserer Stimme umgehen, hat ein wichtiges Vorbild bei unseren Eltern oder anderen Bezugspersonen. So sagt Frau P.: »Wenn meine Oma früher bei uns anrief, hat sie mich nicht immer gleich erkannt und dachte oft, meine Mutter wäre dran. Ich hatte schon früh eine hohe, glockenklare Kinderstimme wie meine Mutter. Heute ist meine Stimme tiefer geworden. Das mag ich, das gibt mir etwas Ernstes.«

Frau I. hat diese Ablösung nicht geschafft: »Wenn ich meine Mutter besuche, dann schaudert es mich, dann höre ich meine leise Stimme. Ich hatte große Probleme, meine Mutter zu akzeptieren, und so habe ich auch große Schwierigkeiten, meine Stimme anzunehmen. Im Job macht sich das bemerkbar. Wenn ich über einen längeren Zeitraum spreche, schalten irgendwann auch die gutwilligsten Zuhörer ab, weil sie die Konzentration nicht mehr aufbringen können, mir zuzuhören.«

Eine andere Kindheitserfahrung in der Familie hat Frau Z. geprägt. »Ich hätte mich nie getraut, in der Familie mal laut zu werden. Mein Vater hat schon so viel rumgeschrien, da sind meine Schwester und ich immer stiller geworden. Auch heute traue ich mich nicht, viel zu sagen. Ich gerate oft in Stress mit der Atmung, wenn ich reden soll.«

Manche Kinder kommen frühzeitig in den Genuss, durch Musik oder Gesang die eigenen Atem- und Stimmfunktionen kennen zu lernen und herauszubilden. Frau O. erzählt: »Ich kann mich erinnern, als Kinder haben wir immer musiziert. Wir haben alle früh ein Instrument erlernt und haben mit den Eltern zusammen sonntags eine Stunde Lieder gespielt und gesungen. Ich habe daher heute eine klangvolle, volltönende Stimme.«

Auch Frau P. sagt: »Dass ich heute so gerne auftrete, hat viel damit zu tun, dass ich mir meiner Stimme ganz sicher bin. Ich habe eine gute Atemstütze. Ich kann lange sprechen, ohne Luft holen zu müssen, das gibt mir viel Sicherheit. Gelernt habe ich das schon früh. Ich war im Mädchenchor.«

Ein anderes Erlebnis hat Frau Ü. geprägt: »Im Kindergarten hat die Kindergärtnerin mich einmal aufgefordert, der Gruppe etwas vorzulesen. Da traute ich mich nicht und las ganz leise. Niemand hörte mir zu, alle sprachen durcheinander … Ich spreche heute noch leise und undeutlich. Inzwischen gehe ich aber zu einem Stimmtraining und habe dort gelernt, dass Stimme viel mit Selbstbewusstsein zu tun hat.«

Auch Frau O. erinnert sich an eine unangenehme Erfahrung: »Ich hatte in der Schule immer Angst, zu lange zu reden, wenn ich aufgefordert wurde, etwas zu sagen. Die Lehrerin schaute oft weg, wenn ich sprach. Ich dachte immer, ich langweile sie mit meinem Redebeitrag, also beeilte ich mich und gewöhnte mir das Schnellsprechen an. Mein Chef hat mich mal darauf angesprochen und gesagt: ›Frau O., Sie können auch langsam sprechen, ich laufe Ihnen nicht weg.‹ Da war ich sehr erstaunt.« Frau O., eine zurückhaltende Frau von 29 Jahren, nahm an einem meiner Seminare teil. Nachdem sie ihren verbalen Auftritt in Form eines Sachvortrags erprobt hatte, holte sie sich von den Teilnehmern die Rückmeldung ein. Sie wurde gelobt für ihre äußere Erscheinung. Kleidungsstil und Person passten zusammen. Sie wurde auch gelobt für klaren Aufbau und Struktur ihres Vortrags. Kritik erhielt sie dagegen für ihre unsichere Körperhaltung und ihre zu schnelle Sprechweise. Beide Punkte waren sehr auffällig und hingen zusammen, denn Körper und Stimme sind eng verbunden. Man merkte Frau O. an, dass sie nicht gern vor einer Gruppe von Zuhörern stand und der Präsentation ganz schnell ein Ende machen wollte.

Ich versuche den Teilnehmern immer wieder klarzumachen, dass ein übereilter Auftritt einen schlechten Eindruck hinterlässt. Da ist es besser, gar nicht aufzutreten. Genießen Sie stattdessen die exponierte Position! Sicher, das ist leicht gesagt und sicherlich eine Frage der Erfahrung. Aber auch eine Frage einiger hilfreicher Tricks. Im Rahmen meiner Theatererfahrung und meiner Fernsehmoderationsausbildung habe ich gelernt, dass es Wege gibt, sich den Auftritt zu erleichtern.

Da die ersten Sekunden in einer Präsentation die wichtigsten sind, arbeitete ich mit Frau O. gezielt an einem für sie angenehmen Körperstand (Präsentationsposition). Stehend, sitzend, angelehnt, eine Position, die ihr aus Erfahrung angenehm erschien und in der sie die Zwerchfellatmung einsetzen konnte. Die so genannte Voll- oder Tiefatmung ist die natürliche Sprechatmung. Durch Aufregung droht sie verloren zu gehen.

Dann ließ ich Frau O. immer wieder auftreten mit der Aufgabe, sich des Raumes um sie herum, der jetzt nur ihr gehörte, bewusst zu werden und ihn Stück für Stück genießen zu lernen. Wenn sie das für sich sicher erspürt hatte, ging es jetzt darum, Kontakt aufzunehmen. Sie sollte nur ihre Zuschauer anschauen, ohne etwas zu sagen, den Blick für eine Minute nach rechts und links schweifen lassen. Das ist für viele der schwierigste Moment. Anfangs kommt einem diese Zeit wie eine Ewigkeit vor. Für die Zuschauer ist das ein spannender Moment. Viele Gruppen schenken einem bei dieser Methode die volle Aufmerksamkeit.

Der dritte Schritt war nun, die inhaltlich gelungene Einleitung ein zweites Mal zu probieren – mit der Aufgabe, das Sprechtempo um die Hälfte zu reduzieren. Für Frau O. war das anfangs ungewohnt, von den Teilnehmern wurde es jedoch als optimal eingestuft. Selbstbild und Fremdbild decken

sich eben selten!

Was drückt Ihr Körper aus?   **95**

Stimme und persönliche Einschätzung

Jung

Frau K.: »Ich spreche die Worte deutlich aus, aber der Klang meiner Stimmmelodie ist eher zaghaft.«

Frau H.: »Ich habe, wenn der berufliche Auftritt kommt, eine leise Stimme, meine Stimme gibt einfach nicht mehr her. Man hört mir aber zu, wenn ich spreche, denn ich habe herausgefunden, wenn ich das Tempo drossle und schaue dabei alle eingehend an, dann bekomme ich meine Aufmerksamkeit.«

Frau P.: »Ich habe eher eine nasale, verhauchte Ausdrucksweise. Ich werde oft darum gebeten, lauter zu sprechen.«

Frau Ü.: »Meine Stimmlage ist hoch und hat einen starken Singsang.«

Frau F.: »Meine Stimme ist glockenklar, auch heute noch, mit 40 Jahren. Eine richtige Mädchenstimme. Viele beneiden mich darum.«

Gereift

Frau J.: »Ich habe eine feste, tiefe Stimme. Sehr geankert.«

Frau V.: »In meiner Sprachmelodie liegt Gelassenheit. Mein Sprechtempo ist langsam. Ich pausiere viel, wenn ich spreche.«

Frau Z.: »Ich habe eine ausgeprägte Pausengestaltung. Ich arbeite auch mit Kunstpausen.«

Frau L.: »Ich spreche langsam und bedächtig. Auch wenn andere schnell sprechen, ich rede immer in meinem Tempo. Wenn ich spreche, habe ich Kontakt zum Boden.«

Feminin

Frau T.: »Ich habe eine sanfte, weiche Stimmmelodie. Wenn ich meinen Gefühlen Ausdruck verleihe, dann spreche ich auch schon mal sehr akzentuiert.«

Frau P.: »Leider sagt man, ich hätte eine schrille Stimme, wenn ich laut werde. Das sagen aber auch meist die Männer, die das stört. Die denken dann gleich an Hysterie. Frauen stört das nicht so.«

Frau K.: »Ich habe eine ruhige, warme Stimme, kann aber auch in gewissen Situationen verführerisch klingen.«

Maskulin

Frau Ü.: »Meine Stimme ist rauchig und voll, manche sagen auch verführerisch.«

Frau I.: »Ich habe eine tiefe Stimmlage, einen festen Stimmkern und artikuliere deutlich. Ich wirke dadurch sehr stark. Manchmal hätte ich gerne weichere Stimmzüge.«

Frau P.: »Weil ich äußerlich sehr weiblich erscheine, setzt meine tiefe männliche Stimme interessante Kontraste. Ich wirke auf viele wie Zarah Leander. Ich spiele mit meiner erotischen Wirkung.«

Frau G.: »Ich kann mit meiner Stimme modulieren. Je nachdem, was ich in der momentanen Situation brauche, greife ich ins tiefere Register oder ins höhere.«

Sportlich

Frau D.: »Ich spreche schnell. Bin kaum zu bremsen, wenn ich rede. Aber ich klinge nicht weich, sondern fest.«

Frau I.: »Ich spreche auch schon mal hastig, Schnelligkeit ist das Muster meines Redens.«

Frau U.: »Mein gezieltes Körpertraining macht sich bemerkbar. Mein Zwerchfell ist trainiert. Ich habe eine starke Ausdauer beim Sprechen. Dadurch vermittle ich Zähigkeit und Kraft.«

Vergeistigt

Frau O.: »Ich habe eine feste, gesetzte Stimme. Im Job ist das manchmal hilfreich. Allerdings kann ich auch arrogant klingen, wenn es sein muss. Ich spreche dann so von oben herab.«

Frau W.: »Ich habe eine tiefe Stimmlage und arbeite gezielt Pausen ein oder spreche bewusst deutlich, wenn ich etwas hervorheben möchte.«

Frau K.: »Ich habe eher einen flachen Atem, wenn ich erzähle, und eine mittlere Stimmlage. Ich spreche nicht viel, aber wenn es etwas Wichtiges zu sagen gibt, platziere ich es genau.«

Eigenwillig

Frau O.: »Man sagt mir, ich hätte eine besonders auffallende Stimme und ziehe allein durch sie die Aufmerksamkeit an. Wenn ich spreche, dann hebt sie sich vom Stimmengewirr in einer großen Menschenmenge ab.«

Frau B.: »Ich spreche als Einzige in unserer Firma mit einem Wiener Dialekt. Manche Kollegen sagen, sie finden das hübsch und hören es gerne, aber es gibt auch welche, denen es überhaupt nicht gefällt.«

Frau Q.: »Ich bin von Beruf Solistin und falle durch meine ausgebildete Stimmlage auf. »

Neutral/Klassisch

Frau S.: »Ich denke manchmal, ich habe gar keine bestimmte Stimmlage. Ich klinge nicht hoch und nicht tief, vielleicht einfach normal, wie alle anderen auch.«

Frau Z.: »Wenn es einen wichtigen Auftritt für mich gibt, dann versuche ich mich an die anderen anzupassen. Ich schaue, wie die sich verhalten, so mache ich das dann auch mit der Stimme. Nicht zu laut und nicht zu leise. Ich akzentuiere auch nichts besonders.«

Frau L.: »Manche sagen, ich würde beim Sprechen monoton klingen. Ich halte immer den gleichen Rhythmus.«

Stark

Frau L.: »Ich habe eine lautstarke Stimme. Man hört mich schon kilometerweit.«

Frau Z.: »Wenn ich spreche, dann ist das, als würde mein Körper ein tönendes Instrument. Die Atemräume klingen und werden zu Resonanzräumen. Ich hätte auch Opernsängerin werden können. Ich muss mich manchmal richtig zwingen, leiser zu sprechen.«

Frau P.: »Ich spreche laut und deutlich. Ich möchte, dass jeder hört, was ich zu sagen habe.«

Zurückhaltend

Frau R.: »Ich spreche oft sehr leise. Manchmal flüstere ich die wichtigen Informationen den anderen zu. Ich traue mich nicht, so viel zu sagen. Schon gar nicht mit voller Stimme.«

Frau H.: »Meine Bescheidenheit drückt sich auch in der Stimmlage aus. Ich halte viel meines Stimmvolumens zurück.«

Frau B.: »Ich gehe sehr leise und vorsichtig auf die Personen zu. Es kommt vor, dass ich ins Stottern komme, wenn ich plötzlich etwas sagen muss.«

Positiv

Frau D.: »Da ich viel lache, habe ich auch eine gute Atemstütze. Ich kann lange erzählen.«

Frau E.: »Ich habe eine kräftige Stimmlage, da ich alle unterhalten will. Ich kann sehr akzentuiert erzählen. Das ist nötig, um die Pointen gut zu platzieren.«

Frau Ä.: »Ich spreche sehr deutlich und kräftig. Ich bin Auftritte vor Leuten gewohnt. Ich bin der Entertainer, der braucht eine durchdringende Stimme.«

Frau P.: »Meine humorvolle Art und meine Stimmkraft, das ist mir eigen. Ich kann auch schon mal dreckig lachen, aber es wirkt nie böse bei mir.«

Negativ

Frau F.: »Ich herrsche andere schon mal an, ich brülle dann, und meine Stimmlage klingt schnell gebrochen.«

Frau A.: »Polternd kann ich sein. Und laut werden und bitterböse lachen. Das verschreckt viele.«

Frau E.: »Meine Stimmlage kann auch schnell mal aggressiv werden.«

Frau L.: »Ich seufze und jammere den ganzen Tag, meine Stimme klingt immer leidend.«

Wie drücken Sie sich verbal aus?

Sprache und Job

Was sagt unser Sprachausdruck über uns aus?

Sprechen wir eher in klaren, eindeutigen Aussagen, plaudern wir uns durch die Gegend, oder passen wir uns anderen Urteilen schnell an? Ob auf Konferenzen oder Messen, bei Verhandlungen oder Geschäftsessen, ständig sind wir in Kontakt mit anderen Menschen und damit beschäftigt, Gefühle und Gedanken in Worte zu fassen, denn das ist ein grundlegendes Bedürfnis des Menschen als soziales Wesen.

Ohne das Gespräch ist kein modernes Gesellschaftssystem lebensfähig. Weder die Arbeitswelt noch das Finanzsystem, noch die Kunst, noch die politische Macht erreichen alle Menschen eines Landes. Nicht einmal das Fernsehen – rund 2 Millionen Deutsche leben TV-abstinent. Der einzige Lebensbereich, der zumindest gelegentlich alle erfasst, ist das Gespräch. Ob das ein kurzer Wortwechsel mit dem Nachbarn oder dem Verkäufer ist, ob das die Unterhaltung im Wartezimmer ist oder die Anekdoten des Taxifahrers – wir alle nehmen an der gesamtgesellschaftlichen Kommunikation teil.

Dennoch machen wir das nicht alle auf die gleiche Weise. Jeder bedient sich eines anderen Sprachstils, einer anderen Wortwahl, einer anderen Redeweise. So gibt es die Plauderer, die das lockere Gespräch suchen und auf jeder Party gern gesehen sind, ebenso wie die eher Abstinenten, die ein Schattendasein am Rande führen. Es gibt ergebnisorientierte Erzähler, die nur an der Information interessiert sind und sich am liebsten über Computer oder Hirnforschung unterhalten, und die Selbstunterhalter, die nicht wirklich an einem Gegenüber interessiert sind, sondern nur ein applaudierwilliges Publikum suchen. So erfüllt das Gespräch für jeden einen anderen Zweck.

Grundsätzlich dient es dem gegenseitigen Werben um Sympathien, dem vorsichtigen gegenseitigen Abtasten, um herauszufinden, ob es eine gemeinsame Grundlage für eine vertrauensvolle Beziehung gibt. Nichts anderes passiert im Geschäftsleben.

Um erfolgreich im Job handeln zu können, ist es nötig, die hohe Kunst der vielen verschiedenen Sprachstile zu beherrschen. Nur wer über eine breite Palette verfügt, ist in der Lage, situationsgerecht und typgerecht zu vermitteln.

Frau H. ist in der Autobranche als Führungskraft tätig: »In meinem Job habe ich den Eindruck, ich muss Spaßvogel, Entertainer, Domina und Mutter zugleich sein. Wenn die Crew mal nicht will, dann muss ich mir was Unterhaltsames einfallen lassen, um sie weiter zu motivieren. Auf der anderen Seite bin ich klar an Ziele gebunden und fordere in kurzen, knappen Sätzen von den Mitarbeitern die Infos zum Stand der Dinge ein. Und dann gibt es da noch die einfühlsame, empathische Seite, die nötig wird, wenn Mitarbeiter Gefahr laufen, aufgrund von Stress und hohen Anforderungen aus dem Boot zu fallen.« Ein Multitalent auf der ganzen sozialen Ebene.

Auch Frau B. bestätigt: »Ich habe täglich mit so vielen Kunden zu tun, da muss ich viele Sprachstile beherrschen, denn die wollen ja alle individuell bedient und verstanden werden.«

Eine andere Form, seine Kontakt- und Kommunikationsfähigkeit erfolgreich im Job unter Beweis zu stellen, ist der »Smalltalk«. Solange die Partner noch nicht wissen, ob sie dem anderen vertrauen können, werden sie nicht über vertrauliche Dinge reden. Die Kunst des lockeren Gesprächs dient dem gemeinsamen Ausloten, wo die Felder der Verständigung liegen könnten. Die scheinbare Oberflächlichkeit des Smalltalks ist die Voraussetzung für sein Gelingen. Alles, was Missverständnisse oder Kränkungen hervorrufen kann, wird vermieden. Das betrifft nicht nur Intimes, sondern auch Tiefschürfendes und Strittiges.

Frau I. berichtet: »Viele meiner Kundenanbahnungen gelingen mir über den Smalltalk. Der ist locker und unkompliziert, das passt zu mir.«

Frau V. arbeitet als Immobilienmaklerin. Sie hat für sich die »Frage-Antwort-Strategie« entwickelt. »So kann ich mit jedem auf spielerische Art Kontakt knüpfen oder wieder an alte Kontakte anknüpfen. Ich lote immer wieder aufs Neue aus, worüber wir uns unterhalten können. Dabei springe ich von einem Thema zum anderen. Unterhalten wir uns über Hausbau, dann springen wir zum Thema ›Keine störenden Nachbarn in unmittelbarer Nähe‹, weiter zu musizierenden Nachbarn, weiter zu Mozart, zu den Salzburger Festspielen, schließlich zum gemeinsamen Besuch im nächsten Jahr. Das ist eine assoziative Angelegenheit. Vielleicht ist das eine Form, die uns Frauen besonders gut liegt.«

Laut Sprachforschung sind wir Frauen den Männern im Durchschnitt sprachlich jedenfalls überlegen. Wenn wir uns die Charakteristika weiblichen Gesprächsverhaltens ansehen, wird deutlich, dass wir einen sehr konstruktiven, kooperativen und menschlichen Gesprächsstil haben. Dies sind Elemente, die Frauen in ihren Jobauftritten unbedingt beibehalten und pflegen sollten. Andererseits lehrt die Praxis, dass viele Frauen zu einer vorsichtigeren Ausdrucksweise neigen als Männer. Vor klaren, eindeutigen Aussagen schrecken sie zurück und lassen sich oft das Wort vom anderen Geschlecht wegnehmen.

Das Sprachverhalten jedes Einzelnen hängt von vielen verschiedenen Faktoren ab. Einigen scheint die Fähigkeit, mit anderen leicht in Kontakt zu kommen, in die Wiege gelegt zu sein. In der Tat zeigt die neuere Forschung, dass angeborene Temperamentsunterschiede eine Rolle spielen. Aber auch die familiäre Umgebung hat Einfluss auf unser Sprachverhalten. Werfen wir daher einen Blick auf die Sprachbiografie.

Sprache und Biografie

Vor allem in den ersten Lebensjahren hat die Familie einen nicht zu unterschätzenden Einfluss auf die Sprachentwicklung. Bereits im Mutterleib scheint sich diese anzubahnen. Unsere beiden Hirnhälften verrichten nicht genau die gleichen Arbeiten, sie sind funktional asymmetrisch. Für Sprache ist normalerweise die linke Hirnhälfte zuständig. Diese Spezialisierung der Hemisphären beginnt nicht, wie man noch vor Jahren annahm, erst mit dem zweiten Lebensjahr. Schon beim 22 Wochen alten Embryo wurden anatomische Asymmetrien im Gehirn gefunden.

Gleich nach der Geburt kann der Säugling bereits Stimmen und Musik unterscheiden. Schon nach wenigen Tagen wendet er sich Stimmen zu, offenbar in der Erwartung, an die Brust gelegt zu werden. Mit 20 bis 30 Tagen erkennt er die Stimme der Mutter, auch wenn er sie nicht sieht. Nach zwei Monaten beginnt er mit der Mutter Wechselgespräche zu führen. Sie sagt etwas zu ihm, er antwortet mit seinen Lauten.

Die enge soziale Bindung zwischen Mutter und Kind war auch vor 250 000 Jahren nicht anders. Eher war sie noch einzigartiger. Die Mutter versorgt das Kind, hütet es, spielt mit ihm, beruhigt und ermuntert es und beginnt ihm die Wirklichkeit zu »erklären«, indem sie auf wichtige Dinge aufmerksam macht, vor Gefahren warnt und ihm Kulturtechniken beibringt. Das Wort »Muttersprache« drückt das treffend aus. Die Sprache ist eine »Erfindung« der Mutter.

Irgendwann zwischen dem zwölften und dem achtzehnten Monat des Kindes erscheint unter den Lauten das erste wortartige Gebilde. Nach der Zwei-Wort-Phase werden seine Sätze stetig länger und komplexer. Jenseits des fünften Lebensjahres lernt das Kind, dass einzelne Wörter mehrere Funktionen haben.

Frau H. erinnert sich: »Meine Mutter erzählt mir heute noch, dass ich mich monatelang an dem Begriff ›Puppe‹ festgehalten haben soll und auf alles, was ich sah, mit ›Puppe‹ geantwortet habe. Es schien fast so, als hätte ich mich geweigert, etwas Neues dazuzulernen. Wenn ich dann doch etwas Neues aufnahm, dann wurde das immer mit der Puppe verbunden: ›Auto groß, Puppe klein‹.«

Tatsächlich sind Wörter, die früh in der Kindheit erlernt wurden, am besten im Gedächtnis gespeichert. Frau N. bekommt das heute im Job eher negativ zu spüren: »Ich merke oft, dass ich aus einer anderen Schicht stamme. Die gleichaltrigen Auszubildenden können sich besser ausdrücken. Da ich sehr fleißig war in der Schule, habe ich dort viel Neues gelernt. Aber es war trotzdem schwer. Was andere von zu Hause mitbrachten, musste ich mir erst mühsam aneignen. Meine Eltern sind heute sehr stolz auf mich, dass ich mich so gut ausdrücken kann.«

Wer mit vielen etwa Gleichaltrigen aufwächst, hat es später oft leichter als Einzelkinder, sich auszudrücken. Schon früh kann die Ausdrucksfähigkeit trainiert werden, und so zeigt sich der Erfolg im Ergebnis. Frau V.: »Ich weiß genau, was ich kann, was ich nicht beherrsche und was mir zusteht. Deshalb äußere ich meine Wünsche deutlich und unumwunden, statt zu schweigen. Das habe ich angeblich schon früh gemacht. Ich habe als Kind gelernt, mich durchzusetzen. Wenn wir zu fünft gespielt haben, habe ich immer gesagt, was ich möchte und was nicht.«

In der Gruppe können wir aber auch früh erfahren, dass jeder eine bestimmte Rolle – sprich Sprachrolle – einnehmen kann. Frau L. berichtet: »Wenn wir drei Geschwister zusammen gespielt haben, dann war immer meine große Schwester die Wortführerin. Sie gab die Richtung an, und ich erledigte alles. Wenn ich heute nach meiner Meinung gefragt werde, dann ertappe ich mich dabei, wie ich mich umsehe und jemanden suche, der für mich das Wort übernehmen kann. Ich fühle mich viel wohler, wenn ich dann handeln kann.«

Frau I. hat einen anderen familiären Hintergrund: »Ich soll wohl schon früh eine soziale Ader gehabt haben und habe dafür gesorgt, dass alle gerecht versorgt wurden. Diese gute Beziehung drückt sich auch heute in meinem Sprachmuster aus. Ich achte in Gruppen und im Job darauf, dass alle zu ihrem Recht kommen.«

Frau C. erzählt: »Ich musste viele Pleiten und Pannen in meinem Leben wegstecken. Aber ich erhole mich schnell von Misserfolgen. Ich nehme vor allem mich selbst nicht so ernst und kann über mich lachen. Meine unterhaltende Art habe ich erst später entwickelt, als Kind war ich eher still und zurückgezogen.«

Frau M. muss heute viel in ihrem Job präsentieren und frei reden. »Ich mache das mittlerweile ganz gern, aber meine Sprachstärke liegt eigentlich im ausgezeichneten Zuhören. Eine Eigenschaft, die ich in unserer Familie früh erlernen musste, weil sich meine Eltern nicht verstanden und ich beiden den Rücken stärken musste.«

Frau E. ist eine Frau, die nie in ihrem Leben vor Publikum gestanden hat und das Redenhalten auch im häuslichen Umfeld nicht lernen konnte. Sie besuchte mich in der Beratung: eine blondierte Mittfünfzigerin, füllig, drollig, ein Schuss Arglosigkeit in Stimme und Blick. Durchaus selbstbewusst, kein Hascherl, dem die Worte ausgegangen sind. Sie gehört zu jenen Menschen, die zwar wenig Bildung, aber viel Humor und Verstand besitzen und mit denen man sich gerne unterhält. Frau E. hat immer erfolgreich als Speditionskauffrau in ihrem Unternehmen gearbeitet und stand nun wegen eines Betriebsjubiläums vor der Aufgabe, eine Rede zu halten. Sie kam in meine Beratung mit der Bitte um ein paar Tipps, da sie sich zwar in Zweiergesprächen oder kleinen Gruppen sicher fühlte, aber vor einem größeren Publikum fürchtete, nicht klug genug zu erscheinen.

Ich schlug ihr für das weitere Vorgehen zwei Dinge vor: einerseits ihre

Rede so zu schreiben, wie sie sich das vorstellte, und zweitens in einem Outfit zu erscheinen, das sie für diesen Anlass gerne anziehen wollte. In der nächsten Stunde machten wir uns an die Arbeit.

Ihre natürlichen und gestalteten Auftrittsmerkmale boten zwei Richtungen: »jung« und »positiv«. Jung waren ihre Gesichtszüge, ihre Lache und ihr Kleidungsstil. Sie trug ein figurbetontes blau-weißes Blümchenkostüm mit weitem Rock. Positiv waren ihre Ausstrahlung und ihr Sprachstil. Sie versprühte Lebenslust und Freude, und je länger ich mit ihr arbeitete, desto stärker traten ihre Schlagfertigkeit und ihr Mutterwitz zutage.

Als sie mir ihr Outfit und ihre Schminkutensilien präsentierte, bestätigte ich sie in ihrer Wahl. Alles war typgerecht und für den Anlass gut geeignet. Ich riet ihr lediglich, sich einen peppigeren Haarschnitt zuzulegen, der ihrem Temperament entsprach. Dann machten wir uns an die Rede. Ich erklärte ihr, dass ihr humoriges Talent in der Rede zu wenig zum Ausdruck kam und sie durch ihren Sprachstil in der Lage ist, ein Publikum zu bannen. Sie hatte die Befürchtung, dass man auf so einer Veranstaltung ernst und seriös erscheinen muss, doch ich erklärte ihr, dass nichts langweiliger ist als dröge, einfallslose Reden. Da sie über das Talent des Witzes verfüge, sei es umso unterhaltsamer, dieses mit einfließen zu lassen. Sie wurde mutiger und schrieb ihre Rede um. Sprachbilder, Beispiele und Pointen ließen ihre Rede jetzt aufleben. Zum Schluss strukturierte ich die Rede noch ein bisschen, und der Tag des Jubiläums konnte kommen. Frau E. rief mich später wieder an und erzählte stolz: »Bei mir haben die am meisten gelacht.«

Sprache und persönliche Einschätzung

Was Ihnen wirklich wichtig ist, spiegelt sich in Ihrem Sprachausdruck wider. Es sollen daher im Folgenden verschiedene Sprachtypen vorgestellt werden, die unterschiedliche Wirkungen hinterlassen.

Jung

Frau Z.: »Mein Sprachausdruck ist blumig, romantisch.«

Frau W.: »Ich beschreibe die Dinge in Bildern. Wenn ich erzähle, finde ich immer anschauliche Formen dafür. Man hört mir daher gerne zu, weil sich das jeder vorstellen kann.«

Frau O.: »Ich schmücke Beispiele gerne aus, ich erzähle gern detailgenau. Manchmal bin ich etwas langatmig, aber man hört mir gerne zu. Mir fällt es bisweilen schwer, auf den Punkt zu kommen.«

Frau Ü.: »Ich wähle eine romantische Sprache. Immer das Schöne und Harmonische dabei im Blick. Ich kann durch meine Worte andere verzaubern. Argumente begründen sich durch meine persönliche romantische Sichtweise.«

Frau L.: »Wenn es bei uns im Job um Lösungsfindung geht, dann bin ich für das Sammeln von Ideen zuständig. Ich assoziiere dann frei meine Gedanken, ohne das genauer zu prüfen.«

Frau I.: »Ich mag spielerische Lösungen und bin eine Person, die gerne lacht. Ich habe ständig neue Ideen und erzähle erst einmal sprunghaft und unsortiert. Manches Problem wurde so schon auf spielerische Art gelöst.«

Gereift

Frau S.: »Wenn ich erzähle, dann begründe ich die Dinge durch meine Erfahrung. Ich sage oft: ›Wir wissen doch aus der Erfahrung, dass das klappt.‹«

Frau P.: »Ich zitiere gerne weise Sätze.«

Frau Q.: »Eigentlich bin ich gar nicht so ein Erzähltyp, ich höre eher lange zu, und wenn ich dann mal etwas zu sagen habe, dann das Wesentliche.«

Frau F.: »Ich führe ein Unternehmen, das ich schon vom Großvater übernommen habe. Ich begründe vieles damit, dass ich sage: ›Das hat schon die Generation vor mir so gemacht, dann sollten wir das heute auch so machen.‹«

Frau W.: »Ich kann den modernen englischen Ausdrücken nichts abgewinnen. Wenn mein Enkel zu Besuch ist, habe ich den Eindruck, der spricht nur noch Englisch und kein Deutsch mehr. Ich finde, Sprache muss Höflichkeit und Respekt ausdrücken. Auch wenn mein Sprachausdruck aus der Mode gekommen ist. Ich sage zum Beispiel ›Wäre es Ihnen möglich, die Schwester zu rufen‹ oder ›Was wünschen Sie?‹.«

Feminin

Frau L.: »Ich mache manchmal anzügliche Bemerkungen. Ich wähle eine zweideutige Sprache. Ich flirte über meine Sprache.«

Frau W.: »Ich erzähle sehr emotional. Bei mir haben Gefühle eine besondere Bedeutung, und mir fällt zu jedem Thema etwas ein. Smalltalk fällt mir besonders leicht. Ich versprühe dann mein Temperament und fange die Zuhörer ein, weil ich eine sehr gefühlvolle

Sprache habe. Auch im Job argumentiere ich viel über Intuition. Das ist nicht immer für alle nachzuvollziehen, aber es hat schon viele begeistert, dass man auch mal über einen nicht sachlichen Weg zum Ziel kommen kann.«

Frau A.: »Ich reagiere in Gesprächen oft verständnisvoll, unterstützend. Ich sage dann gerne: ›Sie schaffen das schon, nur Mut‹, aber auch schlichtend: ›Halt, so kommen wir nicht weiter‹ oder eine andere Version: ›Wenn ich das richtig verstehe, vertreten Sie, Herr Dr. P., diese Auffassung ... und Sie, Herr V., diese Auffassung ... wie wäre es denn, wenn wir ...‹«

Frau Ö.: »Ich habe ein Ohr für andere und kann anderen durch Worte Kraft geben. Ich schaffe dadurch ein gutes Arbeitsklima des Miteinanders. Der Nachteil ist, dass ich oft nicht aufpasse, wo meine Grenzen sind.«

Maskulin

Frau H.: »Wenn ich erzähle, dann steht für mich die Sache im Vordergrund. Ich sage oft: ›Lassen Sie uns das doch so planen.‹ Oder ich halte die Punkte für wesentlich, um das Problem in den Griff zu bekommen.«

Frau Z.: »Ich sage oft, das werde ich prüfen, regeln, organisieren.«

Frau T.: »Wenn ich Urlaubsgeschichten erzähle, dann erzähle ich immer ergebnisorientiert. Zum Beispiel: ›Es gab dort fünf verschiedene Hotels, davon war das Hotel Loma das günstigste. Wir haben dort für die vier Nächte nur 240 Euro bezahlt.‹«

Frau D.: »Großes Ausschmücken liegt mir nicht. Ich wünschte mir manchmal eine lebendigere Erzählweise, weiß aber auch, dass ich im Job für meine Zielorientiertheit und Sachlichkeit sehr geschätzt werde.«

Sportlich

Frau L.: »Mein Sprachstil drückt sich darin aus, dass ich oft sage: ›Lass mich tun‹ oder ›Lass uns tun‹. Ich bin diejenige, die aktiv werden muss und nicht lange reden will. Ich unterhalte mich gar nicht so gern und kann nicht lange still sitzen, sondern mache lieber etwas und interessiere mich dann für die Aktivität und erkundige mich hier nach den Informationen: ›Wie geht das, wie läuft das? Das interessiert mich, können Sie mir da die Adresse geben?‹«

Frau P.: »Es kommt vor, dass ich in Sitzungen schweigend dasitze und dann irgendwann mal sage: ›Können wir jetzt endlich anfangen?‹ oder ›Prima, wann geht's los?‹ Ich kann dann sehr ungeduldig werden.«

Frau W.: »Ich sage oft: ›Stör mich jetzt bitte nicht, ich muss das noch machen, das noch machen und das noch machen.‹ Ich begegne Menschen oft damit, dass ich ihnen sage, was ich noch alles vorhabe heute.«

Vergeistigt

Frau P.: »Ich rede oft sehr theoretisch und versuche anderen klarzumachen, wo etwas hinführen könnte. So sage ich manchmal: ›Stellen wir uns doch mal vor, wir würden diesen Autotyp einführen, was hätte das für Folgen ...‹«

Frau H.: »Ich diskutiere für mein Leben gern. Ich tausche mich über Wissen aus und mag es, über etwas zu philosophieren oder zu theoretisieren. Das kann Stunden gehen. Ich kann dabei gut andere Meinungen stehen lassen, wenn sie begründet sind.«

Frau M.: »Ich drücke mich oft in Fremdwörtern aus. Meist merke ich erst an den Reaktionen der anderen, dass ich in einer anderen Welt lebe.«

Frau A.: »Ich bin sehr wissbegierig und lasse mein Wissen in Gespräche mit einfließen. Ob das tagespolitisches Wissen ist oder aus anderen Kontexten angelesenes. Ich zitiere schnell mal: ›Statistisch ist bewiesen‹ oder ›nach den neusten Erkenntnissen‹ oder ›mir ist aus der Presse bekannt‹.«

Frau I.: »Ich habe einen elaborierten Sprachausdruck.«

Eigenwillig

Frau Z.: »Mir passiert es immer wieder, dass ich mich anders ausdrücke als andere. Ich verwende Satzkonstruktionen, die ungewöhnlich sind. Oder erfinde schon mal ein neues Wort. Manchmal ist das so lustig, dass es alle zum Lachen bringt.«

Frau D. (Französin): »Ich beherrsche die deutsche Sprache, nur manchmal verwende ich Wörter, die nicht in den Zusammenhang gehören. Das amüsiert oft.«

Frau K.: »Ich spreche anders, weil ich krank bin.«

Frau T.: »Ich spreche viel Szenesprache. Man checkt schnell, ob die Sache cool ist.«

Neutral/Klassisch

Frau Z.: »Ich bin eher die Zuhörerin. Ich rede nicht sehr viel. Ansonsten unterstütze ich die Vorhaben der anderen und passe mich ihnen in ihrer Meinung an.«

Frau S.: »Ich passe mich den anderen an. Erlebe mich oft im Ja-Sagen und übe wenig Kritik.«

Frau P.: »Da ich mich eher neutral verhalte, stimme ich den Argumenten der anderen zu.«

Stark

Frau P.: »Ich bin sehr von meinen Ideen überzeugt und sage oft: ›Ich möchte, dass wir das so machen‹ oder ›Ich will, dass wir das so machen‹. Das wirkt sehr dominant, aber hat bei uns in der Firma schon viel vorangetrieben.«

Frau V.: »Man hat mir schon oft gesagt, ich würde am liebsten nur über mich erzählen, und das könnte abendfüllend sein.«

Frau T.: »Wenn ich eine Idee im Kopf habe, dann komme ich auf meine Argumente immer wieder zu sprechen und lasse mich nicht davon abbringen. Andere hoffen, dass ich das dann vergessen könnte, aber das ist nicht der Fall.«

Frau I.: »Ich bin sehr zäh im Argumentieren, ich kann andere damit zur Raserei bringen, wenn ich mich so stur stelle.«

Zurückhaltend

Frau B.: »Ich sage am liebsten gar nichts. Ich höre nur zu, was andere sagen, und denke mir dann meinen Teil.«

Frau O.: »Im Zweiergespräch unterhalte ich mich lieber als in der Gruppe. Allerdings nehme ich auch dort eher die Zuhörerposition ein.«

Frau D.: »Wenn man mich im Job um meine Meinung fragt, hänge ich mich eher an die Meinung einer anderen Person und sage: ›Wie das Herr F. schon gesagt hat, so können wir das ja machen.‹«

Positiv

Frau T.: »Wenn ich erzähle, dann immer mit Witz. Humor bestimmt meinen Sprachstil, und ich erzähle am liebsten über positive Sachen. Ich kann stundenlang erzählen, wie lustig und spaßig das Leben ist. Wenn ich morgens ins Büro komme, dann sage ich als Erstes: ›Guckt euch mal das tolle Wetter an, das kann ja heute nur alles gut werden.‹ Ich bin einfach ein Gute-Laune-Verbreiter.«

Frau B.: »Eigentlich sage ich gar nicht viel. Meine Kommunikation ist durch das Lachen bestimmt. Ich muss oft über meine eigenen Worte lachen, dann lachen die anderen mit. Ich habe so eine clowneske Erzählart.«

Frau O.: »Ich bin sehr schlagfertig. Ich kann sehr ironisch erzählen. Den Sinn verstehen aber nur die, die selber Humor haben.«

Frau Ä.: »Ich bin in meiner Erzählart oft frech. Ich kann meinem Chef sagen, dass er aber mal dringend wieder zum Friseur muss, ich habe dabei aber immer eine so niedliche lachende Art, so dass das immer sympathisch wirkt. Das ist meine Mischung. Wenn es ernst wird, löse ich die Ernsthaftigkeit oft durch einen lockeren Spruch.«

Negativ

Frau W.: »Wenn ich erzähle, dann erzähle ich immer nur, wie schlecht alles läuft. Ich jammere den ganzen Tag. Oft formuliere ich negative Sätze wie: ›Heute habe ich das wieder nicht geschafft‹ oder ›Ich werde das wohl nie begreifen‹ oder ›Warum muss es nur mir immer so schlecht gehen?‹«

Frau L.: »Ich bin ein Schwarzseher und Skeptiker. Ich bezweifle die Dinge sofort, die man mir erzählt, und frage misstrauisch nach: ›Glaubst du das auch wirklich? Ich glaube nicht, dass wir das schaffen werden.‹«

Frau P.: »Ich mache die anderen gerne schlecht. Ich sage oft: ›Wegen dir haben wir jetzt so schlechte Umsatzzahlen‹ oder ›Wegen Frau O. sitze ich heute noch hier in der Abteilung.‹«

Frau I.: »Ich bin wohl so eine Art Choleriker. Einerseits mache ich andere gerne schlecht, ziehe hinter ihrem Rücken über sie her, und andererseits mache ich andere gerne fertig, wenn es mich überkommt. Ich sage ihnen dann laut ins Gesicht, was sie für Pfeifen sind.«

Mit welchem Outfit treten Sie auf?

Outfit und Job

Was sollen wir anziehen?

Diese Frage stellt sich allmorgendlich jede Frau, wenn sie vor ihrem Kleiderschrank steht und nicht weiß, ob sie sich eher für das Blümchenkleid, das Designerkostüm oder den Nadelstreifenanzug entscheiden soll.

Dass Kleidung eine besondere Rolle in unserem Leben spielt und immer gespielt hat, hat die Wissenschaft belegt. Schutz, Scham und schmückende Darstellung, das sind die drei Hauptmotive, welche die Wissenschaft traditionell dem sich kleidenden Menschen unterstellt. Die Schutzfunktion der Kleidung scheint unmittelbar plausibel. Der Urmensch, der sich wohl in einem warmen Klima entwickelt hat, musste bei seinem Vordringen in kältere Regionen seinen Körper vor Wärmeverlust oder Überhitzung schützen. Was lag näher, als sich die Felle erlegter Tiere oder wie heute selbst gefertigte Textilien umzuhängen?

Die Vertreter der Schamtheorie behaupten, wir greifen jeden Morgen zur Kleidung, weil wir uns unserer Blöße schämen. Kleidung wäre mithin nichts als eine elaborierte Weiterentwicklung des Feigenblattes. Aber warum genügt uns dann nicht irgendein Kleidungsstück, um unsere Nacktheit zu bedecken?

Es geht um mehr bei unserer Kleiderwahl. Ein drittes Motiv, das man dem kleidenden Menschen unterstellt, ist das Bedürfnis, sich zu schmücken und darzustellen. Die Öffentlichkeit ist der Ort der Kleidersprache. Auch wenn viele behaupten: »Ich ziehe mich nur für mich an«, die Kommunikation mit Kleidung findet unter den und für die Augen der Öffentlichkeit statt.

So teilen wir durch unsere Kleidung den anderen mit, dass wir zu einer bestimmten Gruppe gehören. Einheitstrachten findet man sowohl bei Naturvölkern durch bestimmte Haartracht, Schmuck oder Körperbemalungen wie auch in unserer heutigen Gesellschaft durch Uniformiertheit oder eindeutigen Dresscode. Dass das Nicht-Einhalten dieser »Gruppenzugehörigkeitszeichen« für manchen Mitarbeiter in einer Firma unangenehme Folgen haben kann, macht der folgende Beitrag deutlich.

Der Inhaber eines renommierten Beratungsinstituts, der als autoritärer Chef in seinem Unternehmen bekannt ist, sagt: »Wenn ich hier jemanden mit Jeans erwische, dann fliegt der hochkant raus. In meinem Unternehmen trägt man keine Jeans, sondern Anzug.« Das Tragen gleicher oder ähnlicher Kleidung in Gruppen stärkt einerseits den inneren Zusammenhalt der Gruppe und dient andererseits der Abgrenzung gegenüber anderen Gruppen.

Nun ist es aber so, dass wir oftmals nicht nur eine Gruppenzugehörigkeit haben. Wir müssen beispielsweise das Berufsimage einer Rechtsanwältin bedienen, gleichzeitig sind wir Studentin und Mutter und abends Mitglied im Jagdclub. Eine komplexe Aufgabe, denn wir werden mit vielen verschiedenen Kleiderordnungen konfrontiert, die wir alle koordinieren müssen. Dass sich dabei schon mal Schwierigkeiten auftun, macht das folgende Beispiel deutlich.

Frau W., 34 Jahre, ist Lehrerin und allein erziehende Mutter. Sie muss ständig zwischen Unterricht, Konferenzen und Kinderbetreuung hin und her pendeln. Für gewöhnlich hat sie ihren Kleiderwechsel im Griff, doch machte ihr ein Abend zu schaffen. Nachdem sie wie gewohnt ihre Tochter ins Bett gebracht hat, fällt ihr ein, dass sie heute zur Geschäftseröffnung ihrer Freundin eingeladen ist. Sie rennt in ihr Schlafzimmer, reißt den Kleiderschrank auf und wühlt in ihren Sachen herum, auf der Suche nach dem passenden Kleidungsstück. Den halben Inhalt des Kleiderschranks hat sie auf dem Bett ausgebreitet, aber nichts scheint ihr wirklich passend. Ständig quält sie die Frage: »Was zieht man auf so einem Event bloß an?« Besonders chic soll es sein, also greift sie nach ein paar hochhackigen Lackpumps, die sie nie in ihrem Leben getragen hat, und kombiniert ein Kleid aus ihrer Studentenzeit dazu. Und bevor sie noch auf der Party angekommen ist, weiß sie, dass das nicht ihr Abend wird. Frustriert und mit schmerzenden Füßen verlässt sie die Veranstaltung nach einer Stunde.

Dieses Beispiel zeigt, wie Fehlgriffe dadurch entstehen können, dass wir es den anderen recht machen wollen, ohne es zunächst einmal uns selbst recht zu machen. Haben wir unseren Stil gefunden, dann können wir diesen je nach Anlass variieren. Im Grunde hat Frau W. richtig entschieden: Für einen offiziellen Abend mit offizieller Einladung wählt man offizielle Businesskleidung. Aber anstatt auf ihrem Stil aufzubauen, griff sie wahllos nach Schuhen, in denen sie nicht gehen kann, und einem Kleid, mit dem sie nicht mehr verbindet als schöne Studentenzeiten.

Setzen Sie daher immer zuerst bei sich an, und variieren Sie Ihren persönlichen Stil nur nach offizieller Businesskleidung (chic), legerer Businesskleidung (locker) oder Freizeitkleidung (extrem locker).

Kleidung ist die zweite Haut des Menschen. Wir spüren schnell, ob wir uns in ihr wohl fühlen oder nicht. Denn sie ist Teil und Ausdruck unserer Identität, wir bringen Persönlichkeitsmerkmale, Anschauungen und Stimmungen darin zum Ausdruck. Es sollte uns nicht überraschen, wenn andere uns auf unsere Kleidung ansprechen oder Rückschlüsse daraus ziehen. Leider manchmal auch negative – so wie die Sekretärin Frau T. sagt: »Ich bewerte Nachlässigkeit in der Kleidung als Charakterschwäche.« Eine Frau, die im Vertrieb tätig ist, erzählt: »Ich habe schon erlebt, dass ein Kollege so schlecht gekleidet war, dass es mir peinlich war, gemeinsam mit ihm zum Kunden zu gehen. Ich halte ihn für äußerst ungeschickt und tollpatschig.« Kleidung kann aber auch das Gegenteil bewirken. So sagt der Chef eines Autohauses: »Ich bin sehr stolz auf meine Mitarbeiterinnen, sie verstehen es, sich tadellos zu kleiden, das ist heute wichtig und kommt gut an beim Kunden.«

Ein ganz anderes Urteil hat eine Managerin über so manches Auftreten gefällt: »Es ist schlimm, wenn Leute durch ihre Klamotten mehr hermachen wollen, als sie sind. Da treten sie in Armani auf und können nicht mal schreiben und rechnen.« Markenkleidung ist ein Kind dieses Jahrhunderts und hat tatsächlich für viele einen großen Stellenwert. Die Marktforschung versteht unter Marken-Image die Summe der Einstellungen, Meinungen und Urteile, die ein Konsument oder eine Gruppe von Konsumenten mit einem bestimmten Markenartikel verbindet. Gerade bei Markennamen wirkt die Abgrenzung gegenüber anderen durch das Signalisieren von »Stammeszugehörigkeit« deutlich. Ich – Armani, du – C&A. Gehörst du zu mir oder gehörst du nicht zu mir? So beschnuppert man sich anhand der Labels und entscheidet über die Gruppenzugehörigkeit.

Ich betrachte Labels als eine Möglichkeit der Unterstützung bei der Suche nach dem eigenen Stil. Hat man seinen persönlichen Stil gefunden, dann kann es Sinn haben, beim Einkaufen auf die immer gleiche Marke zurückzugreifen. Zwingend ist das aber nicht. Hinzu kommt, dass viele Modemacher je nach Trend die Stilrichtungen erweitern oder gar durch andere ersetzen und damit jene Kunden vor den Kopf stoßen, die sich auf eine Richtung eingeschworen hatten. Eine Kundin beklagt sich: »Ich habe jahrelang Donna-Karan-Kleidung getragen, das war mein Stil. Dann habe ich nicht mehr das wiedergefunden, was ich immer gesucht hatte, und musste auf eine andere Marke umsteigen. Ich bin sehr enttäuscht.«

Angesichts der heute fehlenden Orientierungsmuster in der Mode bleibt dem Einzelnen nur noch der Bezug auf sich selbst.

Werden Sie Ihr eigenes Label!
Wählen Sie einen Stil, der zu Ihnen passt.

Ihr Kleidungsstil kann durch Schnittführung, Muster und/oder Material erkennbar werden. Wenn Sie zukünftig einkaufen gehen, achten Sie auf die Details, denn diese Details sollten Ihr Markenzeichen werden. Ein geschmackvoller Kleidungsstil ist keine Frage des Geldes, auch nicht der Begabung, sondern der Entscheidung. Entwickeln Sie Ihren Stil oder Ihre Stile (maximal drei bei der sich ausgleichenden Darstellerin) konsequent über Jahre, nur so werden Sie auf den Jobbühnen erkennbar für andere. Lassen Sie ruhig so manchen Trend an sich vorüberziehen. Es bietet sich Ihnen natürlich die Möglichkeit, etwa die verbesserten Stoffqualitäten des neuen Trends aufzugreifen, aber ansonsten Ihrer Linie treu zu bleiben. Wenn Sie Ihren Stil dennoch wechseln wollen, dann überprüfen Sie, ob dieser Stil wirklich etwas mit Ihren natürlichen Auftrittsmerkmalen zu tun hat.

Einen weiteren wichtigen Hinweis möchte ich Ihnen mit auf den Weg geben: Drücken Sie Ihren Stil nicht durch eine zu große Menge an Details aus. Die Gefahr besteht, dass Sie den positiven Eindruck erschlagen – und dadurch wieder stillos aussehen.

Ein Beispiel: Frau K. hat für sich den britischen Stil entschieden, dessen Hauptmerkmal das Karomuster ist. Es reicht nun völlig aus, dieses Thema in der Kleidung einmal aufzugreifen. Wählt sie beispielsweise ein kariertes Nickituch, ein anders kariertes Jackett und wiederum eine anders karierte Hose, so erzeugen die verschiedenen Karomuster ein unruhiges Bild. Ein einziges Karo sollte als Vorlage dienen und verwendet werden, auch für die weitere Kombination.

Lernen Sie, die Farben in einem Muster, in diesem Fall dem Karo, herauszuarbeiten und diese dann in Ihrer übrigen Kleidung durch Einfarbigkeit wieder aufzugreifen. Dadurch bringen Sie so manches Glanzstück erst zum Glänzen. Auch hier wird wieder deutlich: Stil ist keine Frage der Quantität, sondern der Entscheidung. Wenn Frau K. nun für unterschiedliche Anlässe ihre Garderobe zusammenstellt, dann wählt sie zum Beispiel für das Freizeitoutfit ein kariertes Holzfällerhemd und Jeans, für das legere Businessoutfit einen schlichten Pulli, Jeans und ein schickes kariertes Hermès-Tuch und für das offizielle Outfit einen karierten Hosenanzug, Perlenkette, Lederstiefel und passende Lederhandschuhe.

Outfit und Biografie

Früh schon werden kleine Mädchen schön gekleidet und mit Haarschleifen geschmückt und fühlen sind dadurch viel eingeschränkter als die Knaben. Eine ältere Frau erinnert sich: »Ich empfand mein Mädchensein immer als Behinderung. In unserer Umgebung gab es fast nur Jungen. Die Mädchenspiele kamen mir langweilig vor. Mein Röckchen war immer schmutzig, die Haarschleifen verlor ich ständig. Und jeden Abend hatte ich Krach mit meiner Mutter. Oh, wie hasste ich diese blöde Verkleidung! Ich genieße es noch heute, dass ich in Hosen herumlaufen kann.« Ein ganz anderes Kindheitserlebnis hatte Frau L.: »Ich spielte leidenschaftlich gern mit Puppen. Ich schmückte sie mit allem, was ich finden konnte: Blättern, Muscheln, Draht. Ich kreierte Kostüme, und auch heute bin ich sehr experimentierfreudig, was Kleidung angeht.«

Frau A. kann sich noch gut daran erinnern, als kleines Mädchen Tellerröcke geliebt zu haben. »Darin habe ich mich stundenlang gedreht, bis mir schwindelig wurde und ich umkippte. Merkwürdigerweise kann ich mit Röcken heute wenig anfangen.« Frau A. bittet mich, mehr an ihrer Weiblichkeit zu arbeiten. Ich sage ihr, dass ich einen Blick auf ihre Kleider und Röcke werfen möchte, und so trägt sie eine Tasche mit Kleidungsstücken zu mir in die Beratung. Als sie den ersten Rock anhat, mache ich ihr deutlich, dass diese Röcke keine gute Wahl sind.

Ob ein Rock weiblich wirkt oder langweilig, hat entscheidend mit seiner Länge zu tun. Alle Röcke, die Frau A. mir zeigte, endeten an den ungünstigsten Stellen, Mitte Wadenbereich und Kniescheibe. Das sind im Regelfall die breitesten Stellen eines Damenbeines. Endet der Rock an diesen beiden Stellen, dann wirken die Beine seiner Trägerin voluminöser, als sie tatsächlich sind, und sie wirkt »omahaft«. In den fünfziger Jahren war diese Rocklänge Mode. Das wirkte nicht sexy, sondern bieder und damenhaft – ein Ausdruck von Zeitgeist.

Ich empfahl Frau A. für die Zukunft zwei Rocklängen. Zum einen kurze Röcke, die etwa 5 Zentimeter oberhalb des Knies enden sollten, denn jeder Oberschenkelverlauf weist eine schlanke Stelle auf, die sich ungefähr in diesem Bereich befindet. Zudem wirkt das freigelegte Knie viel weiblicher und lässt sich mit dem Businessstil wunderbar vereinen. (Allerdings gilt hier: nie kürzer als die Hälfte der Oberschenkellänge.) Übrigens, diese Länge ist auch bei Kleidern, Kurzhosen, Kurzmänteln und Gehröcken sehr vorteilhaft.

Die zweite zu bevorzugende Rocklänge endet im Fesselbereich. Dies ist die schlankste Stelle im unteren Teil eines Frauenbeins. Dieses Maß gilt ebenso für lange Kleider, Übermäntel, Mäntel. Beide Rocklängen sind unabhängig vom Trend immer aktuell.

Dass Weiblichkeit für manche Frau zur Qual werden kann, schildert eine alte Dame sehr eindrücklich in ihrer Kleiderbiografie:»Es gab damals die steifen Unterröcke und die ganz engen Röcke. Ich stieß mit meinen Bewegungen wie an die Mauern eines Gefängnisses, das aus meiner Kleidung bestand. Meine Mutter gab mir eines Tages einen breiten Strumpfgürtel, damit meine Form nicht auseinander falle. Und einen BH mit Bügel. Ich durfte auch keine flachen Schuhe mehr tragen. So würde ich endlich lernen, wie ein Mädchen zu gehen, sagte sie. Die Schuhe drückten, und so ging ich unter Qualen zu meinen Verabredungen mit den Jungen. Ich dachte einfach, das müsse so sein.«

Ein ganz anderes Jugenderlebnis mit Kleidung hatte Frau W. »Ich merkte, als ich 16 war, dass ich jeden Jungen herumbekam, wenn ich kurze Röcke anzog und meinen Busen in enge Oberteile steckte. Ich hörte dann immer die Jungs sagen, die sieht aber scharf aus. Heute kleide ich mich auch körperbetont, aber nicht so auffällig.«

Dass Körperbetonung jedem gut steht, soll das folgende Beispiel belegen. Frau T. erzählt, dass sie immer gern extrem weite Kleidungsstücke trägt. Sie begründet das damit, dass sie ihre Figur kaschieren möchte, die sie für überaus mollig hält. Sie hat Konfektionsgröße 44. Tatsächlich ist sie nie aus ihrer Jugendphase herausgekommen. »Bei uns zu Hause war immer alles so perfekt«, erzählt sie. »Ich stamme aus sehr wohlhabenden Verhältnissen. Mein Vater ist Bankdirektor und sehr streng. Richtig gut ging es mir, als meine Geschwister aus dem Haus waren und ich mich ganz frei bewegen konnte. Ich wurde sehr rebellisch, auch meinem Vater gegenüber. Ich wurde schlampig und gab Widerworte. Auch mein Outfit änderte sich. Ich hatte vorher immer geplättete Blüschen tragen müssen. Jetzt zeigte ich meinen Protest dadurch, dass ich mir Löcher in die Klamotten schnitt, Hundeketten um den Hals hängte und meine Figur in weite Leinensäcke steckte.«

Zwar hatte sie diesen extremen Stil über die Jahre abgelegt, aber sie wollte dennoch wissen, wie sie ihren Stil »der weiten Pullis« im Büro heute schicker gestalten könne. Im Laufe des Gesprächs zeigte ich ihr zwei ihrer starken Auftrittsmerkmale auf, die auf mich stärker wirkten als ihre Körperfülle. Und zwar waren das eine sportliche Ausstrahlung und ein positiver Gesichtsausdruck. Ich schlug ihr vor, eines der beiden Themen im Sinne der sich ausgleichenden Darstellerin in Szene zu setzen. Sie entschied sich, das »Sportlichkeits«-Thema ins Outfit zu übernehmen und das »positive« Thema durch einen frechen Haarschnitt umzusetzen. Im Outfit entschieden wir uns für einen sportlichen Stil, der dem Golfstil angelehnt war.

Für die Umsetzung gab ich ihr zwei wichtige Hinweise mit auf den Weg. Erstens: Der sportliche Stil hinterlasse bei ihr nur einen sportlichen Eindruck, wenn die Jacken oder Westen zukünftig leicht tailliert geschnitten und ihrer Konfektionsgröße angepasst seien oder sie einen Abnäher in ihre alten Jacken machen ließe. Ohne Schnittführung fehle ihr Kontur. Hinzu kommt, dass sie durch die zu großen Kleidungsstücke noch voluminöser wirkt, als sie tatsächlich ist. Der Betrachter vermutet unter weiter Kleidung mehr Pfunde. An den Italienerinnen können wir das gut sehen: die »Mama« ist oft eine sinnliche, vollleibige Frau, aber sie trägt immer taillierte Kleidung und wirkt dadurch nicht voluminös, sondern betont ihre weibliche Figur. Das ist ein Unterschied.

Zweitens: Jeder Stil wirkt nur, wenn die richtigen Jackenlängen eingehalten werden. Das heißt: Sind Sie eher eine kleine Frau mit langem Rumpf und kürzeren Beinen, dann dürfen Ihre Jacken ein Maß von 0 bis maximal 8 Zentimeter unter dem Schritt nicht überschreiten, sonst wirken Sie noch kleiner. Bei Frau T. ist das mit ihrer Körpergröße von 1,63 Meter der Fall. Zählen Sie dagegen eher zu den großen Frauen mit kurzem Rumpf und langen Beinen, dann liegt Ihr Jackensaum am besten im Bereich von 8 bis 16 Zentimeter unter dem Schritt, sonst wirken Sie wie aus der Jacke herausgewachsen. Das gilt auch für Westen, Blusen und sonstige Oberteile. Diese Grundregel stellt die optimalen Proportionen von Rumpf und Beinlänge her. Nehmen Sie die beiden anderen Maße von Rocklänge und Mantellänge dazu, dann ergeben sich drei Grundlängen für Ihr Outfit, mit denen Sie jede Jobbühne sicher besteigen können.

Manche Frauen orientieren sich bei der Wahl ihres Outfits auch an eher ungewöhnlichen Vorbildern. So erzählt Frau T.: »Ich verstehe mich mit meiner Tochter ganz wunderbar. Wir machen alles zusammen. Wir gehen gemeinsam ins Kino, zum Sport und zum Shoppen. Ich wähle dann oft einen ähnlichen Kleidungsstil wie meine Tochter. Eine junge Mode. Wir werden daher oft für Schwestern gehalten. Mir gefällt das gut.«

Outfit und persönliche Einschätzung

Verschiedene Outfits machen es möglich, dass ein und dieselbe Person unterschiedlich aussieht, sie kann sich auch ein anderes Image – ein exotisches, ein kompetentes oder ein reifes – dadurch schaffen. Es sollen daher im Folgenden verschiedene Outfits vorgestellt werden, die unterschiedliche Wirkungen hinterlassen.

Jung

Frau K. betrachtet ihren Kleidungsstil als jung und elfenhaft: »Ich lege Wert darauf, dass irgendein Kleidungsstück, das ich trage, etwas Gerüschtes, Gerafftes hat. Alles in Maßen, aber das Märchenhafte ist meine Welt. Wenn ich im Business sehr offiziell erscheinen muss, dann werden meine Volants oder Spitzenanteile unter schlichtem Blazer nur noch üppiger. Oft bekomme ich Komplimente wegen meiner ausgefallenen Sachen.«

Frau T.: »Da ich sowieso schon sehr stark in meiner Ausstrahlung wirke, aber eine zierliche Person bin, setze ich diesen Stil als Kontrast ein: Seidige, leicht fallende Stoffe oder filigrane Details an normalen Pullis, wie Stickerei oder Federbesatz, finden sich in meinem Kleiderschrank.«

Frau L.: »Im Sommer ein handgeklöppeltes Spaghettiträgerkleidchen, mit Schleifen oder Bändern versetzt, und Ballerinas dazu bringen meinen Typ am besten zur Geltung. Ich habe wenig Busen und kann das daher sehr gut tragen. Auf Schleifen und Bänder habe ich meine Sommerkleidung ausgelegt. Im Winter trage ich den Asia-Stil, dicke glänzende Jacken mit filigranen Blumenmotiven. Ich habe mir einen Wintermantel in der Art eines Kimonos anfertigen lassen, mit zarten Stickereien an der Knopfleiste. Wenn ich darin gehe, habe ich das Gefühl, zehn Jahre jünger zu sein, und fühle mich wie eine junge Asiatin.«

Frau W.: »Ich bin groß gewachsen und sehr schlank, ich mag Blumenmotive auf meiner Kleidung. Neulich habe ich ein elegantes rotweiß geblümtes Kleid mit schwarzem Oberteil von Joop im Katalog gesehen, das werde ich mir zulegen. Ich lege Wert auf schöne Blumenmuster, ob Anemone, Biedermeierstraußmotiv oder tropisches Schlinggewächs. Auch in meinen Accessoires kommen diese Motive wieder zum Vorschein. Ein Paar Stiefel mit Floramotiv habe ich mir in einer edlen Boutique in London gekauft. Allerdings übertreibe ich nie, damit es nicht kitschig aussieht. Ich wähle oft den Rest der Kleidung aus den Farben der Blumenmotive oder greife auf ein nüchternes Schwarz zurück. Ich wirke in der Kombination immer frisch und gesund.«

Frau I.   mag Mini und trägt seit Jahren nur Röcke. Sie weiß, dass diese fürs Business nicht zu kurz sein dürfen. Im Winter trägt sie immer lange Stiefel dazu. Das ist der mädchenhafte Stil der sechziger Jahre.

Gereift

Frau Z.:   »Ich setze auf Stil und Tradition. So haben die Burberry-Karos Einzug in meinen Kleiderschrank gehalten, und ich wähle Schal, Regenschirm oder Schuhe in diesem Design. Andererseits haben für mich schwere, feste Stoffe eine besondere Bedeutung. Tweed bevorzuge ich in allen Schattierungen. Darin drückt sich für mich Eleganz aus. Mein Mann und ich waren eine lange Zeit in England und mögen die distinguierte englische Lebensart. Der konservative Stil war es, der mich schon immer fasziniert hat. Heute kann man konservativ und schick zugleich aussehen. So habe ich gerade für den Sommer ein luftiges helles tailliertes Kleid mit samtigem Karoeinsatz an Handgelenk und Rocksaum gefunden.«

Auch Frau Z. bevorzugt schwere Stoffe und greift gern zu Kamelhaarkostüm und -mänteln. »In schweren, dunklen Stoffen habe ich das Gefühl, ich bekomme mehr Gewicht und werde insgesamt ruhiger. Wenn ich leichte Stoffe trage, dann werde ich noch hektischer und flatteriger, als ich schon bin. Ich bin eine sehr agile Frau, die schweren Stoffe geben mir die Ruhe, den Boden, die Gesetztheit.«

Frau O.:   »Ich bevorzuge Kleidung, die damenhaft wirkt, und behänge mich gerne mit schweren langen Ketten. Ich mag Glitzerndes, Schillerndes und Funkelndes. Das drückt für mich Macht und Wohlstand aus. Das Aristokratische hat mich immer fasziniert.«

Frau Z.:   »Ich trage gern den Erbschmuck meiner Ahnen, auch wenn das manchmal nicht mehr modern wirkt. Die großen Broschen und Ringe kombiniere ich mit schlichter, zeitgemäßer Kleidung. Das wirkt sehr mondän. Das gibt mir etwas Divenhaftes und damit den nötigen Respekt, den ich für meine Arbeit brauche.«

Frau F.:   »Pelz gibt mir das Gefühl von Prestige. Der Balg des erlegten Tieres ist wie der Skalp des getöteten Feindes, das unmittelbarste und aussagekräftigste Zeichen des Siegers. Je größer der Besiegte, je prächtiger sein Fell, desto mehr ›mana‹, Respekt, Status geht auf den Sieger über. So trage ich gerne Hermelin und Chinchilla.«

Auch Frau V. würde sich am liebsten durch Pelze älter machen und jeden Tag im Nobelfell herumstolzieren. Da sie sich das nicht leisten kann und sich als Tierschützerin versteht, greift sie auf Kunstpelze und Samt zurück. »Ich habe eine ganze Sammlung von Fellaccessoires. Wenn ich einen wichtigen Termin beim Kunden habe, hänge ich mir zum Beispiel einen meiner Fellschals zu einem grauen Kostüm um, und ich habe ein viel respektableres Auftreten.«

Neben schweren Stoffen und großen Goldknöpfen an ihrer Kleidung soll auch das Gepäck Stil vermitteln, sagt Frau L. »Ich wähle zu meinen damenhaften Chanel-Kostümen immer Louis-Vuitton-Reisegepäck.«

Feminin

Frau B.:   »Wonderbra und Lolita-Dekolletes, das findet man in meinem Kleiderschrank am meisten. Ich bin doch eine Frau. Die Weiblichkeit herausstellen, das ist mir am wichtigsten.«

Frau E.:   »Ich kleide mich gerne auch mal sexy, das drückt sich in weiten Ausschnittformen und Taillierungen aus. Im Job flirte ich gerne, und die anderen gehen gern darauf ein, natürlich alles in Maßen. Aber ich weiß genau, wann ich bei wem was anziehen muss, um das zu bekommen, was ich will. Das ist ein Spiel.«

Frau Z.:   »Ich trage nichts ohne Taille, egal ob ich mal wieder ein Pfund mehr habe oder nicht, die Taille bestimmt die weibliche Linie. Ich trage daher zu besonderen Anlässen auch gerne Korsagen oder sexy Schnürungen, die den Rücken betonen.«

Frau R.:   »Ich spiele auch viel mit der Transparenz und mache nur eine Andeutung, die Haut zu zeigen. Chiffonkleider, die verführerisch wirken, trage ich gerne im Sommer. Nur diese Stoffe in Maßen, sonst wird mir das zu anstrengend mit der Herrenwelt. In meinem Kleiderschrank sind ausschließlich Kleider und höhere Schuhe vertreten.«

Frau F.   möchte gerne mal Femme fatale sein, traut sich aber an zu weibliche Dinge nicht heran und hat einen anderen Weg für sich gefunden: warmes Leder. »Veloursleder, Wildleder hat eine warme

Oberfläche und erzeugt Wärme. Es ist anschmiegsam. Es ist die milde Form der Weiblichkeit. Alle weichen, plüschigen Stoffe schaffen Wärme.«

Maskulin

Frau I.: »Meine Devise ist, männlich muss es aussehen. Ich bin eine Frau, die sich am wohlsten in Hosenanzügen fühlt.«

Frau P.: »Röcke gibt es keine in meinem Kleiderschrank. Ich bevorzuge natürlich den Herrenanzug, am liebsten maßgeschneidert. Manchmal gehe ich auch einfach in die Herrenabteilung und kaufe mir ein Herrenhemd, das ich viel im Job trage. Ich trage eine Hose im Marlenestil dazu, eine Herrenweste und kombiniere das Herrenhemd lässig dazu. Wenn es der Anlass erlaubt, greife ich auch zu Krawatten oder Hosenträgern. Ein Accessoire reicht. Ich werde bei uns im Büro ›der Kerl‹ genannt.«

Frau T.: »Ich wollte nicht immer so lieb und brav aussehen und suchte etwas, das Strenge hat, aber auch lässig ist. Ich habe für mich die Gehröcke entdeckt. In allen Schattierungen hängen sie jetzt bei mir im Kleiderschrank. Fürs Business immer geeignet. Ich trage auch Rock dazu.«

Frau Ä.: »Ich habe für mich herausgefunden, dass ich bei wichtigen Empfängen oder Abendveranstaltungen immer auf den Damensmoking zurückgreifen würde anstatt auf ein Kleid. Manchmal kombiniere ich schlichte einfarbige Kleidung mit einem farbigen Kummerbund vom Smoking, wähle Herrenschuhe dazu und variiere meine Kragenformen: Krawattenschal oder Schleifenkragen oder Napoleonkragen. Das sind dezente Hingucker. Fürs Büro geeignet.«

Frau W. erzählt, dass sie in ihrem Job Probleme hatte, sich durchsetzen zu können. Sie hat nur mit Männern zu tun, die sie aber schnell übersehen. »Ich habe erst begreifen müssen, dass mir Kleidung die nötige Stabilität und Sicherheit geben kann, und habe mich daher für einen Militärstil entschieden. Meine Jacketts weisen alle breit ausgearbeitete Schultern und hohe Eckenkragen auf, das schafft optisch ein starkes Kreuz und gibt mir die Möglichkeit, mit den gleichen Waffen wie die Männer zu kämpfen. Die doppelreihigen Verschlüsse verstärken das noch. Ich passe aber immer darauf auf, dass ich dem Militärstil durch Gürtel wieder eine weibliche Nuance gebe.«

Sportlich

Frau D.: »Bei mir muss alles funktional sein. Bequem im Material, lässig im Schnitt und sportlich in der Note. Ich habe für mich Turnschuhe in allen Varianten entdeckt, für den Job auch schon mal ein paar elegante modische Boxerschuhe oder Sneakers, in klassischem Blau oder im Stars-and-Stripes-Design, zum Hosenanzug akzeptabel.«

Frau E.: »Ich mag Basketballschuhe und Jeans, aber der Pfiff muss durch Accessoires her. So sammele ich Caps in allen Varianten. Wenn es mal elegant sein soll, dann setze ich ein Zeichen durch Kunstfaserhosenanzüge.«

Frau O.: »Ich suche gezielt nach Fasermischungen, die aus dem Outdoorbereich stammen. Ich mag es, wenn die Stoffe atmungsaktiv und gleichzeitig wasserdicht sind, zum anderen gefällt mir die Optik, manche Stoffe glänzen so metallisch.«

Auch Frau R. mag für die Freizeit Pullover und Westen aus Fleecestoff und für das Businessoutfit changierend glänzende Hosenanzüge, deren Jacken wie Piloten- oder Rennjacken geschnitten sind und auch mal eine Kapuze haben. Sie kombiniert dazu Sportuhren (Taucheruhren) in schrillem Design.

Frau P.: »Ich mag es vor allem, wenn ein Material nachgibt und sich dehnt, aber nicht dabei aus der Form gerät. Ich habe Stretchstoffe für mich entdeckt. Sie lassen mir im Alltag den nötigen Spielraum. Ich achte darauf, dass in all meiner Kleidung Stretch enthalten ist und der Stoff zugleich schimmert, das lässt die Sportlichkeit elegant erscheinen. Zudem verwende ich keinen Schmuck, sondern arbeite nur mit Reißverschlüssen. Ich habe ein enges hellblaues Stretchkostüm mit einem Reißverschluss an Stelle der Knöpfe, das erzeugt Eleganz und ist zudem praktisch.«

Auch Frau Z. achtet auf Details wie Reißverschlüsse und Taschen. »Die sind praktisch und ergeben konsequent eingesetzt den Pfiff. So habe ich Schuhe mit Reißverschlüssen, Hosen mit Zierreißverschlüssen, Jacken mit Reißverschlüssen, Pullover mit fünf verschiedenen Reißverschlüssen und Handschuhe mit Reißverschlüssen.«

Frau O.: »Da ich gerne unterwegs bin, brauche ich viel Stauraum. Ich habe mich für den Trekkingstil entschieden, das ist winddichte und wetterfeste Bekleidung mit vielen Taschen und praktischtechnischen Details. Ich bleibe diesem Stil treu. Er erinnert mich immer an Piloten. Ich fliege selbst sehr gern. Wenn es ins Business geht, dann achte ich darauf, dass das Trekkingoutfit durch eine herausgearbeitete Taille Form bekommt. Das entspricht dann einem eleganten Safaristil und lässt sich für viele Anlässe einsetzen.«

Vergeistigt

Frau T. setzt auf klare Linie. »Ich ziehe nur Kleidungsstücke an, die eine Richtung vorgeben, eine Struktur haben, mit Schnörkeln kann ich nichts anfangen. Ich brauche die Geometrie in meiner Kleidung, so wähle ich Dreiecke, Kegel, Rauten in meiner Kleiderlinie, die Op-Art als Stil sagt mir zu.«

Frau H.: »Ich greife am liebsten zum Gestreiften. Der Citystil mit seinen Nadelstreifen sagt mir zu. Aber mit gestreiften Pullovern kann ich mich auch anfreunden in der Freizeit. Ich segle gern, da passt das.«

Frau B. findet Kleidung nicht weiter wichtig, da sie sich die meiste Zeit nicht mit Mode, sondern mit Literatur beschäftigt. Sie hat für sich aber einen überzeugenden Stil gefunden. Immer wenn ihr irgendwo ein sinnträchtiges Zitat begegnet, lässt sie es auf eines ihrer T-Shirts drucken und zieht je nach Laune das an, was gerade passt. Da sie im kulturellen Bereich tätig ist, hat sie öfter mit öffentlichen Auftritten zu tun. Sie zieht dann einfach einen dunklen Anzug über ihre bedruckten T-Shirts oder Hemden und lässt das Jackett offen. Ihr gefällt das, da sie nun ein ganz eigenes Image hat.

Frau J. schätzt die Asymmetrie. Eine Seite weiß, die andere schwarz. Sie mag die Reduktion auf das Wesentliche. So arbeitet sie in ihrer Gestaltung konsequent zweifarbig. Ihr einziges gemustertes Kleidungsstück ist ein Buchstabenkleid.

Eigenwillig

Frau Ä.: »Ich mag es, wenn mein Outfit schrill ist. Ich lege Wert darauf, anders zu sein als die anderen. Einfach weil es mir Spaß macht. So trage ich einen Space-Look, einen Stil, der nichts mit dieser Welt zu tun hat. Ich drücke damit aus, dass ich lieber woanders wäre, zum Beispiel auf dem Mond. Ich suche mir in Kaufhäusern und Secondhandläden Stoffe mit ausgeprägten Silbereffekten in allen möglichen Farben, nähe vieles dann zusammen und trage es wie einen Einteiler. Das sieht aus wie ein Astronautenanzug. Wenn es für den Job etwas gemäßigter sein muss, trage ich nur eine Kette aus Silberfolie und spacige Schuhe dazu.«

Frau C.: »Mein Stil drückt sich darin aus, dass ich verschiedene Stile miteinander mixe. Mal greife ich etwas aus dem Cowboystil und mixe dazu einen maskulinen Stil. Ich trage zu meinen Cowboyröcken und Cowboystiefeln ein Herrenjackett und, wenn ich ganz mutig bin, eine Krawatte und darunter ein Rüschenhemd aus dem mädchenhaften Stil. Patchwork mag ich.«

Frau Q.: »Mich sprechen alle Ethnostile an. Vor allem mag ich Elemente aus dem mexikanischen Stil mit viel Spitze, und das in Kombination mit Leinen. Das ist eigenwillig, aber steht mir. Ich trage keine Synthetik. Das ist mein Grundsatz.«

Frau F.: »Ich habe mich für einen Stil entschieden, der gut zu meinem Gesicht und meinen glatten blonden Haaren passt, dem Charlestonstil mit seinen röhrenförmigen Kleidern und tief angesetzten Saumvolants. Zu besonderen Anlässen rauche ich nur mit langer Zigarettenspitze.«

Neutral/Klassisch

Frau M.: »Mir kommt es bei meinem Outfit darauf an, dass es klassisch ist. Ich möchte mich schick kleiden, aber nicht auffällig. Ich mag es verhalten. Ich trage am liebsten klassische Kostüme und Twinsets, so wie Grace Kelly in den fünfziger Jahren.«

Frau U.: »Minimalistisch, puristisch muss es sein. So schlicht wie möglich, das ist mein Stil.«

Frau P.: »Klassiker sind mein Thema. So finden sich viele schlichte Cardigans in meinem Kleiderschrank. Ich finde die Kaschmirjäckchen am bequemsten zum Kombinieren. Ich habe gleich zehn davon. Ich greife auch zu glitzerndem Lurex bei Cardigans, Hauptsache schlicht und unauffällig.«

Frau R. gefällt sich in Burlington-Kleidung. Das Argyle-Muster mit seinen auf der Spitze stehenden Rhomben findet sich bei ihr in den typischen Socken und in Pullovern wieder.

Frau I.: »Ich richte mich immer danach, was die anderen in meinem Umfeld gerade tragen, darin fühle ich mich am wohlsten und falle nicht so auf. Ob das zu mir als Typ passt, ist mir weniger wichtig, als dass ich in der Gruppe angenommen bin.«

Frau T. hat die klassische Schuhmode für sich entdeckt: »Die noppigen
Mokassins passen sich allem an und sind sehr praktisch, aber
auch der Loafer passt zu Jeans oder Rock. Ich habe einen Halb-
schuh, in den man einfach hineinschlüpft, in vier verschiedenen
Farben.«

Stark

Frau H.: »Ich greife zu opulenten Outfits. Viel Stoff gibt mir das Gefühl,
dass ich nicht übersehen werden kann. Ich nehme mir dadurch
meinen Raum, auch auf Kosten meiner Figur, denn die Taille betone ich so gut wie nie.«

Frau Z.: »Ich habe einen mächtigen Auftritt, das sagen mir die Kollegen
immer wieder. Das will ich auch, denn mit Schönheitsidealen
habe ich sowieso nichts am Hut. Ich bin schon von der Verkörperung sehr füllig, das allein gibt mir schon sehr viel Macht. Die
Stofffülle steigert das noch.«

Auch Frau P. greift, um sich mehr Raum zu verschaffen, gerne auf Capes,
Chasubles und wallende Mäntel zurück, aber auch Terrassen-
kleider und Ballonroben sind in ihrem Kleiderschrank vertreten.

Frau G.: »Mehrere XXL-Hemden übereinander geben mir das Gefühl,
nicht übersehen zu werden. Das ist eine Form, meine maskuline
Art zu unterstreichen und mehr Macht zu bekommen. Leider
verhülle ich gleichzeitig dadurch meine Figur. Eine Architektin
sagt, ich habe Stilmittel des Barocks für mich gefunden und
kombiniere die zu normalen Kostümen.«

Frau J. hat, als sie schwanger war, eine interessante Erfahrung gemacht.
»Die weiten Gewänder haben mir zusätzlich mehr Raum gegeben, die Leute rückten mir nicht so nah auf die Pelle. Ich habe
diese Kleidungsform nach der Schwangerschaft beibehalten und
mich für einen eleganten Wickelstil entschieden. Es gibt keine
Knöpfe mehr an meiner Kleidung, es wird nur mit Stoff drapiert
und gewickelt. Manchmal umwickle ich meine Taille mit einem
breiten passenden Stoffgürtel und hänge mir einen dünnen wehenden Langmantel über das Wickelkostüm. Das gibt mir dasselbe Gefühl von Raum, aber kaschiert nicht meine weibliche Figur.«

Frau N.: »Ich brauche einen starken Auftritt. Ich greife zu den unterschiedlichsten Raubkatzendessins. In der Freizeit zu Imitatio-
nen, im Business schon mal zu echten. Allerdings gibt es eine

Regel zu beachten: Nur kleine Raubtieroptiken wirken edel, große bekommen schnell einen ordinären Touch. Ein zweites wichtiges Gestaltungselement ist die richtige Dosierung des Musters. Zu viel ist oft zu mächtig und erzeugt Angriffslust. Kleine Leopardenkragen oder Taschen in Felloptik oder Schuhe reichen aus, der Rest neutral.«

Zurückhaltend

Frau Ö.: »Zugeschlossen bis oben ist mir am liebsten.«

Frau H.: »Ich mag es, wenn meine Kleidung überhaupt nicht auffällt. Ich möchte mich in ihr verstecken können. Weite, schlabbrige Pullover, hochgeschlossen, sind mir am liebsten.«

Frau Q.: »Ich möchte auf gar keinen Fall zu viel Haut zeigen, das ist mir unangenehm.«

Frau T.: »Ich weiß, dass ich zu mächtig erscheine. Beim Shoppen würde ich immer auf die schrillen Klamotten zugehen. Ich habe mir angewöhnt, für bestimmte Anlässe auf Schlichtes, Unauffälliges zurückzugreifen – mit Erfolg. Jetzt guckt man nicht immer zuerst mich an, wenn es um die Verteilung von Aufgaben geht.«

Positiv

Frau P. hat einen heiteren, witzigen Stil. »Von sonnigen Farben ist mein Stil bestimmt, und von witzigen Details. Ich bin Modedesignerin und entwerfe jeden Tag Motive. Mein persönliches Motiv ist der Comic auf T-Shirts. Die stellen lustige Geschichten dar. Das ist mein Markenzeichen.«

Auch Frau T. mag Kleidung mit Motiven. »Mein Humor bestimmt, ob ich so ein T-Shirt kaufe oder nicht. Allerdings habe ich die Erfahrung gemacht, dass das bei seriösen Veranstaltungen nicht immer gut ankommt. Mein Chef hat mir mal von einem Mitarbeiter erzählt, der immer so witzige Muster auf seiner Krawatte getragen hat: Lokomotive trifft Elefanten, so in der Richtung. Er meinte nur dazu, es sei peinlich, wenn man versucht, witziger auszusehen, als man ist.«

Frau D. wählt gerne Pünktchenkleider, weil sie die Stimmung heben und gute Laune machen. So sammelt sie Pünktchen und Kreise in allen Versionen.

Frau R. legt mehr Wert auf witzige Accessoires: Sie kauft Rucksäcke, die originelle, ungewöhnliche Formen aufweisen und bunt sind.

Darüber hinaus hat sie 70 Paar Schuhe in den schrillsten Farben und Formen gesammelt. Witzige Rucksäcke und Schuhe sind ihr Markenzeichen.

Negativ

Frau E.: »Ich möchte durch mein Outfit provozieren. So wähle ich gerne schwarze Kleidung, aber auch Kleidung mit Rissen oder Löchern. Die Jeans mit Einschusslöchern, die Used-Optik entsprechen meinem Stil. Die in Fetzen am Hintern hängende Jeans musste ich irgendwann aufgeben, da sich mein Chef darüber aufgeregt hat.«

Frau P.: »Ich mag diese Angepasstheit nicht, ich bringe meinen Stil zum Ausdruck mit knitterigen, ungebügelten Blusen und Hemden. Da es in der Mode mittlerweile auch sehr viel gecrashte, also wie ungebügelt wirkende Blusen und Oberteile gibt, ist vieles auch bürotauglich, aber als ich jünger war, habe ich den Lumpenlook getragen.«

Frau C.: »Ich mag obszöne Dinge, Latex und Leder soll es sein. In meiner Freizeit trage ich gerne Latexhosen und Latexoberteile. Im Job geht das nicht. Ich habe den Kompromiss gefunden: schwarze elegante Lederjacke von Lagerfeld und rote Strickkleidung darunter. Das ist akzeptabel.«

Das Düstere, Destruktive drückt sich für Frau J. in schwarzem Leder am besten aus: »Ich habe die Zeit der Punks miterlebt. So ganz komme ich von diesem Kleidungsstil nicht weg. Immer wenn ich schwarzes Glattleder trage, erreiche ich damit auch abweisendes Verhalten. Die Leute gehen auf Distanz, es ist kein verbindliches Material.«

Frau B. setzt heute schwarzes Leder nur noch in Accessoires ein. Ledertasche, Lederhandschuhe oder Lederjacke aus Nappa, der Rest warme Stoffe, damit schafft sie einen guten Kompromiss, »Abstand und Nähe«.

Welche Farben wählen Sie?

Farbe und Job

Welche Farbe passt zu mir?
Kleidung ohne Farbe gibt es nicht. Und so stellt sich für die Frau die zentrale Frage, nach welcher Farbe sie greifen soll beim Kauf oder beim Tragen von Kleidung. Viele Frauen sagen:»Das hängt von meiner Laune oder dem Wetter ab. Wenn es draußen regnet, wähle ich Grau, wenn es Sommer wird, hole ich die hellen Stoffe heraus.« Andere sagen, das hängt vom Anlass ab. »Wenn ich zum Beispiel zum Empfang muss, gehe ich hochoffiziell«, sagt Frau T., »und da kommt nur das kleine Schwarze für mich in Frage, mit Schwarz kann ich nichts falsch machen.«

Coco Chanel kreierte 1930 das »kleine Schwarze«. Es ersetzte das bodenlange schwarzseidene Kleid. Zu dieser Zeit erfuhr die Damenwelt einen neuen, grundsätzlichen Umbruch: Plötzlich gab es sowohl lange als auch kurze Kleider. Die Kleider für das ganz große Ereignis, etwa das Hochzeits- oder das Abendkleid, blieben lang, alle anderen Kleider wurden kurz. Das »kleine Schwarze« ist bis heute ideal für alle formellen Gelegenheiten.

Dennoch – so elegant Schwarz auch erscheinen mag, es ist keine freundliche, Kontakt stiftende Farbe, sondern hält eher auf Distanz. Vielleicht deshalb ist es in unserer heutigen Zeit geradezu zu einer Kultfarbe geworden: ein Ausdruck für das Auflösen von Kollektiven und gruppenspezifischen Identitäts- und Sinnquellen. Das Individualisierungsstreben ist auf dem Vormarsch. Da schaffen ein schwarzes Kleid und ein schwarzer Anzug genug Abgrenzung. Eine Personalchefin, die junge Auszubildende betreut, sagte mal:»Ich kann sie nicht mehr sehen, diese schwarzen Wesen. Jeder Bewerbungskandidat trägt heute fast nur noch Schwarz. Ich habe das Gefühl, die verwechseln Bewerbung mit Beerdigung.« Tatsächlich stellt Schwarz laut einer Umfrage die Lieblingsfarbe vieler Teenager dar.

Einen anderen anlassbezogenen Grund für ihre Farbwahl gibt Frau V.: »Ich schaue immer, welche Farbe meine Kolleginnen bei wichtigen Besprechungen wählen, und ahme das dann einfach nach.« In der Wirtschaft wird heute viel nach dem Motto verfahren:»Je höher die Position, desto dunkler die Kleidung.« Die Farbwahl gilt als Ausdruck von Status. Vor allem in der Herrenwelt hat das in der Wahl der Autofarbe sein Äquivalent gefunden.

Als sichtbares Zeichen des beruflichen Status gilt bis heute für Männer in der Spitzenposition das weiße Hemd. Ein Relikt aus vergangenen Zeiten, als saubere Kleidung noch ein Luxus war, weil es keine Waschmaschine gab. So ist der aus dem Englischen stammende Begriff »Weiße-Kragen-Kriminalität« durchaus noch zeitgemäß. Auch Frauen werden heute noch für manchen Messebesuch oder Empfang um das Tragen einer »weißen Bluse« gebeten.

Nicht selten bitten konservative Firmen ihren Vertrieb darum, die Farben ihres Firmenlogos zu tragen. Schließlich gibt es auch Berufe, die das Tragen bestimmter Farben erfordern – zum Beispiel weiße Kleider für Köche und Konditoren. Hier spielen in erster Linie hygienische Gesichtspunkte eine Rolle.

Immer mehr Berufstätige wählen ihre Outfitfarbe im Hinblick auf ihre psychologische Wirkung aus. Schon seit vielen Jahren ist man bemüht, die Farbwirkung zu erforschen, doch nicht immer mit eindeutigen Ergebnissen. Physiologische Untersuchungen haben ergeben, dass helle, warme Farben den Blutdruck ansteigen lassen und den Pulsschlag erhöhen, während kalte, dunkle Farben den gegenteiligen Effekt haben. Psychologisch gilt Rot auf den ersten Blick als eine der attraktivsten, anziehendsten Farben, auf den zweiten Blick jedoch als eine egozentrische, stark ichbezogene Farbe, die beim Betrachter durchaus Wut und Aggression hervorrufen kann. Frau L. ist eine sehr starke Persönlichkeit und greift daher auch gerne zu Rot. Sie mag es, im Mittelpunkt zu stehen und Anweisungen zu geben. Wegen ihrer Power und ihrer Konfrontationsbereitschaft wird sie überall sehr geschätzt. Doch ihr Abteilungsleiter sagte einmal zu ihr: »Ich kämpfe nicht mehr mit Ihnen, ich rege mich viel zu sehr auf.« Bei Rotträgern kann man durchaus mal rot sehen.

Blau lässt sich auf den ersten Blick als eine sehr seriöse und kompetente Farbe einstufen. Im Dienstleistungsbereich trifft man daher oft auf diese Farbe. Allerdings wirken Blauträger im Beruf auch schnell uniformiert. Meine Empfehlung: Arbeiten Sie immer noch mit einer Zusatzfarbe. Grün wirkt beruhigend, ausgleichend und Ruhe stiftend. Ich empfehle diese Farbe gerne Personen, die in ihrem Beruf viele Gespräche führen müssen. Grün sorgt für eine gute Atmosphäre. Gelb wirkt auf den ersten Blick heiter und einladend, auf den zweiten Blick geistreich, wach im Sinne von kreativ oder erfindend.

Farben können Reaktionen und Assoziationen auslösen. Ob wir sie nun tatsächlich auch tragen mögen, hat oft andere Hintergründe. Jeder von uns hat eine typische Farbbiografie: das weiße Taufkleid, das rosa gekleidete Mädchen, die Hochzeit ganz in Weiß und das dunkelblaue Businesskostüm. Darüber hinaus hat jede Frau ihre Lieblingsfarbe. Fragt man Erwachsene danach, so rangieren Blau oder Rot auf den ersten beiden Plätzen der Beliebtheitsskala. Die häufigste Antwort überhaupt, die Versuchspersonen bei solchen Untersuchungen geben, lautet allerdings: »Das kommt darauf an.« Und eine große Rolle spielt dabei die eigene Lebensgeschichte. Werfen wir also zuerst einmal einen Blick auf unsere Lebensgeschichte.

Farbe und Biografie

Die hauptsächliche Kleiderfarbe der ersten Kinderjahre wird meist durch das Elternhaus geprägt. So berichtete Frau H.: »Als ich ein Kind war, hatte ich immer rote Kleider an, so wie es meine Mutter wollte. Sie schneiderte mir ständig neue rote Kleidungsstücke. Ich habe mich immer gefragt, warum ich Rot über Jahre nicht mehr sehen konnte. Heute habe ich eine Erklärung gefunden und bin froh, das Rot wieder für mich entdeckt zu haben. Ich finde mich in roten Lederjacken superschick.«

Frau Z. erzählt: »Als Kind habe ich gerne mit Babypuppen gespielt. Ich habe die Babys dann immer in rosa Kleider gehüllt. Ich selber musste immer die Kleidungsstücke meiner Geschwister auftragen, die waren alle grau oder grün. Ich habe darunter sehr gelitten, weil ich deshalb auch in der Schule gehänselt worden bin. Als ich mir dann später endlich von meinem selbst verdienten Geld meine Kleidung selbst kaufen konnte, war das Erste ein rosa Kostüm. Das trage ich heute noch bei besonderen Anlässen.«

Frau B.: »Ich habe als Kind schon gern gemalt. Ich wusste daher schon immer, dass ich Blau und Weiß mag. So habe ich sehr rebellisch sein können, wenn ich meine Lieblingsfarben nicht anziehen durfte. Ich habe dann stundenlang heulend vor einem grünen Dirndl gesessen und mich gesträubt. Meine Mutter musste mir eine Entschuldigung schreiben, weil ich zu spät in die Schule kam.«

Frau K. wurde durch ein Erlebnis in ihrer Pubertät beeinflusst. »Ich wurde damals Punk, zum Entsetzen meiner Eltern. Natürlich gab es nur eine Farbe, die wir alle tragen mussten: Schwarz. Allerdings kriegte ich Probleme mit meinem Chef. Ich machte eine Banklehre, und der wollte mich nicht in Schwarz. Ich habe die Banklehre abgebrochen und mir eine andere Lehrstelle gesucht. Heute arbeite ich als Tischlerin und trage immer noch gerne Schwarz.« Viele Jugendliche protestieren durch Farbe gegen Gesellschaft und Elternhaus. Sie suchen sich dann farbliche Vorbilder in Trends. Jugendliche sind heute eine wichtige Zielgruppe von Modemachern. Sie wechseln in immer schnellerem Rhythmus ihre Paletten.

Aber auch die erwachsene Frau wird durch Moden in ihrer Farbwahl beeinflusst. Frau Z. erinnert sich:»Als ich meinen Mann kennen lernte, wollte er mir ein Geschenk machen. Er kaufte mir im Ausland ein sehr teures Kleid in Grün. Ich zog das Kleid nie an. Irgendwann fragte er mich dann mal, warum er mich darin nie sehen würde. Ich log ihm vor, ich sei zu dick geworden und passe da nicht mehr rein. Tatsächlich zog ich es nicht an, weil Grün gerade völlig altmodisch war. Ich hatte immer Spaß daran gehabt, modisch auszusehen und meinen Freundinnen zu zeigen, was gerade Trend war. Ich finde es toll, durch die Mode immer neue Anregungen zu bekommen. Auch wenn ich dadurch sehr viel Geld ausgebe.«

Ganz anders geht es Frau U. Sie leidet darunter, dass die Bekleidungsindustrie ständig die Moden wechselt, und wusste irgendwann überhaupt nicht mehr, was sie anziehen sollte. So schilderte sie, wie sie erschlagen von Farben durch die Kaufhäuser lief und nichts Passendes für sich fand. Ich bot ihr zwei Lösungswege an, um ihr die zukünftige Auswahl zu erleichtern: über ihre Persönlichkeit herauszufinden, welche natürlichen Auftrittsmerkmale bei ihr vorliegen, um ihr dann eine oder mehrere passende Outfitfarben anzubieten, oder sich für eine individuelle Farbberatung zu entscheiden. Sie hat sich für den zweiten Weg entschieden.

Die Farbberatung, auch Vier-Jahreszeiten-Theorie genannt, stammt aus den USA und kam Ende der siebziger Jahre zu uns nach Europa. Sie besagt, dass jeder einer der vier Jahreszeiten angehört, Frühling, Sommer, Herbst oder Winter. Diese Begriffe stehen für Farbpaletten, die jede Grundfarbe wie Rot, Grün, Blau usw. enthalten, aber in ihrem Farbausdruck verschieden sind. Das heißt, Sie finden in der Frühlingspalette ein Korallenrot, in der Herbstpalette ein Tomatenrot, in der Sommerpalette ein Rubinrot und in der Winterpalette ein Scharlachrot. Die Rottöne des Frühlings und des Herbstes enthalten mehr Gelb, während die Rottöne des Sommers und des Winters mehr Blau enthalten.

Sie selbst bringen eine natürliche Pigmentierung mit. Das heißt, Sie haben eine ganz bestimmte Hautfarbe, eine ganz bestimmte Augenfarbe und eine ganz bestimmte Haarfarbe. Diese Farbwerte stimmt die Natur fein säuberlich aufeinander ab, und daraus ergibt sich für Sie ein höherer Gelb- oder Blauanteil. Je nachdem, wo Sie einzuordnen sind, lässt sich nun genau bestimmen, wie viel Prozent eines Farbtons für Ihr Erscheinungsbild am vorteilhaftesten sind. Mit einem Tomatenrot könnte Ihre Natürlichkeit womöglich schon übertönt sein. Man würde stärker auf das Kleidungsstück schauen und weniger in Ihr Gesicht.

> **Die Vier-Jahreszeiten-Theorie will Ihre Natürlichkeit und die nach Prozentsätzen festgelegten Farben in harmonische Übereinstimmung bringen, also eine optimale Wechselwirkung hervorrufen.**

Im Falle von Frau U. erwies sich die Winterpalette als passend. Das natürliche Erscheinungsbild (Haut, Augen und Haare) wurde dadurch harmonisch unterstrichen. Frau U. hat nun anhand einer Farbpalette die Möglichkeit, ihre Garderobe zu optimieren und durch gezielte Käufe aufzubauen. Für sie war das eine bessere Wahl, als sich jedes Mal neu auf die aktuellen Modefarben einzustellen. Eines sollten Sie aber unbedingt bedenken: Betrachten Sie die Farbberatung nicht als Dogma. Wer seine Farben kennt, hat mehr Handlungsspielraum, sich typgerecht zu gestalten, aber man sollte das Ganze nicht verkrampft sehen. Werfen Sie nicht Ihre komplette Garderobe weg, wenn sich herausstellt, dass Sie ein anderer Farbtyp sind als erwartet.

Erstens ist entscheidend, dass Sie die Farben, die Ihnen sehr gut stehen, möglichst nahe beim Gesicht tragen. Nur da können sie ein frisches, gesundes Aussehen erzeugen. Kleinigkeiten wie Schmuck, Ausschnittfarbe, ein Tuch oder Schminke reichen also schon aus. Somit ist eine Hose, die nicht in Ihrer Farbpalette vertreten ist, auch weiterhin tragbar. Wenn Sie sich komplett in den Tönen »Ihrer« Jahreszeit kleiden wollen – umso schöner, dann passt alles zusammen. Das ist aber nicht zwingend.

Zweitens ist das Wissen um Ihre optimalen Farben vor allem von Bedeutung für wichtige Auftritte, bei denen Sie beruflich oder privat eine besonders gute Figur machen wollen, also für besondere Anlässe. Ob Sie jeden Tag davon Gebrauch machen, ist Ihre Entscheidung.

> **Wer immer gut aussehen will, kann mit den Jahren den gesamten Kleiderschrank umstellen – zu Beginn reichen ein paar Accessoires.**

Eine Kundin, die schon einmal eine Farbberatung durchgeführt hatte, kam zur Überprüfung zu mir. Wir kamen zu demselben Ergebnis: ein Herbsttyp. Nun klagte sie, dass sie zwar mit ihren Farben experimentiere und auch sicher geworden sei im Hinblick auf das, was sie kleide, doch ihr Problem sei: »Ich wirke immer so lieb und brav! Ich bin aber durch meine Position als stellvertretende Geschäftsführerin manchmal gezwungen, dominanter und ernster auszusehen.« Tatsächlich wies die Kundin sehr liebliche Gesichtszüge auf. Daraufhin empfahl ich ihr, genau entgegengesetzt zu ihrem Farbtyp zu handeln. Obwohl ihr die Blautöne aus der Winterpalette nicht standen, sondern eher das Türkis des Herbstes, brauchte sie für diese speziellen Herrenrunden keine Weichheit, sondern Härte. So empfahl ich ihr Farben des Winters. Der individuelle Zweck heiligt die Mittel.

Ein Tipp am Rande: Wenn Sie mal einen freien Tag brauchen, dann tragen Sie doch einfach die falschen Farben bei der Arbeit. Sie werden Verständnis dafür finden, dass Sie heute zu krank zum Arbeiten sind.

Farbe und persönliche Einschätzung

Ein Blick in den Kleiderschrank verrät, was unsere Lieblingsfarben sind, zu denen wir am häufigsten greifen und in denen wir uns wohl fühlen. Eine Farbe bietet zudem auch immer die Möglichkeit, sich ein Image zuzulegen – ein feminines, ein kompetentes oder ein reifes. Im Folgenden werden verschiedene Frauen vorgestellt, die durch ihre Farbwahl unterschiedliche Wirkungen hinterlassen.

Jung

Frau K.: »Ich lege Wert darauf, dass ich helle, schmeichelnde Farben wähle. Ich bevorzuge Pastell und Sand. Ich wirke sowieso schon sehr alt, daher möchte ich mich durch meine Farben jünger gestalten.«

Auch Frau B. fühlt sich in hellen Tönen am wohlsten: »Ich werde manchmal jünger geschätzt, das führe ich auf meine hellen Stoffe zurück. Ich bin sonnengebräunt und kann mir daher Helles leisten.«

Frau I.: »Ich trage gern Rosa und Lila. Leider macht mich das immer so mädchenhaft, und ich werde dann schnell für naiv gehalten.«

Frau Z.: »Ich weiß nach einer Farbberatung, dass mir Rosa sehr gut steht. Das trifft sich gut, denn Rosa trage ich auch gern. Ich mag es, niedlich und verspielt auf andere zu wirken. Dadurch gibt es oft Vorteile. Gerade die Männer fahren darauf ab. Ich stelle mich einfach blöd, und die helfen mir dann.«

Gereift

Frau D. möchte gern älter erscheinen, als sie ist, und greift daher grundsätzlich auf dunkle Farben zurück. »Ich habe festgestellt, dass man mich in einem Dunkelgrün, Dunkelrot, Dunkelblau älter einschätzt als in einem Hellgrün, Hellrot, Hellblau.«

Frau O.: »Farbe hat für mich damit zu tun, Lebensalter auszudrücken. Ich verstehe nicht, wie man jedem Trend hinterherlaufen kann. Ich bin nun mal eine grauhaarige Dame, dann darf ich auch gesetzte dunkle Farben tragen.«

Feminin

Frau F.: »Ich will mich als Frau in Rot zeigen, das ist für mich das Temperament, das Feuer, die Leidenschaft. Ich trage nur rote Dessous, ich verstecke nicht meine Leidenschaft. Ich greife immer zu warmen Tönen, warmes gedämpftes Rot spricht mich an. Wenn ich diese warmen Farben trage, habe ich immer den Eindruck, dass mich Männer ganz besonders wahrnehmen.«

Frau T.: »Grün ist wie die Natur, eine Wohlfühlfarbe. Ich trage sehr gerne Grün. Meine Tochter sagt: ›Mami, wenn du den grünen Pullover anhast, dann bist du wie eine Spielwiese für mich, weich und wohlig.‹«

Frau L.: »Ich habe ein Zimmer in meiner Wohnung grün tapeziert, weil es für mich der Ort der Geborgenheit und Wärme ist. Eine Oase.«

Maskulin

Frau K.: »Ich sehe Männer kaum in Frauenfarben wie Rot, immer nur in Blau. Da ich mich eher als ein Mann sehe, habe ich deren Farben für mich übernommen.«

Frau Z.: »Ich sitze viel in Verhandlungen. Ich mag mich dunkel kleiden, weil mir das mehr Strenge und Autorität gibt. Ich greife gern zu Schwarz und Grau.«

Sportlich

Frau D.: »Wenn ich es mir so recht überlege, hängt die Farbwahl von meiner Laune ab. Wenn ich weiß, heute wird der Tag actionreich, dann brauche ich auch eine Farbe, die mich in Schwung bringt: Orange trage ich gern.«

Frau T. ist sehr sportlich und zeigt das auch. Sie hat ihren Kleidungsstil der Skimode angelehnt. »Die Farben sind immer sehr leuchtend, auffällig halt. Praktisch muss es vom Material sein, leicht gesteppt, abwischbar, reißfest und beschichtet, und leuchten soll es, wie Gelb oder Grün.«

Frau E.: »Ich bringe die Kinder in den Kindergarten, dann fahre ich zum Job, komme zwischendrin zurück, um noch die Kinder meiner

Schwester zu betreuen. Die Farbe muss praktisch sein. Manchmal kleckert mir ein Kind das Kleid voll. Ich trage gern Grau oder Braun, bloß kein Weiß.«

Vergeistigt

Frau J.: »Ich trage gern Blau. Bei uns in der Firma ist das Firmenphilosophie. Ich bin in der Versicherungsbranche tätig. Mein Chef trägt einen blauen Anzug, und im Vertrieb tragen alle Blau. Das wirkt kompetent und seriös. Laut Farbberatung kann ich nur gelbstichiges Blau tragen, in Richtung Türkis. Nun mag ich aber Rauchblau und Jeansblau. Das wähle ich manchmal für Anlässe, wo ich klug und kompetent erscheinen möchte, auch auf die Gefahr hin, dass ich härter und strenger im Gesicht erscheine. Das ist bei mir nicht wirklich von Nachteil, denn ich werde oft für zu lieb und mädchenhaft eingeschätzt.«

Eigenwillig

Die wohl außergewöhnlichsten Farbvarianten hat Frau P. in ihrem Kleiderschrank hängen: »Von knallig bis schockig findet man bei mir alles. Ich habe über die Jahre viel gesammelt und kunterbunt zusammengenäht. Das ist mein ganz persönlicher Stil. Ich bin Modedesignerin und möchte mich auch so verkaufen.«

Frau O.: »Ich trage gerne Rosa und Orange. Ich weiß, dass sich das beißt, und nach der Vier-Jahreszeiten-Theorie passen die Farben nicht zusammen, aber ich habe mich entschieden, nicht nach Moden oder Konventionen zu gehen. Schräger Farbmix ist mein Stil. In der Freizeit tobe ich mich richtig aus, aber selbst wenn ich im Büro sitze, trage ich ein superschickes neutrales graues Kostüm und darunter in Form von Bluse oder Body zwei Schockfarben, zum Beispiel halbseitig neongrün, halbseitig nachtblau, aber immer uni. Die Farben sollen wirken.«

Neutral/Klassisch

Frau M.: »Mir kommt es bei meiner Farbauswahl darauf an, dass ich nicht zu stark auffalle. Ich schaue, was andere für Farben tragen, dann passe ich mich dem an.«

Frau L.: »Ich habe alle Farben in meinem Kleiderschrank, je nachdem, was die anderen tragen, wähle ich mein Outfit. Mein Farbtyp, der Sommer nach der Vier-Jahreszeiten-Theorie, kommt mir da gerade recht. Dort sind alle Farben pudrig mit Grau überdeckt, kein greller Ton dabei.«

Stark

Frau J.: »Ich bin bekannt für meine auffällige Farbwahl. Ob in der Wohnungseinrichtung oder bei der Kleiderwahl, es muss poppig sein. Ich fühle mich zu warmen Farben wie Rot am meisten hingezogen. Wenn mich dann die Leute anschauen, gefällt mir das. Ich will ja auch auffallen.«

Frau C.: »Ich habe mir erst neulich wieder einen roten Hosenanzug gekauft. Wenn ich damit ins Büro komme, schaut mein Chef erst mal. In meinem Job kann ich mir das leisten, ich habe als PR-Managerin viele Auftritte und muss gesehen werden. Allerdings gibt es auch mal ein paar Tage im Jahr, da fühle ich mich nicht nach Rot und kann diese Farbe nicht ertragen. Dann habe ich die Kraft nicht für diese Farbe.«

Frau M.: »Ich kriege erst richtig Kraft durch diese Farbe. Die belebt mich und gibt mir Power. Da ich ein Wintertyp bin, kann ich zudem gut Rot tragen. Ich merke richtig, wie andere mir dann aus dem Weg gehen, das gefällt mir.«

Zurückhaltend

Frau B.: »Ich mag keine auffallenden Farben. Ich mag Farben mit Grauschleier. Ich picke mir aus der Mode immer die zurückhaltenden Farben heraus. Damit fühle ich mich am wohlsten. Ich möchte ja auch selbst nicht gesehen werden.«

Positiv

Frau N.: »Sommerliche Farben trage ich auch gerne an weniger schönen Tagen. Da bekomme ich selbst gute Laune, und das überträgt sich dann auf die Kolleginnen.«

Frau G.: »Mir gefallen die Grundfarben: Rot, Blau und Gelb. Ich habe eine Bluse mit einem Mondrian-Druck, die trage ich besonders gerne, die passt zu mir und wirkt so fröhlich.«

Negativ

Frau E.: »Ich finde das Leben ziemlich mies. Die Schule macht mir große Probleme. Ich möchte auch nicht mit anderen in Kontakt kommen. Ich trage gerne Schwarz, dann habe ich meine Ruhe.«

Frau A.: »Meine Mutter sagt immer, ich soll mich nicht so düster kleiden. Dann kauft sie mir grüne und rote Sachen oder so, und das soll ich dann tragen. Sie macht sich keine Gedanken darüber, wie ich dann bei den anderen dastehe. Wir tragen nun mal alle Schwarz, das ist in und anti.«

Frau L.: »Ich habe herausgefunden, dass ich in Schwarz am arrogantesten wirke, es macht mich hart und abweisend – für mein Geschäft oft nötig.«

Welche Kosmetik passt zu Ihnen?

Kosmetik und Job

Wie soll ich mich schminken?

Diese Frage stellen sich zahlreiche Frauen jeden Morgen, wenn sie vor dem Badezimmerspiegel stehen. Soll ich mehr die Augen betonen, die Wangen oder den Mund hervorheben – und wie?

In der Vergangenheit schrieb man dem Bemalen von Gesicht und Körper magische, geheimnisvolle Verbindungen zu Geistern und Göttern zu. Die Menschen bemalten sich, bevor sie zur Jagd oder auch zum Krieg gegen einen anderen Stamm aufbrachen; ebenso verzierten sie sich die Haut, um Glück, Liebe und Fruchtbarkeit auf sich zu ziehen. Manchmal schützte man mit den Farben auch empfindliche Körperteile vor den Elementen. So malten sich zum Beispiel die alten Ägypter die unteren Augenlider schwarz, um sie vor der sengenden Sonne zu schützen. Dieser Brauch hat sich bis heute in Nordafrika, Indien und Afghanistan behauptet.

Bis in unsere Zeit haben sich im Make-up noch immer Elemente dieser alten Magie erhalten. Warum benutzen zum Beispiel Millionen von Frauen Lippenstift? Das hat wohl mit Sex und Fruchtbarkeit zu tun: zwei symbolische Bedeutungen, die mit der Farbe Rot zusammenhängen. So malen sich einige Frauen der Stämme auf Neuguinea das ganze Gesicht rot, denn für sie ist Scharlachrot gleichbedeutend mit Fruchtbarkeit. Der Gebrauch eines roten Lippenstiftes erinnert unterschwellig an diese Botschaft.

Auch viele Frauen in unserer modernen Gesellschaft können sich nicht vorstellen, morgens ohne ihren roten Lippenstift aus dem Haus zu gehen. »Sonst fühle ich mich so nackt«, sagt Frau H. »Mir gibt die rote Farbe auf den Lippen einfach das Gefühl, attraktiv zu sein.« Auch Frau A. betrachtet die Färbung der Lippen als ein Plus an Weiblichkeit. »Wenn ich weiß, dass ich schön bin, dann bin ich auch erfolgreicher im Geschäft. Ich bewege mich dann selbstsicherer, und das merken die anderen auch.« Frau E. geht noch einen Schritt weiter: »Um meine volle Weiblichkeit auszuspielen, wähle ich je nach männlichem Kunden meine Lippenstiftfarbe. Ist das ein Männertyp der Machoart, dann kommt Dunkelrot von Yves Saint Laurent auf die Lippen, ist es mehr ein Softie, dann wähle ich rosafarbenen Lippenstift von Lancôme. Ich passe mich meinem Gegenüber an, aber verführen tue ich sie alle, nur so steckt man die Männer in die Tasche.«

Der Lippenstift hat eine lange Geschichte. Wurde das »rote Würstchen« noch im 19. Jahrhundert aus einem Sud von Abermillionen gekochten mexikanischen Schildläusen hergestellt und war weitgehend in das Milieu von Schauspielerinnen und Halbweltdamen verbannt, so ist er heute ein Chemieprodukt aus Ölen, Fetten und Wachsen und in den Handtaschen der meisten berufstätigen Frauen zu finden. Ob eine Frau durch rosafarbenen, roten, braunstichigen oder gar keinen Lippenstift erfolgreicher arbeitet, bleibt sicher eine individuelle Frage.

Grundsätzlich drücken wir Frauen durch unsere »Kriegsbemalung« auch etwas anderes aus: Gruppenzugehörigkeit. Punks und ähnliche Gruppierungen waren die Ersten, die entdeckten, was sich mittels Farbe und Einfallsreichtum mit dem Gesicht alles anstellen ließ. Bewusst verdeckten sie Schönes, verwendeten Asymmetrien, verfremdeten Natürliches und scheuten keine Provokation, um die von der Kosmetikindustrie so erfolgreich propagierte Ebenmäßigkeit und Harmonie aus den Fugen zu bringen. Mit schwarzen Zacken um die Augen, blauen Lippen, durchbohrten Wangen und Nasenflügeln näherten sie sich den so genannten primitiven Völkergruppen an, deren Gesichts- und Körperbemalungen ebenfalls nicht ein stereotypes Schönheitsideal kopieren, sondern uralten Rollenspielen und magischen Praktiken folgen.

»Habe ich mein Make-up gefunden, habe ich auch meinen Platz in der Gesellschaft gefunden«, sagte mir mal eine Kundin in einem meiner Seminare. »Denn eine Bemalung erklärt: ›Ich gehöre dazu.‹« Wie sehen die Menschen aus, mit denen ich zu tun habe? Die Antwort entscheidet, ob Sie sich eher den gesellschaftlichen Schönheits- und Schminknormen der Kosmetikindustrie anpassen oder eine Dekoration Ihrer eigenen Gruppe wählen. Das gilt oft auch im Berufsleben. Frau P.: »Ich betreibe ein Öko-Geschäft. Für mich kommt nur Kosmetik in Frage, die aus Naturprodukten hergestellt ist. Diese Einstellung teilen viele Frauen in meinem Bekanntenkreis mit mir.« Frau Ü.: »Ich bin Stewardess. Ich habe gar keine Möglichkeit, mich anders zu schminken. Wir haben eine Vorgabe, und daran müssen wir uns auch halten. Die Devise ist, dass man uns erkennt an unserem einheitlichen Äußeren.« Frau L.: »Ich gehöre nun mal zu einer bestimmten Schicht. Ich bin die Inhaberin eines Modehauses. Wir fahren mehrmals im Jahr nach Marbella und nach St. Moritz in den Skiurlaub. Da muss man schon die besten Produkte nehmen. Denn wissen Sie, man erkennt sich auf der Damentoilette an den Lippenstiftmarken.«

Sich pflegen und verschönern hat in unserer Gesellschaft einen hohen Wert. Der ständig steigende Absatz der Kosmetikindustrie beweist: Für die Schönheit geben Frauen in westlichen Industrieländern oft so viel aus wie für die Ernährung ihrer Familie. So stehen wir Stunden vor dem Spiegel, cremen, pudern, tupfen, greifen zu Anti-Aging-Therapien, kopieren die fantasievollen farbigen Inszenierungen der Models – in der Hoffnung, einem perfekten Bild zu entsprechen.

In einigen Firmen konnte ich beobachten, dass weniger das genaue Schminkverhalten für Frauen vorgegeben oder bewertet wird als vielmehr das Pflegen an sich. Ein Karriereberater sagte einmal: »Ein stimmiges Make-up an einer Frau zeigt mir, dass sie sich etwas wert ist und dass sie eine disziplinierte Person ist. Wer jeden Morgen bereit ist, eine halbe Stunde früher aufzustehen, um seinen Körper zu pflegen und sein Gesicht zu schminken, ist auch sonst ein pflichtbewusster Mensch.« Ähnlich betrachtet das eine Personalchefin: »Ich selbst trage jeden Tag ein dezentes Make-up. Das gibt mir das Gefühl, angezogen zu sein. Das Erste, worauf ich bei anderen Frauen achte, ist Kleidung und Make-up. Ist das gut gewählt, hat die Person gleich Sympathiepunkte bei mir. Allerdings unterscheide ich zwischen einem natürlichen Make-up, das den eigenen Typ unterstreicht, und einem überladenen oder kopierten Make-up, das die Person entstellt. Wer ein Händchen dafür beweist, ist auch sonst kreativ begabt, und solche Leute suchen wir bei uns.«

»Die Reklame ist die List, mit der der Traum sich der Industrie aufdrängt«, sagt der Kultursoziologe Walter Benjamin. Und die Werbung für Schönheit ist nirgendwo besser aufgehoben als bei der Filmindustrie. Kosmetika gehören zu den Luxus- und Prestigeprodukten. Ihr kundiger Gebrauch geht stets von den gesellschaftlichen Oberschichten aus, die dem Massenpublikum als Vorbild dienen. Als Werbeträger für Kosmetika benutzt man daher bekannte Schauspielerinnen, Models, Sportlerinnen oder sonstige Prominente, die nicht mehr zu tun haben, als den Artikel zu präsentieren und allenfalls noch eine Empfehlung zu äußern.

So bekommt man bei vielen jungen Frauen den Eindruck, dass sie zwar at-

traktiv und gut aussehend, aber gleichzeitig doch wohl ein bisschen einfalls-
los sind, das genormte Make-up, wie es uns die Werbung vormacht, unreflektiert zu verwenden. Sie übermalen den personentypischen höchst individuellen Unterschied und nehmen dem Gesicht damit die Aussage. Wen
wundert es dann, dass in einer allgemein auf männliche Priorität ausgerichte-
ten Gesellschaft jenen Frauen, die unbedingt wie eine Pamela Anderson oder
Britney Spears aussehen wollen, alles zugetraut wird – außer Kompetenz?

Damit der Persönlichkeitsausdruck Ihres Gesichts nicht verloren geht,
werfen wir einen Blick in den eigenen Kosmetikkoffer, auf dem Weg zur
typgerechten Maske. Da die Schminkkunst uns Frauen seit jeher begleitet,
betrachten wir zunächst die eigene Kosmetikbiografie.

Kosmetik und Biografie

Mädchen beginnen früh damit, sich herauszuputzen und sich zu schminken.
Sie stellen sich vor den Spiegel, probieren aus, zeigen einander, »wie es gemacht wird«. So erzählt Frau C.: »Ich kann mich noch gut daran erinnern,
dass ich regelmäßig am Samstag zu meiner Freundin rübergegangen bin und
wir den Kosmetikbeutel ihrer Mutter geplündert haben. Ihre Mutter arbeitete in der Gastronomie und verstand es, sich verführerisch zu gestalten. Sie
hatte alles in ihrem Beutel, was man brauchte, um ähnlich gut auszusehen
wie sie, denn das war unser Ziel. So schmierten wir uns in allen möglichen
Farben Lidschatten auf unsere Lider, malten uns die Wangen rot und griffen
zu leuchtenden Lippenstiften, wobei wir uns gleichzeitig darin übten, verführerisch, unwiderstehlich zu schauen. Das war jeden Samstag unser Ziel:
auszutesten, wie wir auf das andere Geschlecht wirkten, besonders auf die
Älteren. So stolzierten wir eine Einkaufsmeile ständig rauf und runter und
fühlten uns wie die neuen Stars am Hollywood-Himmel. Leider fanden uns
nicht alle Jungs so hinreißend, und manche riefen uns zu: ›Na, ihr Schreck-
schrauben!‹ Aber wir zehrten tagelang davon, wenn uns mal ein Objekt der
Begierde länger anschaute. Bis uns eines Tages mein Vater auf der Einkaufsmeile sah und seinen Augen nicht trauen wollte. Er begrüßte mich mit den
Worten: ›Du siehst ja aus wie eine Hure, wisch dir sofort das Zeug aus dem
Gesicht!‹ Seitdem habe ich keine Schminke mehr angerührt. Ich habe nie ein
Gefühl dafür entwickelt, wie viel für mein Gesicht schmeichelhaft wäre.«

Junge Mädchen sind in der Pubertätszeit besonders empfindlich in Bezug
auf Kritik an ihrem Körper, entwerten sich oft selber gnadenlos und beginnen bei jeder Bemerkung von außen gleich wieder an sich zu zweifeln, da sie

sich auf keine ihnen vertraute Identität stützen können. Frau P. erinnert sich ebenfalls, wie sie nach einem ihrer ersten Schminkversuche äußerst zufrieden und erwartungsvoll in die Stube trat. Ihre Mutter sah sie entgeistert an und sagte: »Bist du in meinen Tuschkasten gefallen?« Sie verschwand wortlos und wischte sich mit Zornestränen die Farbe wieder aus dem Gesicht. Diese Verletzung hat sie bis heute nicht verwunden. Zwar schminkt sie sich nun seit Jahren nach einem Muster, das sie aus einer Frauenzeitschrift abgeguckt hat. »Ob mir das steht, weiß ich nicht, aber auf Experimente bin ich auch nicht aus. Als ich vor vielen Jahren mal was Neues ausprobiert habe, haben meine Kolleginnen gleich darauf reagiert mit den Worten: ›Wie siehst du denn aus?‹ Das hat mir gereicht. Da musste ich sofort an meine Mutter denken. Ich bin wieder auf das unscheinbare, mir bekannte Schminkgesicht umgestiegen.«

Der Dialog mit der Mutter spielt oft eine große Rolle. So berichtete mir eine bildhübsche junge Frau über ihre Schwierigkeiten, sich in der Öffentlichkeit zu zeigen und sich fraulich zu schminken. Ihre Mutter war eine äußerst elegante Erscheinung, stets Mittelpunkt in der Gesellschaft, die die Bewunderung ihrer einzigen Tochter forderte. Umgekehrt entwertete sie die heranwachsende Tochter laufend: »Wie siehst du aus! Das steht dir doch nicht, und Schminke steht dir schon gar nicht.« Die Tochter lernte, dass sie ihre Mutter nicht überrunden durfte. So blieb sie im wörtlichen Sinne unscheinbar. Sich schön zu machen hat also, wie die beiden Beispiele zeigen, oft mit der Beziehung der Tochter zu ihrer Mutter zu tun: Ich darf nicht sein wie du. Ich muss sein, was du nicht sein konntest. Gleichzeitig geht es auch um die Beziehung zum Vater, dem die Tochter gefallen will, dessen Akzeptanz und Bewunderung sie sucht.

In der Familie gewinnt die Tochter ihre Identität in Bezug auf Schönheit und die damit verbundenen Schönheitsrituale und Rollen.

Schon als Kinder lernen wir: Schönheit ist für die anderen. Schönheit heißt, sich »für die Männer« schön zu machen, bei ihnen Erfolg zu haben. So schildert Frau A.: »Ich hatte Glück, meine ältere Schwester ist Kosmetikerin und wurde nach ihrer Ausbildung Avon-Beraterin. So wurde ich schon früh mit Schminke und Kosmetikartikeln vertraut. Manchmal lasen wir stundenlang in dem Buch *My Life for Beauty* der Hohepriesterin der Schönheitspflege, Helena Rubinstein. Grundierung, Puder, Wimperntusche und Lippenstift gehörten schnell zu meiner Standardausrüstung. Ich konnte mein zierliches Gesicht immer gut herausarbeiten und war auf Partys von den Jungen heiß umschwärmt, denn meine Schwester zeigte mir durch das professionelle Schminken, wie Frauen auszusehen haben, wenn sie einem Mann gefallen wollen. Heute habe ich einen Schminkstil gefunden, der weniger darauf ausgerichtet ist, den Männern zu gefallen als mir selbst.«

Mädchen und Frauen erzählen sich familiär und gesellschaftlich geprägte Geschichten darüber, was Männer als schön empfinden. Und sehr viele Männer tragen ebenfalls Stereotype über weibliche Schönheit in sich. Es gibt viele Frauen, die sich elegant, natürlich oder alternativ zurechtmachen, je nachdem, was für einen Freund sie haben. Frau I.: »Mein Mann mag es, wenn ich roten Lippenstift trage, also habe ich mir drei Stifte zugelegt, obwohl ich gar nicht auf Schminke stehe.« Frau A.: »Mein morgendliches Schönheitsprogramm: Zuerst massiere ich mir das Gesicht, dann trage ich eine Maske auf, dann mache ich mein Fitnessprogramm und schminke mich ausgiebig. Das mache ich nur, um für meinen Mann attraktiv zu bleiben.« Frau D.: »Mein Freund schwärmt mir immer von Frauen mit vollen sinnlichen Lippen vor. Ich habe schöne Augen, aber leider einen sehr schmalen Mund. Ich spiele mit dem Gedanken, mir meine Lippen ›aufbauen‹ zu lassen‹. Das würde ihn sicherlich freuen, wenn ich ihn damit überrasche.«

Die 36-jährige Frau N. kam in meine Beratung und wollte ihr Make-up überprüft haben. Sie wolle eigentlich gar kein Make-up für ihren Beruf, sondern nur für ihr Privatleben, erklärte sie mir. Denn die meiste Energie stecke sie in ihren Beruf als Hotelinhaberin. Sie habe das kleine Hotel des Vaters vor vier Jahren übernommen und führe es jetzt weitestgehend allein. Daher finde sie fürs Schminken keine Zeit. Ich fragte sie nach ihrem gewohnten Schminkverhalten und danach, wie es zu der Trennung von Berufs-Make-up und Privat-Make-up gekommen sei, und sie erzählte: »Da mich mein Beruf zu Gründlichkeit und höchster Disziplin zwingt, übertrage ich dies auch auf mein Äußeres. Ich verwende deshalb keinerlei Make-up, um meine Kunden und Mitarbeiter nicht als Frau von Äußerlichkeiten oder gar als Dummchen zu verunsichern. Ich will als hoch seriöse Hotelmanagerin akzeptiert werden. Für private Angelegenheiten mache ich mich dann umso intensiver zurecht, denn ich lebe als Single und möchte den Männern gefallen. So trage ich zum Beispiel auf Events oder Partys Make-up, Lidschatten und ähnliche Verschönerungen. Aber ich bin nicht sicher, ob das ausreicht, was ich auftrage.«

Ich bat sie, mir zu zeigen, was sie denn gewöhnlich mache, wenn sie ausging. Sie öffnete ihre Schminktasche und setzte diverse farbige Akzente in ihr Gesicht, und ich konnte schnell erkennen, dass sie kosmetisch ungeübt war und mehr Farben verwandte, als ihrem Aussehen gut tat. »Auffallen muss man, wenn man den Männern gefallen will, allein schon um sich von den anderen abzusetzen«, begründete sie ihr Vorgehen und übermalte ihre schönen Augen und Gesichtslinien. Frau N. gelang es bisher nicht, die Barriere einzureißen zwischen ihrem Berufsideal und dem aufgetakelten Vamp am Abend, in der Hoffnung, das Wohlgefallen der Männer zu erwecken. So fiel sie von einem Extrem ins andere.

In der weiteren Arbeit bot ich ihr zwei Vorgehensweisen an: entweder ihre mitgebrachten Schminksachen zu sortieren in brauchbar und nicht brauchbar und mit ihr gezielt Schminktechniken zu trainieren, die auf ihre Gesichtsform abgestimmt sind. Oder mit ihr mal einen Blick auf ihre natürlichen Auftrittsmerkmale zu werfen, um daraus einen für sie typgerechten Kosmetikstil zu entwerfen. Ich könne ihr demonstrieren, dass sie ja möglicherweise auch tagsüber, in ihrer Berufsmaske, keineswegs nur jene kühle, sachliche Verstandesperson sein müsse, als die sie sich selbst sah, sondern einen Make-up-Stil tragen könne, der das Private und das Berufliche miteinander verbinde. Zugleich böte sich dadurch die Möglichkeit, durch ein typgerechtes Make-up zu glänzen. Sie entschied sich für den zweiten Weg.

So wie es Frauen mit starker Anpassung an das Außen gibt, existiert auch das Gegenteil. Viele Frauen halten an ihrem Make-up-Stil fest, was immer der für sie wichtige Mann dazu auch sagt. »Ich gebe mich nicht auf. Ich mache das Theater nicht mit«, behaupten diese Frauen. So Frau A.: »Ich habe zu meinem Mann mal gesagt, wenn er die Schminkerei so gut findet, dann soll er sich doch selbst schminken.« Frau S. begründet ihren Trotz damit, dass sie mit den Jahren zu viele verschiedene Mode- und Schminkstile durchgemacht hat, um noch einem Schönheitsideal hinterherzulaufen. Sie erwartet, dass ihr Mann sie so akzeptiert, wie sie heute ist.

Kosmetik und persönliche Einschätzung

Jung

Frau W.: »Ich habe eine runde Gesichtsform und glatte Elfenbeinhaut. Ich möchte meine weiche, junge Ausstrahlung weiter unterstützen und arbeite deshalb nur mit pastelligen, rosigen Rougetönen auf meiner hellen Haut. Das zweite Merkmal sind meine großen Augen. Die unterstreiche ich ebenfalls noch durch Rundung und trage auf dem oberen Lid einen zarten Strich in Grau oder Braun auf. Eyeliner steht mir gut, nur ganz fein muss der Strich sein.«

Frau F.: »Ich mag meinen hellen, samtigen Teint. Ich unterstütze diese Wirkung durch Rouge auf dem Wangenknochen. Aber die runden Augen möchte ich nicht so unterstützend weich gestalten, sondern härter, erwachsener, und setze daher den Kajalstift ein. Ich verstärke die Augenbrauen durch einen Augenbrauenpuder. Wenn ich im Job etwas strenger erscheinen muss, greife ich zu einer dunkleren Lippenstiftfarbe.«

Frau D.: »Ich habe helle Haut und modelliere sie mit frischen Rosatönen zusätzlich weich. Dadurch bekomme ich ein richtiges Puppengesicht. Ich verwende die Rosenholztöne auch für den Mund. Ich greife hier auch zu Pastell oder einfach zu Gloss. Weniger ist mehr, ist hier die Devise.«

Frau Z.: »Mein Attraktivitätsschwerpunkt sind meine großen, eng stehenden Augen und meine ebenmäßige Haut. Einen niedlichen Silberblick erzeuge ich, indem ich im Augeninnenwinkel zur Braue hoch eine warme Lidschattenfarbe flächig auftrage. Das ergibt einen weichen Augenausdruck.«

Frau S.: »Ich mag es ganz natürlich und verwende nur hellen rosigen Lippenstift und Wimperntusche.«

Gereift

Frau T.: »Ich bin mit den Jahren reifer und klüger geworden, und das kann man mir ruhig ansehen. Ich stehe zu meiner Konturiertheit. Allerdings möchte ich mein Alter nicht noch durch Schminke verstärken. So berücksichtige ich zwei Dinge: immer eine helle Foundation. Ein feines Liquid-Make-up zum Beispiel. Ich verwende keine dunklen Make-ups, die verstärken die Falten nur. Und meine schmalen kleinen Augen liegen sehr tief. Daher verwende ich hellen Glanzlidschatten, der mildert die starken Strukturen. Etwas Mascara und die Augenbrauen nachziehen – das ist alles.«

Frau S.: »Mein dreieckiges, hageres Gesicht wirkt durch stark ausgeprägte Formen etwas hart. Ich kehre das durch helle Pastellfarben und eine flächige Verarbeitung ins Gegenteil. Da ich Schlupflider habe, male ich mit glänzenden hellen Pastelltönen die gesamte Lidfläche bis zu den Augenbrauen aus. Das vergrößert das Auge optisch. Eine gedeckte Lippenstiftfarbe wähle ich fürs Büro.«

Frau I.: »Ich habe einen beherrschten Ausdruck. Ich wähle elfenbeinfarbene Creme-Aufheller im Zentrum des Gesichts, so verringere ich die Konturen und erzeuge einen weichen Ausdruck.«

Feminin

Frau Q.:   »Meine Gesichtsattraktivität macht der weiche runde volle Mund aus. Ich habe zwar auch große Augen, aber ich entscheide mich. Ich möchte meist nur eines betonen, sonst wirkt das zu mächtig. Ich male meinen herzförmigen Mund mit Konturenstiften aus, die gesamte Fläche. Das wirkt natürlicher, hält länger und sieht noch verführerischer aus. Je nach Berufssituation variiere ich zwischen helleren oder dunkleren Rottönen. Ich lege etwas Rouge auf und lasse den Rest natürlich.«

Frau I.:   »Bei mir ist alles rund. Da sowohl Augen als auch Mund stark ausgeprägt sind, mache ich nur eines zum Zentrum. Meine Augen sollen strahlen. Ich verfüge schon über lange Wimpern, klebe mir aber zusätzlich noch welche an. Damit die Wimpern nicht künstlich aussehen, schneide ich sie auf eine natürliche Länge zu und kann damit jeden Tag ins Büro. Die Augen sind wesentlicher Bestandteil meiner Ausstrahlung. Allerdings gehört dazu immer auch eine Umrahmung, und dafür sorgen die Augenbrauen, die ich in Form bringe. Dezente Rosigkeit auf den Lippen rundet das Bild ab, kaum auffällig.«

Frau Z.:   »Ich male meine Sinnlichkeit voll aus. Ich wähle ein honigfarbenes Make-up, dazu flächiges orangefarbenes Rouge, passend im Farbton der Mund, und um meine dunklen Augen zu betonen, verwende ich einen warmen rostbraun-pastelligen Lidschatten. Allerdings: Kein Lidschatten wirkt, wenn die Augenbrauen nicht mit einbezogen werden in das Bild. Es entsteht ein warmer, rassiger Eindruck.«

Maskulin

Frau E.:   »Ich habe eher kleine, schmale Augen und einen schmalen Mund. Da meine Augen im Verhältnis zum Mund größer wirken, entscheide ich mich, diese herauszuarbeiten. Wenn ich meinen Ausdruck strenger gestalten will, dann wähle ich einen dunklen Kajalstift. Grundsätzlich ergeben Striche eine gewisse Härte. Möchte ich weicher wirken, dann wähle ich für das Unterlid weißen oder sehr hellen Kajal und arbeite mit einem weichen Pinsel dicht darunter mit braunem Puder, der breit verwischt wird. Das lässt das Auge größer und weicher erscheinen.«

Frau Z.: »Ich habe kleine Augen. Ich belebe sie durch hellen, luftig wirkenden Lidschatten. Der Lidschatten wird auf dem ganzen sichtbaren Lid platziert. Das nimmt dem Gesicht die Strenge und fördert Frische. Dazu wähle ich keine dunklen Lippenstifte, weil die meinen kleinen Mund noch härter wirken lassen würden, sondern helle in Lachs oder Pfirsich.«

Frau R.: »Ich habe einen schmalen Mund, der mich männlicher erscheinen lässt, und harte Gesichtskonturen. Ich schwäche die Gesichtslinien durch einen gut pigmentierten Farbton für die Wangen ab und platziere denselben Farbton auf die Kantigkeiten in Schläfe und Kiefer. Die Lippenfarbe wähle ich um einige Stufen heller.«

Sportlich

Frau N.: »Viel Make-up benutze ich nicht, das passt nicht zu meinem Typ. Aber ein bisschen wasserfeste Mascara verwende ich täglich. Die übersteht auch mein Schwimmtraining.«

Frau L.: »Ich wähle helle, frische Lippenstiftfarben wie Orange oder Hellrot. Mein Teint ist gut durchblutet und immer leicht gebräunt, da brauche ich keine Grundierung. Die Augen betone ich nur leicht durch etwas hellbraunen Kajal.«

Vergeistigt

Frau G.: »Mein Erkennungszeichen ist, dass der Schwerpunkt bei mir im oberen Kopfbereich liegt. Ich habe eine hohe Stirn und wache, neugierige Augen. Ich möchte diese Wachheit noch verstärken, indem ich meine Augen schminke. Wenn ich hier mit einem harten Strich die untere Augenlinie betone, dann wirke ich strenger, möchte ich die Weichheit herausarbeiten, dann schattiere ich mit warmem Eyeshadow.«

Frau Z.: »Ich verfüge über eine hohe Stirn und gerade Augenbrauen. Die lassen mich sachlich, gradlinig erscheinen. Ich möchte diese Sachlichkeit abschwächen und meine Weichheit herausarbeiten und gebe dem Mund einen Farbklecks.«

Frau J.: »Ich habe gerade, buschige Augenbrauen. Ich betone die Stirnzone noch durch die Verwendung kühler Lidschattenfarben.«

Eigenwillig

Frau D.: »Ich habe mich entschieden, die neuen Eyeshadows von Chanel auszuprobieren, die bei jeder Bewegung das Licht reflektieren in goldglänzendem Rot und Violetttönen. Manchmal betupfe ich meine grün oder braun gemalten Lider mit Goldpuder. Erinnert an eine Eidechse. Passend dazu der Nagellack.«

Frau C.: »Ich habe kleine Augen, aber sehr ausgeprägte, spitz zulaufende Augenbrauen. Die betone ich noch durch einen schwarzen Augenbrauenstift, das sieht dann aus wie zwei Hütchen. Das lässt meine Augen größer erscheinen. Zudem habe ich eine sehr eigenwillig gekrümmte schmale Nase. Da spiegelt sich dann das Kantige wider. Ich trage auch gern mal violetten Lippenstift. Aber nur zu speziellen Anlässen, auf einer Vernissage oder so.«

Frau Ü.: »Ich habe so einen Schlafzimmerblick und habe mich entschieden, die Augen noch größer erscheinen zu lassen, indem ich die Augenbrauen wegrasiert habe und wie Marlene Dietrich hohe Bögen hingezeichnet habe.«

Neutral/Klassisch

Frau V.: »Ich passe mich im Make-up den anderen an. Ich gucke, wie die das machen, und das wende ich dann bei mir an.«

Frau L.: »Ich schminke mich wenig, nur mal ein bisschen Lippenstift, je nach Laune.«

Frau C.: »Da ich ein klassisches Gesicht habe, alles ausgeglichen ist, habe ich mich für drei Dinge entschieden: Rouge für Frische im Gesicht, Wimpern und Augenbrauen etwas nachformen und eine zurückhaltende Lippenfarbe.«

Stark

Frau O.: »Mein Gesicht zeigt Entschlossenheit im Kieferbereich. Wenn ich meine Kraft und den Willen noch unterstreichen will, dann greife ich zu einer intensiven Lippenstiftfarbe. Ich wähle ein Kirsch oder Bordeaux oder Rotbraun. Ich verstärke die Wirkung noch, wenn ich die Oberlippe etwas stärker betone als die Unterlippe. Optisch lässt das den Kiefer fester erscheinen. Ich kann meine Kraft auch dadurch verstärken, dass ich Rouge nicht auf die Wangenknochen, sondern unter den Wangenknochen auftrage. Damit weist das Rouge auf den Kiefer. Das ist ein Dominanzverstärker.«

Frau P.: »Ich wirke insgesamt schon dominant genug. Ich betone den Kiefer- und Mundbereich nicht weiter, sondern weiche auf die Augenpartie aus. Da starke Persönlichkeiten in der Regel auch starke Nasen haben – man sagt ja: Große Nasen wollen nach vorn –, schwäche ich meine Nase durch helle und dunkle Abdeckcreme etwas ab: Nasenflügel dunkler, Nasenrücken heller.«

Zurückhaltend

Frau J.: »Mein Gesicht wirkt eher starr und unbelebt. Ich habe wenig Kontur und wenig Mienenspiel, da ich mich nicht traue. Ich schminke mich am liebsten gar nicht, weil ich dann sichtbar werde. Ich möchte lieber im Hintergrund bleiben. Ich könnte mir allenfalls einen Hauch Farbe auf meinen Wangen vorstellen. Etwas Frische tut mir gut.«

Frau K.: »Ich trage am liebsten gar kein Make-up. Aber ich möchte manchmal gesehen werden, und gar keine Farbe im Gesicht verstärkt den Eindruck der Unauffälligkeit.«

Frau G.: »Ich möchte meinen scheuen Blick nicht noch verstärken. Daher verwende ich kein Augen-Make-up. Ich könnte mir Rouge und einen Hauch davon auf meinen Lippen vorstellen.«

Positiv

Frau A.: »Meine Attraktivität drückt sich über zwei Gesichtsmerkmale aus: die Weichheit im Kieferbereich um die Mundpartie, das kommt vom vielen Lachen. Und die fröhlich-neugierigen Augen. Ich wähle daher ein Make-up, das dies noch unterstreicht. Lippenstift ohne Glanz (Konturenstift), mit dem ich die Unterlippe stärker betone als die Oberlippe. Dabei verstärke ich die Aufwärtsbewegung im Außenwinkel des Mundes etwas. Ich male nicht über, aber wenn ich den Mund beim Schminken öffne, dann ziehe ich die Farbe bis in den obersten Winkel. Mit diesem Trick arbeitet man gegen hängende Mundwinkel an. Ich male die Lidfläche bis zu den Augenbrauen flächig mit warmem hellem Lidschatten aus.«

Frau U.: »Ich konturiere meine weichen Lippen mit ihrem positiven Bogen durch helle leuchtende Lippenstiftfarben. Ich greife zu sehr fröhlichen Farben wie Himbeer oder Pink. Ich verwende am liebsten Winterfarben, weil die zu mir und meiner Kleidung am besten passen. Bei meinen Augen verwende ich nur einen Lidstrich mit Aufwärtsbewegung am Außenwinkel, das wirkt positiv. Manchmal verstärke ich den Effekt, indem ich einen farbigen Punkt am Außenwinkel setze und den mit einem weichen Pinsel auflöse. Nur einen Hauch, sonst wirkt das Auge schnell dramatisch.«

Frau P.:   »Ich kämme mir meine Augenbrauen nach oben, das unterstreicht meine Aufgestelltheit. Und ich zupfe die Härchen so, dass eine große Lidpartie entsteht. Je größer die Lidpartie, umso freundlicher.«

Negativ

Frau Z.:   »Ich male mir meine Augen sehr stark mit Kajal schwarz. Ich umkreise sie regelrecht. Ich übertreibe darin, das gibt einen geheimnisvollen, düsteren Ausdruck. Manchmal nehme ich auch blauen Lippenstift dazu. Allerdings sind mir da im Job Grenzen gesetzt.«

Frau B.:   »Meinen schmalen sichelförmigen Mund mit der Abwärtsbewegung unterstreiche ich nicht. Ich habe herausgefunden, dass dunkle Farben wie Braun oder Violett ihn noch härter erscheinen lassen. Ich lege umso mehr Wert auf das Augen-Make-up. Die großen leuchtenden blauen Augen betone ich mit Mascara und Lidschatten und hebe die Augenbrauen hervor.«

Frau T.:   »Eyeliner, der im Außenwinkel nach unten gezogen wird, wirkt traurig.«

Welche Brille steht Ihnen?

Brille und Job

Wie kann ich gut sehen und dabei noch gut aussehen?

Diese Frage stellen sich Brillenträgerinnen immer wieder, besonders wenn es mal wieder an der Zeit ist, sich eine neue Brille zuzulegen. Heute scheint es so selbstverständlich wie das Sehen selbst, dass zahlreiche Sehfehler durch unterschiedlich geschliffene Brillengläser oder Kontaktlinsen korrigiert und behoben werden können und dabei noch die Brille als ausdrucksstarkes Accessoire dient. Vorbei sind die Zeiten, in denen die Diagnose »Fehlsichtigkeit« das Schicksal als »hässliche Brillenschlange« besiegelte. Ganz im Gegenteil: Neueren Umfragen zufolge hat die Brille stark an Akzeptanz gewonnen – nicht nur bei den Brillenträgern selbst.

Sogar im Job werden Brillenträgern häufig Nicht-Brillenträgern gegenüber bevorzugt. Ein nicht bebrillter Personalchef:»Brillenträger sind intelligenter, eifriger, genauer. Das trifft vielleicht nicht immer zu, aber ich habe das verstärkt beobachten können.« Auch ein Firmenchef, der selbst leidenschaftlicher Brillenträger ist, hat festgestellt,»dass Brillenträger sehr zuverlässige Leute sind«. In der Werbung wird es uns gezeigt: Die Geschäftsfrau überzeugt in einer unprätentiösen, schlichten Metallbrille von Gucci, Versace oder Armani. Wie lässt sich diese veränderte Einstellung erklären?

Wirft man einen Blick auf die Geschichte der Brille, so findet sich dort eine mögliche Antwort. Im 11. Jahrhundert beginnt die Geschichte der Brille mit der Beschreibung eines so genannten Lesesteins. Der Lesestein war ein halbkugelförmig geschliffener, lichtdurchlässiger Stein, den man wegen seiner vergrößernden Wirkung direkt auf das Schriftstück legte. Diesem Beryll, einem Halbedelstein, verdankt die Brille auch ihren Namen. Im 13. Jahrhundert verbesserten Mönche diese einfache Lesehilfe entscheidend. Sie umgaben primitive Linsen mit Fassungen aus Leder, Holz, Horn oder Metall und vernieteten je zwei von ihnen zu einer Art Gestell, das sie sich so auf den Nasenrücken setzen konnten. Von Venedig aus, wo zuerst so etwas wie ein Brillenmacherhandwerk entstand, traten die Augengläser dann relativ rasch ihren Siegeszug um die Welt an. Die Entwicklung der Brille in der heute üblichen Form ließ allerdings noch auf sich warten. Erst im 18. Jahrhundert brachten englische Optiker Brillen mit Ohrenbügeln auf den Markt.

Schon sehr früh begann man, dem Träger einer Brille gewisse typische Eigenschaften zuzuschreiben. So erscheint die Brille in Darstellungen des Mittelalters oft als Symbol des Lichts, des Wissens, des Hellsehens, des Alters, aber auch der Betrügerei. Für diese zum Teil widersprüchlichen Aussagen gibt es plausible Erklärungen. Es waren eben nur die Gebildeten, die Gelehrten, die lesen und somit auch eine Lesehilfe gebrauchen konnten. Aber auch die fahrenden Quacksalber konnten der Versuchung, die Brille als Beleg ihrer Seriosität in ihre Vorführungen einzubauen, nicht widerstehen. Kein Wunder, dass das Tragen einer Brille bald mit einer betrügerischen Absicht assoziiert wurde. Noch heute interpretiert man den Traum von einer Brille als Hinweis auf eine Täuschung. Der Teufel durfte da nicht fehlen: Bei den französischen»Diableries«, mittelalterlichen Volksfesten, gehörte die Brille zum Kostüm der Bockshufigen.

Auch wenn die Brille heute nicht mehr an bestimmte Berufsgruppen gebunden ist, so bleiben viele Stereotypen erhalten. Frau A.: »Wenn ich mir unseren Chef so anschaue, dann macht der was her, mit seiner Frisur, seiner eleganten Brille. Der wirkt kompetent, gebildet.« Frau N. erzählt eine Begebenheit der unfairen Art, die schon an Mobbing grenzt: »Ich arbeite jetzt fünf Jahre in der Werbeagentur. Wir bekamen eines Tages eine Auszubildende, die sehr spießig aussah. Das Auffälligste an ihr war ihre Brille. Das war so ein ›Altmodell‹ von Fielmann. Sofort hatte jeder den Eindruck, die gehört hier nicht rein. So eine richtige Brillenschlange. Der können wir die blöden Aufgaben überlassen. So ließen wir sie ständig die langweiligen Sachen machen, wie sie halt auch aussah. Das war sicherlich nicht fair. Sie ist nicht lange bei uns geblieben.«

Wir bedienen uns der Brille aber auch als Zeichen der Jobgruppenzugehörigkeit.

Brillengestelle sind modische Ausdrucksmittel, Schmuckstücke, die anzeigen, mit wem wir uns umgeben. Frau E. arbeitet in einer Versicherung: »Ich mag mir kein so auffälliges, lautes Brillengestell zulegen. Bei uns geht es um Sachlichkeit.« Frau Ü.: »Mein Freund und ich sind frei schaffende Maler, wir haben uns beide für das gleiche herzförmige Brillengestell entschieden.« Frau P. ist Unternehmensberaterin: »Ich wechsle meine Brillen je nach Berufs- oder Privatsituation, manchmal sogar noch öfter, wenn es die Situation verlangt.«

Den Mythos von Marken kennt ein jeder in seinem Alltag. Sobald ein bestimmter Name auf der Brille steht, schießt der Preis ins Unermessliche. Fachleute nennen diesen Effekt die »Print-Veredelung«; denn allein der aufgedruckte, eingewebte, gestanzte oder angeklebte Name verteuert das Produkt. Materialwert, Haltbarkeit und Verarbeitung einer Marken- und einer »No-name«-Brille unterscheiden sich in der Regel kaum. Doch die bekannte Marke suggeriert Luxus und verlangt Aufschläge, die bei Brillen mehrere hundert Euro ausmachen können. Trendbewusste, die aussehen wollen wie die Schönen, Reichen und Prominenten, schrecken davor nicht zurück.

Brille und Biografie

Mancher musste schon als Kind eine Brille tragen. Daraus erwachsen höchst unterschiedliche Erfahrungen. Frau Z.: »Ich werde nie vergessen, als ich meine erste Brille bekam. In der Schule entdeckte man, dass ich die Buchstaben von der Tafel nicht mehr richtig entziffern konnte. Meine Mutter ging mit mir zum Augenarzt, und der bestätigte den Verdacht. Eine Brille zu bekommen, war für mich eine Strafe. Ich bekam ein unattraktives Monstrum verpasst. Aus finanziellen Gründen kam nur das Günstigste in Frage. Das hat mich viele Jahre sehr unglücklich gemacht. Ich fühlte mich nie richtig schön. Als ich dann erwachsen wurde, habe ich mir als Erstes von meinem selbst verdienten Geld ein schickes Modell gekauft. Heute trage ich nur Modelle, die farblich auf die Accessoires abgestimmt sind.«

Frau R.: »Ich habe wenig darunter gelitten, dass ich als Kind eine Brille bekam. Es war vielmehr ein Drama für meine Eltern. Ich wuchs in einem sehr behüteten Elternhaus auf und war das Ein und Alles meiner Eltern. Als sie erfahren mussten, dass ich, das über alles geliebte Kind, nun nicht mehr perfekt war, machte sie das todunglücklich. Meine Mutter hat die Hände über dem Kopf zusammengeschlagen und gerufen: ›Von wem hat sie das nur? Wir haben doch alle keine Brille und sind gesund!‹ Ich hatte den Eindruck, sie war sehr in ihrer Eitelkeit gekränkt, dass ihre Tochter nun einen Makel hat. In der Schule hatte das keine Auswirkungen, und auch in meinem Freundeskreis hat man mich die Veränderung nicht spüren lassen. Vielleicht ist das ein Grund, warum ich heute sehr unangepasste, eigenwillige Brillenmodelle mag, die nicht in die heile Welt meiner Eltern passen. Ich weiß auch nicht, ob mir das steht, aber ich hatte immer ein Bedürfnis, bunte, schrille Brillen zu wählen.«

Ganz anders erging es da Frau Ü.: »Ich wurde schon in der Schule wegen meiner Brille gehänselt. Mein Nasenfahrrad war immer Thema in der Schulklasse: ›Guck mal, wie die aussieht‹, hieß es. Hinzu kam, dass ich schon als Kind sehr dick und somit nicht besonders beliebt war bei meinen Schulkameraden. Das für mich unangenehmste Ereignis passierte im Sportunterricht. Ich konnte nicht schnell laufen, und so liefen mich die anderen Kinder oft um. Einmal fiel ich zu Boden, und meine Brille zersprang. Das Gemeinste war, als die Kinder dann riefen: ›Da liegt sie nun, die dicke, blinde Kuh!‹ Ich habe mich heute für Kontaktlinsen entschieden und möchte nie wieder Brille tragen.«

Unsere Kindheitsgeschichten prägen unser heutiges Brillenverhalten. Zwar sagen viele Optiker, dass Kinder grundsätzlich positiv auf eine Brille reagieren, weil sie dem Erwachsensein und ihren Vorbildern damit einen Schritt näher kommen. Ob Kinder ihre Brille mit Scham oder Stolz tragen, hängt wohl erheblich davon ab, wie die Umwelt auf das bebrillte Kind reagiert.

Frau O. erzählt: »Als ich meine Brille bekam, war ich sehr unglücklich, weil ich immer so hübsch gewesen war. Mit der Brille änderte sich das erheblich. Ich habe oft geweint, wenn ich in den Spiegel schaute. Aber meine Mutter hat mich immer unterstützt und mir gesagt, dass ich trotzdem hübsch sei. Ich glaube, ohne ihre Geduld und ihren Zuspruch hätte ich heute nicht so ein Selbstbewusstsein im Auftreten. Mein Freund hat mal eine Anspielung gemacht, ob ich mir nicht einfach Kontaktlinsen machen lassen wolle, dann kämen meine schönen Augen besser zum Ausdruck. Dass ich das damals nicht als persönlichen Angriff gesehen habe, verdanke ich der Unterstützung meiner Mutter.«

Frau T. erinnert sich: »Ich bin in einem sehr modernen, aufgeklärten Haushalt aufgewachsen. Meine Eltern waren immer sehr flippig und allem Neuen aufgeschlossen. Als ich als Einzige in der Familie eine Brille haben sollte, da sind sie aus psychologischen Gründen gleich mit zum Augenarzt gegangen und haben sich Brillen aus Fensterglas verpassen lassen. Wir liefen dann alle immer mit so knalligen gleichen Gestellen herum. Ich trage heute in meinem Job als PR-Frau gern edle Titangestelle.«

Frau H.: »Als meine Augen sich etwas verschlechtert hatten, entschieden sich meine Eltern nicht für eine neue Brille, sondern dafür, in die alte Kinderfassung einfach neue Gläser einsetzen zu lassen. Während mir die Brille zu eng wurde auf der Nase, sah ich, wie meine Klassenkameradinnen mit immer schickeren Modellen herumliefen. Meine Freundin hatte eine Brille, da konnte man das Gestell farblich variieren. Heute rot, morgen blau. Andere hatten Motive wie Micky Maus, Snoopy und Garfield drauf. Das fand ich toll und war sehr neidisch. Heute kann ich mich nicht mehr mit einer Brille anfreunden. Ich habe mir die Augen operieren lassen und bereue den Schritt nicht.«

Frau P. bekam erst spät in der Pubertät eine Brille. »Ich fand mich total erwachsen mit meiner Brille. Es war ein modisches Gestell. Ich schob mir das dann auch immer mal ganz keck auf die Stirn, wenn ich flirtete. Es kommt vor, dass ich auch heute noch an meinem Brillenbügel knabbere oder mit der Brille spiele, wenn ich mit jemandem flirte. Die Brille ist für mich ein wichtiges Kommunikationsinstrument.«

Dass mit Brillengestellen auch erotische Erfahrungen gesammelt werden können, davon weiß Frau J. zu berichten: »Als ich meinen ersten Freund kennen lernte, hat er immer gesagt: ›Eine Frau ohne Brille hat für mich keinen Reiz.‹ Er begrüßte mich immer mit den Worten: ›Schau mir in die Augen, Kleines.‹ Wenn wir miteinander schliefen, wollte er, dass ich dabei die Brille aufhatte. Ich fand das toll. Die Brille ist für mich ein Sexsymbol.«

Frau P. kam in meine Beratung und wollte wissen, ob sie sich für eine Brille oder für Kontaktlinsen entscheiden sollte. Ich riet ihr, ein elegantes Brillengestell zu wählen, da sie ein »Brillengesicht« mit einer ovalen Form und sehr ausdrucksstarken Zügen hat. Ihr Wunsch war es, älter zu erscheinen. Da ihr natürliches Auftreten dem Thema »alt« entsprach, verstärkten wir die Linie.

Allerdings gab es dabei ein paar Regeln zu beachten, welche die Gesichtsform vorgab. Ovale Gesichter sind Brillengesichter. Ihnen stehen sehr viele Modelle. Am interessantesten wirken kantige Linien. Sie erzeugen Spannung. Runde Gesichter sollten keine runden Brillen tragen, sondern leicht kantige oder dreieckige Modelle. Wichtig ist, dass der Nasensteg nicht zu breit ist, sonst wirkt das Gesicht ebenfalls breiter. Kantige Gesichter sollten auf ausgleichende runde oder ovale Gestelle zurückgreifen. Es sei denn, sie wollen ganz bewusst die jeweilige Wirkung in die eine oder andere Richtung verstärken.

Brille und persönliche Einschätzung

Jung

Frau K.: »Ich trage Brillengestelle, die mich jünger machen: helle Gestellfarben und filigrane Fassungen.«

Frau N.: »Ich trage gern verspielte Brillen mit kleinen Verzierungen und Schmuckelementen. Romantische Motive gefallen mir besonders gut.«

Frau R.: »Am liebsten habe ich pastell- und speziell rosafarbene Gestelle.«

Frau J.: »Ich trage keine Brille mehr. Ich möchte meine Natürlichkeit hervorheben und bin auf Kontaktlinsen umgestiegen.«

Gereift

Frau F.: »Ich wähle Brillengestelle, die mir einen seriösen Touch verleihen. Ich mag daher am liebsten die Lesebrille.«

Frau G.: »Ich habe nur dunkle Gestelle. Ich möchte älter erscheinen, und dunkel wirkt reifer. Allerdings heißt das nicht generell Schwarz.«

Frau Z.: »Ich lege Wert auf Status. Ich besitze einige alte wertvolle Brillengestelle, die ich abwechselnd trage. Auch wenn sie altmodisch wirken, die haben Geschichte für mich.«

Feminin

Frau B.: »Ich mag Kunststoffbrillen, wie sie die Stars der fünfziger Jahre getragen haben. Am liebsten trage ich Schmetterlingsformen oder Goldrahmen, die weiche Linie unterstreicht die Weichheit meines Gesichts.«

Frau Z.: »Ich trage nur ovale oder rundliche Formen, die wirken so weiblich.«

Frau V.: »Ich möchte meine schönen Augen nicht verdecken. Deshalb trage ich Kontaktlinsen.«

Maskulin

Frau J.: »Ich wähle Brillengestelle, die kantig und streng sind. Weil ich schon so ein weiches feminines Gesicht habe, achte ich auf diesen Kontrast.«

Frau V.: »Eckige, strenge, längliche Modelle, ob grau oder schwarz, unterstreichen meine harten Gesichtslinien noch. Das mag ich. Eine Hornbrille verleiht mir Kontur.«

Frau C.: »Ich trage ausschließlich schmale, dreieckige Brillenfassungen.«

Sportlich

Frau E.: »Ich mag Fahrradbrillen. Manchmal trage ich auch ohne besonderen Anlass eine Sonnenbrille.«

Frau U.: »Ich habe mir im Stil meiner Mountainbike-Brille ein normales Gestell anfertigen lassen, das sieht rassig aus.«

Frau G.: »Meine Brille hat die Form einer Skibrille, und früher habe ich Pilotenbrillen getragen.«

Frau W.: »Ich wähle die sportliche Linie von Joop oder Ray Ban, das sind minimalistische Modelle ohne jeden Schnörkel.«

Frau H.: »Brillengestelle mit aerodynamischen Linienführungen sprechen mich an. Zum Beispiel die Brillen, welche die Fahrradkuriere immer tragen. Wenn der Anlass mal offizieller ist, bleibe ich auf dieser Linie, nur eine Nummer dezenter.«

Vergeistigt

Frau V.: »Alle querbetonten Modelle legen den Schwerpunkt auf die Stirn. Das gefällt mir, damit fühle ich mich wohl.«

Frau K.: »Ich trage eine Brille, die einen farbigen Horizontalstreifen über den Augen hat.«

Frau Ä.: »Kantige, rechteckige, dreieckige Modelle, aber auch die Nickelbrille wirken intellektuell, klar strukturiert. Die Nickelbrille macht durch ihre runde Form jünger und erinnert mich immer an die Uni.«

Frau P.: »Durch die Lesebrille ist es, als ob ich vier Augen hätte: zwei für den Text und zwei offene für den Zuhörer. Das schafft Vertrauen. Einmal scheint sich der Vortragende gewissenhaft und intensiv mit dem Text zu beschäftigen, zugleich schenkt er aber auch dem geneigten Hörer die Aufmerksamkeit seiner Augen.«

Eigenwillig

Frau G.: »Ich möchte schocken. Ich greife schon mal zu überdimensionalen Brillengestellen oder gewagten Geometrien.«

Frau F.: »Ich wähle Brillengestelle, die einfach aufsehenerregend sind. Es gibt da so extreme Modelle mit halbmondförmigen Gläsern, die sich fast um den ganzen Kopf ihres Trägers schlingen. Ich glaube, so was kaufe ich mir demnächst.«

Frau D.: »Neongrün oder Signalrot, Quietschgelb oder Orange – bei mir ist alles vertreten. Es dürfen auch die bunt gefärbten Brillengläser in Gelb oder Rosa sein. Oder ich trage selbst entworfene Brillengestelle, die mein Image unterstreichen.«

Frau R.: »Ich habe für mich gefärbte Kontaktlinsen entdeckt. Ich merke, wie mich die Leute wegen meiner supergrünen Augen anschauen. Das sind richtige Hingucker. Ich wechsle öfter. Milder wirken bei mir die braunen Kontaktlinsen.«

Neutral/Klassisch

Frau H.: »Ich mag am liebsten dezente Brillen, unscheinbare Modelle.«

Frau T.: »Ich möchte nicht zu sehr auffallen. Mir gefällt der ›Edel-Purismus‹. Hochwertig in der Marke, aber nicht auffällig. Randlos bevorzugt.«

Frau W.: »Wenig Farbe und dünner Rand, das sind meine bevorzugten Brillenmodelle.«

Stark

Frau C.: »Ich greife immer wieder zu großen, schweren, dunklen Fassungen, die geben mir Strenge und Macht. Sie sind zwar nicht besonders weiblich, geben aber viel Power.«

Frau T.: »Gestelle mit nach außen hin ansteigenden Konturen verstärken den Eindruck von Breite und Fülle. Leider verschwindet dadurch oft das Gesicht regelrecht.«

Frau S.: »Es muss nicht immer die größte Brille sein, sondern das Motiv macht's. Raubtiermotive, Leopardenoptik – das hat Biss!«

Zurückhaltend

Frau I.: »Ich trage meine Brille schon seit ewigen Zeiten und möchte keine Veränderung. Die größte Sorge, die ich habe, ist, dass andere mich auf mein neues Gestell ansprechen würden. So trage ich eine unauffällige, kleine Brille. Eine große oder bunte Brille, wie sie andere Frauen tragen, würde ich mich nie im Leben trauen zu tragen. Ich hätte Angst, ständig angeschaut zu werden.«

Frau A.: »Ohne meine Brille würde ich mich nackt fühlen. Nicht nur, weil sie Sehhilfe ist, sondern auch, weil ich mich hinter ihr verstecken kann. Es ist noch etwas zwischen mir und meinem Gegenüber. Es scheint mir manchmal so, wenn ich mit Menschen rede, dass sie sich nach einer Weile zurückziehen, weil sie mir nicht in meine Augen schauen können. Die Brille verdeckt meine Augen. Der Optiker hat mich schon öfter darauf angesprochen, dass die Brille nicht entspiegelt sei. Ich möchte das aber so, als Schutz. Angeblich habe ich schöne Augen, aber ich möchte nicht, dass man sie sieht.«

Positiv

Frau V.: »Nach oben geschwungene Modelle, Aufwärtslinien, weiche Rundungen – das ist mein Stil.«

Frau J.: »Ich kaufe gerne lustige Brillenmodelle, die witzige Motive haben.«

Frau Ü.: »Da ich eine sehr aufgeschlossene Person bin, schiebe ich mir während eines Gesprächs die Brille gern ins Haar hinein. Bei mir sitzt die Brille keineswegs nur starr auf der Nase. Ich gebe damit zu verstehen, dass ich mich dem Gegenüber öffne.«

Negativ

Frau T.: »Mit einer dunklen Sonnenbrille, die ich permanent trage, distanziere ich mich. Das ist cool, aber nicht freundlich. Das ist auch nicht meine Absicht. Ich bezwecke eine abschirmende Wirkung. Die moderne Version der Maske oder des Schleiers. Jetzt habe ich auch noch verspiegelte Gläser reinmachen lassen, damit man mir nicht in die Augen gucken kann.«

Was ist die richtige Frisur für Sie?

Frisur und Job

Was soll ich bloß mit meinen Haaren machen?

Diesen Satz hört man jede Frau mindestens dreimal in ihrem Leben sprechen. Das erste Mal in der Phase zwischen Kindheit und Pubertät. Wenn Mädchen noch unsicher im Auftreten und auf der Suche nach der sexuellen Identität sind, werden sie ständig von dem Wunsch getrieben, einer anderen zu gleichen. Bestimmte Frisuren werden gerade deshalb so oft gewählt, weil sie als besonders sexuell attraktiv angesehen werden. Das zweite Mal irrt die junge Frau in der Zeit zwischen Pubertät und Erwachsenwerden »Haarhilfe suchend« umher. Denn die weibliche Identität sucht ihren unverwechselbaren Ausdruck. Welche Frisur bringt die eigene weibliche Persönlichkeit in Hinsicht auf das männliche Geschlecht am stärksten zum Ausdruck? Und in der Übergangsphase vom Erwachsensein zum Alter wird erneut die Haarfrage gestellt. Nun drückt sich im Haar durch unterschiedliches Legen, Schneiden und Schmücken die veränderte soziale Rolle aus.

Die Veränderung der Frisur oder das Haareschneiden ist ein wichtiges Ritual beim Übergang in neue Lebensabschnitte.

Realistisch betrachtet stellen sich aber Frauen nicht nur dreimal in ihrem Leben diese Frage, sondern nahezu täglich, und dies ganz besonders, wenn sie vor wichtigen beruflichen Anlässen stehen. Sie wissen, dass ihnen die richtige Frisur das nötige Selbstbewusstsein verschaffen kann und mit ein Grund dafür ist, warum mancher Deal so erfolgreich abgelaufen ist. So geben sie freimütig zu, der schönsten Hauptsache der Welt viel Aufmerksamkeit zu schenken. Das passt dann auch damit zusammen, dass laut Statistik Frauen doppelt so oft den Friseur aufsuchen wie Männer. Neulich gestand mir eine junge Kundin, sie lasse den Großteil ihres mühsam erwirtschafteten Verdienstes beim Friseur, um sich ständig neue Frisuren machen zu lassen, während ihr Bruder das Geld für Computerhefte ausgibt.

Im Grunde genommen ist das erstaunlich, führt man sich vor Augen, wie wenig sich das Kopfhaar bei Mann und Frau unterscheidet und dass es rein funktionell betrachtet nur den Schädel vor Kälte und gegen ultraviolette Strahlen der Sonne schützen soll. An der rein praktischen Bedeutung kann es nicht liegen. Auf meine Frage, was dieser jungen Frau das blonde Haar, merksamkeit der Männer gewinnen.«

Und in der Tat, dies ist sicherlich ein Grund, warum wir Frauen darauf so viel Wert legen. Seit jeher hat das Frauenhaar eine kolossale psychologische Bedeutung besessen, die eng mit der Sexualität verknüpft ist: »Das Haar ist das Fangnetz des Cupido, ein Netz, um den Menschen einzufangen, ein dicht bewachsener Wald, worin der Liebesgott sein Nest baut.« (Robert Burton: *The Anatomy of Melancholy*, 1660. Zitiert und übersetzt nach Wendy Cooper: *Hair. Sex, Society, Symbolism*, New York 1971.) Dass das Kopfhaar bei einer Frau für die erotische Ausstrahlung wichtig zu sein scheint, belegt auch das »Bedding behaviour«, das bei Frauen immer wieder zu beobachten ist. Bettverhalten nennt man das Phänomen, wenn Frauen mit ihren Haaren spielen, sich mit den Händen durch das offene Haar fahren oder es zurückwerfen, so wie wir es aus der Werbung kennen. Ein Ausdruck von Lust.

Die Auffassung, das Haar der Frau sei ihr Schmuck, reicht weit in die Antike zurück. Apuleius, ein römischer Schriftsteller, drückt es so aus: »Eine Frau kann noch so attraktiv sein, beraubt man sie ihrer Haare, kann sie nicht mehr ihren eigenen Ehemann verführen.« Die Ansicht, dass eine Frau ohne ihr Haar keine richtige Frau sei, ist weit verbreitet. Ich kenne eine junge krebskranke Frau, die ihr gesamtes Haar nach einer Strahlentherapie verloren hatte und ihren Kummer einmal so ausdrückte: »Wenn man das Haar verliert, scheint es einem, dass man nicht mehr weiß, für wen man leben soll.« Sie behalf sich mit einer Perücke, aber das gleiche Gefühl stellte sich nicht ein.

So sind wir Frauen also ständig bestrebt, das Haar mit uns allen zur Verfügung stehenden Mitteln zu verschönern, um damit verführen zu können. Und wie ist das mit unserem Jobauftritt?

Nun wird es der berufstätigen Frau nicht permanent darum gehen, ihre Kollegen oder Kunden verführen zu wollen. Das wäre sicherlich deplatziert und unangemessen. Dennoch möchte ich an dieser Stelle betonen, dass es genauso vermessen ist zu glauben, wir würden uns für eine Person (oder das, was sie uns vermitteln möchte) nur aus rein qualifikatorischen Gründen entscheiden und ästhetische Aspekte völlig außer Acht lassen. So gestand mir ein junger Ingenieur, dass er sich für die Zusammenarbeit mit seiner Kollegin aus zwei Gründen entschieden hätte: Sie könne die Dinge so strukturiert angehen, und ihr Aussehen passe in sein Attraktivitätsmuster. Ganz besonders mag er Frauen mit dunklem langen Haar. Ob das gerecht ist, sei dahingestellt. Entscheidender ist doch wohl zu akzeptieren, dass das Haar bei mancher Entscheidung eine Rolle mitspielt.

Eine Personalchefin äußerte sich einmal entrüstet nach einem gemeinsam besuchten Assessment Center: »Haben Sie Frau V. gesehen, die hätte sich wirklich mal die Haare waschen können, da trieft ja noch das Fett von letzter Woche raus.« Tatsächlich kenne ich Entscheider, die behaupten: »Wie das Haar, so die Person. Ist es gepflegt, weiß ich, die arbeitet zuverlässig und ordentlich, ist es ungepflegt, weiß ich, die ist chaotisch.« Die Pflege und Gestaltung spielt also heute für den Job eine wichtige Rolle. »Schönes Haar ist dir gegeben, lass es leben …« Junge, hübsche Models mit glänzendem, vollem Haar leben uns das Schönheitssymbol der heutigen Zeit vor, und Modemagazine wecken immer wieder aufs Neue Interesse für die vielen unterschiedlichen Frisuren und Haarmodestile. In meinen Seminaren und Beratungen konnte ich jedoch feststellen, dass diese Tipps und Tricks in ihrer Flut eher irritierend als hilfreich sind. Was soll man letztlich wählen, welches ist der Haarstil, den man sowohl privat wie auch im Job tragen kann?

Ich behaupte: Passt die Frisur nicht zum Frauentyp, wirkt das sehr schnell lächerlich. Die Frisur soll doch Ausdruck unserer Persönlichkeit sein. Sie soll charakteristisch für uns sein, unsere Individualität widerspiegeln. Und das gibt dann auch das nötige Selbstbewusstsein für jede Jobsituation. Um das herauszufinden, sollten wir zuerst einmal einen Blick auf unsere Lebensgeschichte werfen, denn die hat viel damit zu tun, warum wir gerade diese Frisur tragen und keine andere.

Frisur und Biografie

Das Interesse für das Haar beginnt schon beim Kind im ersten Lebensjahr. Haare sind geschmeidig, weich und beweglich, sie ähneln Fellen und Plüsch, die eine ähnliche Anziehungskraft auf Kinder ausüben. Einige Kinder entwickeln die geradezu fetischistische Angewohnheit, jedem, mit dem sie in Kontakt kommen, am Haar zu ziehen und das Haar zu streicheln. Solche Bilder kennen wir von Affenjungen, die sich an den Pelz der Mutter klammern.

In den ersten Kinderjahren tragen wir dann eine Frisur, die durch verschiedene Einflüsse geprägt sein kann, normalerweise jedoch vornehmlich durch das Elternhaus. So berichtete eine Kundin: »Als ich ein Kind war, hatte ich mein Haar so, wie es meine Mutter wollte. Wenn sie es kurz trug, bekam ich es auch kurz geschnitten. Wenn sie mich mit Wellen sehen wollte, bekam ich Wellen. Heute habe ich mich für eine Frisur entschieden und habe auch wenig Lust auf Veränderung.« Eine andere Kundin sagte einmal zu mir: »Als Kind musste ich denselben Haarschnitt tragen wie meine Geschwister, und da ich zwei Brüder hatte, trug ich es immer kurz. Heute habe ich zu meiner Weiblichkeit gefunden und drehe mir die Haare immer auf Wickler auf.«

Frau M. erinnert sich an ein im wahrsten Sinne des Wortes einschneidendes Kindheitserlebnis. »Ich habe als Kleinkind immer Märchen gelesen und war fasziniert von der Passage: ›Rapunzel, lass dein Haar herunter!‹ Daraufhin ließ ich mir das blonde Haar bis zum Po wachsen und kletterte heimlich auf Bäume, um es dort zwischen Ästen baumeln zu lassen«, sagt die 45-jährige Frau mit Naturkrause und angeschnittenem Nacken. »Ich kann mich noch gut erinnern, überall, wo ich hinkam, streichelte man mich oder berührte mein Haar. Irgendwann waren die Haare so verfilzt, dass meine Mutter die Schere nahm und mir die Haare kurz schnitt. Ich hatte danach mein fröhliches Strahlen verloren und wurde ein trauriges Kind. Es brauchte Jahre, bis ich wieder zu meinem Lachen fand.« Die tiefe Traurigkeit, die Frau M. nach dem ersten Abschneiden der langen Haare empfand, ist nicht selten. Vor Jahrhunderten glaubte man, wenn man dem Kind das erste Mal das Haar abschneidet, könnte es einen Teil seiner Lebenskraft verlieren.

Neben der Kindheitsfrisur kann auch die Pubertät Einfluss darauf haben, was wir heute für eine Frisur tragen. 1987 sollten 84 Studenten und Studentinnen an der Iowa University eine Anzahl von Fragen über die Veränderung ihrer Frisur zu Anfang der Pubertät beantworten. Es stellte sich als Gemeinsamkeit heraus, dass solche Veränderungen davon beeinflusst waren, wie und wann man sich von der Kontrolle der Eltern losgelöst hatte. Sie waren auch abhängig vom individuellen Bewusstsein von Sexualität und von Veränderungen im sozialen Umfeld, zum Beispiel einem Umzug, Examen oder dem Anschluss an soziale Organisationen.

Der Wunsch, sich von der Autorität der Eltern zu befreien, ist auch heute noch groß. So teilte mir die 18-jährige Frau K. in der Frisurenberatung mit: »Kaum wachsen die Haare ein bisschen, sehe ich aus wie meine Mutter. Ich möchte eine Frisur, die keinerlei Ähnlichkeit aufweist, weder in der Farbe noch in der Form.« Der Wunsch nach Unverwechselbarkeit und Einzigartigkeit nimmt in dieser Lebensphase einen außerordentlich großen Stellenwert ein. Hat die junge Frau ihre Identität gefunden, kann sie im Erwachsenenalter wieder Ähnlichkeiten zur Verwandtschaft zulassen. Wir kennen das Phänomen, dass wir mit zunehmenden Jahren den eigenen Eltern immer ähnlicher werden. Das gilt auch für das äußere Erscheinungsbild.

Dem Haar in der Pubertät wurde seit jeher eine besondere Kraft zuge-
sprochen. Auf der griechischen Insel Delos opferten junge Mädchen ihr
Haar am Jungfrauengrab am Eingang zum Artemis-Tempel. Sie schnitten
eine Locke ihres Haares ab, wickelten es auf eine Spindel und legten es auf
das Grab, oft unmittelbar vor ihrer Hochzeit. Auch in unserer heutigen
Kultur gilt die Veränderung der Frisur oder das Haareschneiden als wichtig-
stes Ritual beim Übergang von der Kindheit zum Erwachsenendasein.

»Ich erinnere mich noch genau, ich war im siebten Schuljahr und die beste Sportlerin in der Klasse«, sagt Frau Z. »Wegen meiner Sportlichkeit war
ich bei den Jungen sehr beliebt. Mädchenspiele mochte ich nicht. Ich hatte
mich immer wohlgefühlt bei den Jungs, doch nun spürte ich, dass ich mich
veränderte. Ich nahm an mir eine hormonelle Veränderung wahr und fing
an, mich mehr um mein Aussehen zu kümmern. Die größte Veränderung
trat aber ein, als ich mich für mein Haar zu interessieren begann. Ich ließ es
wachsen. Seitdem war ich nicht mehr bei den Jungen zu finden, sondern bei
meinen Freundinnen. Wir probierten jeden Tag andere Haarvariationen aus
und schauten, wie die Jungen darauf reagierten.«

Mit der Entdeckung der Weiblichkeit wird das Haar zum erotischen
Symbol. Und tatsächlich bringen Jungen Romantik und Weiblichkeit mit
langem Haar in Verbindung. Das hat häufig die Forderung zur Folge, dass
die neue Freundin sich das Haar lang wachsen lassen soll. Frau L. berichtet
in meiner Beratung davon, dass jedes Mal, wenn sie mit einem neuen Jungen
ging, dieser wollte, das sie sich langes Haar zulegen sollte. Das tat sie dann
auch. »Wenn wir Schluss machten, war immer das Erste, wozu ich Lust hatte, mir das Haar wieder kurz schneiden zu lassen.« Sie trägt heute einen ras-
pelkurzen Haarschnitt und ist verheiratet.

Frau W. suchte mich auf, weil sie nicht wusste, welche Frisur sie zukünftig tragen sollte. Sie hatte immer lange Haare gehabt, weil ihr Mann das so
mochte, »aber mir ist das zu brav«, sagte sie. Nachdem wir ihren Auftrittstyp »sportlich« ermittelt hatten und ich ihr einige Frisurenvorschläge in
Form von Bildern vorlegte, war sie entschlossen, ihr langes Haar abzuschneiden. Kurze Frisuren wirken aktiver.

Nun mussten bei ihrer Gesichts- und Kopfform ein paar Dinge beachtet
werden. Da sie eine extrem kurze Stirn und kantige Gesichtszüge hat, sollte
ihre Kurzhaarfrisur zwei Bedingungen erfüllen. Um die kurze Stirn nicht
noch zusätzlich zu stauchen, musste ein Oberkopfvolumen hergestellt werden, das die Stirn optisch in die Länge zieht. Dies kann durch Locken oder
Stufen erzielt werden. Zum anderen sollte die Frisur die Kantigkeit kaschieren. Dazu eignen sich Strähnen, die locker ins Gesicht fallen, ebenso wie

Stufen oder Locken. Eine der Bildvorlagen vereinte beide Kriterien, und so entschied Frau W. sich für diese Frisur.

Ovale Gesichter sollten den Eindruck von Länge nicht noch durch langes, glatt fallendes Haar verstärken. Jegliche Art von optischer Unterbrechung wirkt interessanter, beispielsweise durch Stufenschnitte. Runde Gesichter sollten ein Gegengewicht schaffen, zum Beispiel durch eine Außenwelle im Nackenbereich. Frauen mit kantigen Gesichtern sollten – sofern sie den Eindruck von Kantigkeit nicht noch verstärken wollen – eine Frisur wählen, die fedrig und locker das Gesicht umspielt.

Ich kenne Frauen, die große Lust haben, immer mal wieder ihre Frisur aus Zeitgeistgründen zu verändern. Ein Extrembeispiel stellt wohl die 60-jährige Frau T. dar. »Mit dem wippenden Pferdeschwanz in den Fünfzigern bin ich als Kind aufgewachsen. In der Hippie-Bewegung trug ich die Haarmähne so wild es nur ging, dann fing ich an in den siebziger Jahren mit Bob-Marley-Dreadlocks, bei denen das Haar in lange Zöpfe geflochten wurde. In den achtziger Jahren schockte ich meine Umwelt, indem ich mir wie Grace Jones die Haare rasierte, und heute weiß ich nicht mehr, was ich tragen soll, denn ich entdecke keine einheitliche Mode.«

Heute sitzt sie mir gegenüber in einer schlichten Fönfrisur. Das Leben der meisten Frauen verläuft nicht so extrem wie das von Frau T. Aber in Ansätzen erkennen sich viele Frauen darin wieder, mit der Wahl der Frisur eine Ideologie zu demonstrieren. Seit den neunziger Jahren zeichnete sich allerdings kein einheitlicher Trend mehr ab. Es wird eine Mischung aus Punk, Rastafari, asiatischem und afrikanischem Stil gesichtet mit dem Ziel, anders auszusehen als die anderen Gruppierungen. Die Frisur ist ein Ausdruck dafür, welcher Subkultur man angehört. Heute hat sich der Wunsch noch verstärkt, sich innerhalb der eigenen Subkultur zu unterscheiden. Dazugehören, aber anders sein ist die Devise. Und zudem noch zwischen den vielen Subkulturen problemlos switchen können, das ist der moderne Anspruch. Morgens muss ich in die Uni, mittags zum Kunden und abends zum Presseclub, was trage ich für eine Frisur? Der Wunsch nach mehr Individualität verstärkt sich. Eine Rückbesinnung auf die Persönlichkeit zeichnet sich ab. Die Antwort liegt in der eigenen Person.

Frisur und persönliche Einschätzung

Heute finden wir an jeder Straßenecke zwei Friseure. Das war nicht immer so. 1630 wurde der erste Friseursalon für Frauen eröffnet, betrieben von einem Damenfriseur namens Champagne. 1769 gab es 1200 Friseure in Paris. Seit den zwanziger Jahren des letzten Jahrhunderts ist eine ganze Reihe neuer Namen in der Friseurbranche bekannt geworden. Die Frauen verlangen Top-Friseuren wie Udo Walz, Ulrich Graf oder Wilhelm Hüllerbrand bezüglich des Haarstylings etwas ganz Besonderes ab.

Dabei sind sie immer getrieben von dem Wunsch, zu zeigen, wie schön das Haar ist, und so viele Komplimente wie möglich von anderen zu hören. Gleichzeitig beinhaltet das auch die unausgesprochene Furcht, dass man nicht anerkannt werden könnte. Deshalb prüfen wir immer wieder nach, ob die Frisur richtig sitzt und in Ordnung ist. Wir wollen auf gar keinen Fall, dass das Haar durcheinander gerät oder vom Kopf absteht. Das heißt aber auch, dass wir es oft schneiden oder frisieren lassen müssen.

Frauenhaare können gekräuselt, hochgesteckt, geflochten oder zusammengebunden werden. Sie können durch eine Dauerwelle gelockt oder mit Haarfärbemittel getönt werden und vieles mehr. Eine Frisur bietet uns die Möglichkeit, immer wieder unterschiedlich auszusehen. Sie kann ein exotisches, ein kompetentes oder ein reifes Image schaffen. Im Folgenden sollen verschiedene Frisurentypen vorgestellt werden, die unterschiedliche Wirkungen hinterlassen.

Jung

Frau K.: »Ich lege Wert darauf, wenn ich in die Verhandlung gehe, dass ich das Haar hübsch drapiere. Ich wirke sehr dominant, daher möchte ich, dass mein Haar verspielt und jung wirkt. Auch sonst trage ich grundsätzlich gern langes Haar, ob gewellt oder glatt. Ich mag es, mein Haar täglich anders zu tragen. Mal trage ich es offen, mal dekoriere ich es mit auffälligem Schmuck. Das kann auch schon mal ein Stoffschmetterling oder ein getrocknetes Riesenblatt aus dem Blumenladen sein, das ich dann um den Zopf lege. Ich lege Wert darauf, dass das Haar locker und nie streng fällt, zupfe mir daher immer auch ein paar Strähnen oder Korkenzieherlocken ins Gesicht. Manchmal wähle ich auch den wippenden Pferdeschwanz. Wenn ich mir das Haar färbe, dann nur blond oder weißblond, auch auf die Gefahr hin, dass man mich für blöd hält. Das macht nichts, ich weiß, dass ich es nicht bin.«

Frau B.: »Manchmal zwirbele ich mir die Haare zu kleinen Schnecken und stecke sie dann fest, allerdings trage ich das Haar so nicht im Job.«

Gereift

Frau D.: »Ich habe mich gefunden und meine Frisur dazu, ich stehe auch zu meinem grauem Haar. Da ich mich nicht jünger machen will, als ich bin, bevorzuge ich eine im wahrsten Sinne des Wortes gesetzte, gereifte Frisur. Ich toupiere mir das Haar jeden Morgen und fixiere es mit Spray.«

Frau Ü.: »Entweder das Deckhaar kräftig toupieren, damit alles steht, oder das Haar mit Wetgel straff zurückkämmen und im Nacken einen Knoten legen. Manchmal verstärke ich den Flamenco-Dutt mit falschem Haar.«

Frau R.: »Auf jeden Fall die Haare dunkel tragen, das macht älter, wo ich doch immer so jung wirke und nicht ernst genommen werde.«

Feminin

Frau K. bevorzugt runde und weiche Formen in jeder Haarform. Um diese zu erzeugen, lässt sie sich gern fedrige Haarschnitte oder eine Dauerwelle verpassen. »Ich sage immer, wenn ich gehe, muss es nachschwingen, dann fühle ich mich gut.«

Frau G. betrachtet ihre Frisur als »femininen Wellenschlag«. »Ohne Welle gehe ich nicht aus dem Haus, damit finde ich mich richtig sexy.«

Maskulin

Frau E.: »Meine Devise ist: kurz und knapp. Ein Jeanne-d'Arc-Schnitt ist genau das Richtige für mich. Einen tiefen Seitenscheitel ziehen und alles glatt kämmen, das mag ich auch. Eine Zeit lang habe ich mal Koteletten getragen, das gefiel mir auch ganz gut.«

Frau S.: »Ich bin eher jemand, der sich schnell entscheidet und konsequent ist. So auch in meinem Haarverhalten: immer nackenkurz, wie ein Junge.«

Frau P.: »Ich bevorzuge den Garçonschnitt oder den Bubikopf oder das kurze Raspelhaar. Ich trage nur Kurzhaarschnitte. Der Nacken ist schmal und kurz. Ich habe auch nichts dagegen, den Nacken auszurasieren. Das Styling braucht keine 60 Sekunden.«

Sportlich

Frau D.: »Wenn ich es mir so recht überlege, bevorzuge ich Stufen durch und durch vom Ansatz bis zum Nacken. Aber auch die Haare mal auf dicke Wickler rollen und später über Kopf ausbürsten.

Die Frisur muss sich meinen Launen anpassen. Ich muss mir jederzeit durchs Haar gehen können. Ich bewege mich viel und habe es am liebsten, wenn der Wind durch das Haar fährt. Es darf bei mir nicht ordentlich aussehen. Ob weich angestuft oder stumpf geschnitten, das entspricht mir am ehesten.«

Frau H.: »Die Spitzen zu toupieren, das passt zu mir. Bloß nicht ordentlich aussehen. Strubbelhaar in jeder Form finde ich gut. Aufspringende Spitzen, fedrig geschnitten, oder lange Haare, total verfranst, aber immer noch gepflegt. Spitzen tanzen aus der Reihe. Alles kreuz und quer gezwirbelt. Stufenbob und Haare in alle Richtungen föhnen, das kann ich mir alles vorstellen.«

Vergeistigt

Frau J.: »Ich trage gern exakte Schnitte. Ich lege bei meiner Frisur Wert darauf, dass klare Konturen zu erkennen sind und die Haare supergerade geschnitten werden. So trage ich gern mal einen Pagenschnitt oder auch einen Stufenschnitt, wichtig ist nur, dass immer eine Linie zu erkennen ist. Ich mag die Geometrie im Haar und kann es nicht leiden, wenn mir das Haar ins Gesicht fällt. Es macht mir nichts aus, öfter wegen des Nachschneidens zum Friseur zu gehen, denn in erster Linie möchte ich, dass der Grundschnitt immer perfekt sitzt.«

Eigenwillig

Frau P.: »Ich mag das Haar auffällig und anders. Mal wähle ich den Nass-Look und kämme das Haar eng an den Kopf, mal wähle ich den asymmetrischen Haarschnitt mit millimeterkurzem Pony und mal die schrille Haarfarbe. Ich halte es nie lange aus, eine Frisur zu tragen. Die anderen sprechen mich auch oft wegen meiner verrückten Haarmode an.«

Frau J.: »Neulich sprachen mich die Leute auf meine Chinastäbchen an, die ich im orangefarbenen Haar stecken hatte.«

Neutral/Klassisch

Frau M.: »Mir kommt es bei meinem Haarschnitt darauf an, dass es symmetrisch aussieht. Ich trage am liebsten Mittelscheitel und Pony und achte darauf, dass beide Partien gleich fallen. Ob beim Wellenlegen, Rundföhnen oder Kämmen – ich möchte, dass beide Seiten miteinander harmonieren. Der Bob in jeder Version entspricht meiner Frisurenvorstellung daher am ehesten. Damit gelingt mir die Gleichförmigkeit am besten. Für zu auffällige Frisuren habe ich nichts übrig. Andere würden über mich wohl sagen, dass ich die klassischen Schnitte bevorzuge.«

Stark

Frau C.: »Ich bin bekannt für meine Mähne. Ob kurz oder lang, meine Frisur muß peppig und voluminös aussehen.«

Frau F.: »Ich habe viel Haar. Bei mir können die Haare ruhig zu Berge stehen, ich muss die Stirn frei haben, damit ich meinem Gegenüber immer ins Gesicht schauen und schnell Kontakt herstellen kann. Daher toupiere ich mir einzelne Ponysträhnen auch gern nach oben.«

Frau Ä.: »Aufstehender Meckischnitt. Himbeerrot. Schaumfestiger kreuz und quer durchs handtuchtrockene Haar wuscheln und einzelne Strähnen hoch zupfen, etwas antoupieren und mit Lack besprühen.«

Zurückhaltend

Frau H.: »Ich mag Ponyfrisuren. Ich mag es, wenn ich mich verstecken kann. Ich möchte nicht sofort erkannt werden. Ich trage auch gerne das Haar von hinten nach vorne gekämmt in die Stirn. Ich möchte zuerst die anderen betrachten können, dann erst die Menschen in mein Gesicht schauen lassen. Das ist mir wichtig.«

Positiv

Frau T.: »Ich habe aschblondes Haar, aber ich lasse es regelmäßig strähnchenweise aufhellen. Die hellen Reflexe bringen Leben in meine Frisur und wirken fröhlich.«

Frau F.: »Ich trage stirnfreie Frisuren, damit man mir ins Gesicht sehen kann. Ich habe lange, glänzende Haare, aber ich kämme sie nicht einfach straff zurück, sondern schmücke sie mit Haarreifen oder hübschen Spangen. Manchmal frisiere ich mir eine große, weiche Rolle über der Stirn, das wirkt so freundlich.«

Negativ

Frau G.: »Ich möchte meine Umwelt durch mein Haar schocken, ich trage das Haar nach vorne gehängt. Manchmal auch abschreckend lang. Ich möchte mit meiner Frisur Angst machen, düster wirken, so punky, aber funky. Lange Deckhaare mit der Bürste von hinten nach vorne föhnen. Gerne verwende ich Schwarz und trage meine Haare verfilzt oder zottelig.«

Frau W.: »Wilde Zipfelschau, bei der der Pony lang bleibt, Haarwachs einkneten und einzelne Strähnen ins Gesicht ziehen. Die Augen werden dadurch verdeckt.«

Dritter Schritt – Bühne frei für Ihren individuellen Auftritt

Die Wirkung auf Mitspieler und Publikum

Damit müssen Sie rechnen!

Nachdem Sie nun Ihren Frauen-Auftrittstyp ermittelt und Ideen gesammelt haben, wie Sie sich zukünftig typgerechter beruflich in Szene setzen können, müssen Sie dennoch damit rechnen, dass Ihnen bei Ihren künftigen Auftritten die unterschiedlichsten Reaktionen begegnen können. Damit Sie nicht so schnell aus der Bahn geworfen werden, hier ein paar Tipps und Hinweise, um Ihrem individuellen Auftrittstyp treu zu bleiben und Ihre Wirkung nicht zu verfehlen.

Wie jeden Morgen stehen Sie vor dem Spiegel im Badezimmer und betrachten Ihr müdes Gesicht. Wie jeden Morgen stehen Sie unter der Dusche und trällern sich für den Tag warm. Wie jeden Morgen greifen Sie zur Haarbürste und frisieren sich Ihr Haar wie gewohnt. Wie jeden Morgen öffnen Sie Ihren Kosmetikschrank und schmieren sich die bekannten Farben ins Gesicht. Wie jeden Morgen stehen Sie vor Ihrem Kleiderschrank und stellen sich die lästige Frage: Was soll ich anziehen? Wie jeden Morgen fragen Sie sich: Was soll der Tag schon bringen?, und wie jeden Morgen fragen Sie sich: Wie soll ich es meinem Chef/meinen Mitarbeitern/meinen Kunden sagen, dass ich mehr will?

Heute ist etwas anders. Sie haben sich entschieden, die ersten Schritte in Richtung »typgerechter Auftritt« zu gehen, und begegnen einer anderen Frau in Ihnen. Einer Frau, die Lust hat, Neues auszuprobieren, einer Frau, die weiß oder kennen lernen wird, wie schön ihr Spiegelbild ist, einer Frau, die weiß oder kennen lernen wird, wie ihre Stimme klingt, einer Frau, die weiß oder kennen lernen wird, welche Frisur zu ihr passt, einer Frau, die weiß oder kennen lernen wird, wie viel Schminke sie verträgt, einer Frau, die weiß oder kennen lernen wird, welcher Kleidungsstil zu ihr passt, einer Frau, die weiß, was der Tag heute bringen wird: Veränderung!

Über die Jahre haben Sie ein bestimmtes Erscheinungsbild und Auftrittsverhalten gepflegt. Dieses so einfach über Bord zu werfen, ohne das bisherige anzuerkennen und gebührend zu verabschieden, wäre nicht fair. Jahrelang hat es sie begleitet, und bestimmt nicht immer nur schlecht und erfolglos. So manche kniffelige Auftrittssituation haben Sie überstanden, vielleicht nicht immer über den elegantesten Weg, aber immerhin. Das ist einen Applaus wert.

Ob Sie nun die neuen gestalterischen Erkenntnisse gleich in der Gesamtheit umsetzen oder Schritt für Schritt vorgehen, ist sicher eine persönliche und finanzielle Frage. Eine junge Büroangestellte teilte mir nach einem meiner Seminare mit: »Ich musste gleich alle Tipps an mir ausprobieren. Das war zwar ein anfänglicher Schock, weil ich nun auffiel und damit zurechtkommen musste, dass man mir hinterher schaute – das kannte ich ja nicht –, aber für mich war das stimmig.«

Nun kann es aber auch sein, dass Sie zu den Frauen gehören, die ganz wenig oder so gut wie keine Veränderung bei sich vornehmen werden oder wollen, weil Sie über die Tests die Bestätigung für Ihren bisherigen Stil gefunden haben und Ihnen so manches erfolgreiche Auftrittsverhalten auf einer Ihrer Jobbühnen erklärbar geworden ist. Oder Sie gehören zu den Frauen, die Angst haben vor großen Veränderungen, Angst davor, zukünftig gesehen zu werden und im Mittelpunkt zu stehen.

Betrachten Sie Ihren zukünftigen morgendlichen Badezimmergang doch einfach als ein Experiment. Sie allein bestimmen den Grad und das Ausmaß Ihrer Veränderung. Und wenn es gut geht, gehen Sie immer einen kleinen Schritt weiter. Wollen Sie viel von der Macht der Auftrittsgewohnheiten über Bord werfen, dann haben Sie meine Unterstützung, gehen Sie langsam in kleinen Schritten vor, dann ist auch dies ein guter Weg. Besser, als nichts zu verändern und weiterhin grau zu bleiben.

Sie werden gelegentlich rückfällig werden und auf Gewohntes zurückgreifen. Der Mensch ist ein Gewohnheitstier, auch in puncto Gestaltung. Kalkulieren Sie das besonders in der Anfangszeit in Ihre Pläne mit ein. Entscheidend ist, dass Sie Ihre Auftrittsvergangenheit akzeptieren, die Sie in der Anfangszeit, wenn sie schwach und müde sind oder keinen Mut haben, manchmal wieder einholen wird. Sie selbst bestimmen, wie schnell sich Ihr neues Spiegelbild verfestigen soll.

Im Folgenden erhalten sie konkrete Anregungen, wie Sie sich je nach Auftrittstyp den Weg zu Ihrem Ziel erleichtern können.

Die »sich verstärkende Darstellerin« trifft sich selbst

Für die sich verstärkende Darstellerin kann es befremdlich sein, gerade zu Beginn in der vollen Konsequenz in Anlehnung an ihre Auftrittsmerkmale aufzutreten. Bestimmen Sie das Maß, das Ihnen erträglich scheint. Beginnen Sie zum Beispiel mit der Kosmetik, setzen Sie dann mit der Frisur ein, und steigern Sie das mit der passenden Farbe. Eine Rechtsanwältin, die sich mit der sich verstärkenden Darstellerin identifizieren kann, berichtet: »Mein Hauptthema ist die ›Theorie‹. Ich lese und beschäftige mich mit Gedankenkonstrukten für mein Leben gern. Der Kopf ist mir das Wichtigste. Also habe ich mir gleich eine neue Brille zugelegt, in Streifenoptik, schwarzweiß. Ich habe an mir beobachten können, dass ich diese Brille ganz anders anfasse, allein wie ich nach ihr greife, viel selbstverliebter. Das Gefühl habe ich sehr lange ausgekostet. Dann ging ich nach einem halben Jahr dazu über, meine Schuhe auszumisten. Ich schaue auch hier nach Schwarzweiß-Musterung und favorisiere geometrische Formen. Ich lasse mir Zeit und baue langsam alles nacheinander auf.«

Erleichtern Sie sich Ihr Vorgehen durch folgende Maßnahmen:

Aussortieren Ihres Kleiderschranks gemäß Ihrem Thema nach brauchbarem Kleidungsstil und brauchbaren Farben, denn wenn Sie morgens den Schrank öffnen, wird es Ihnen leichter fallen zu kombinieren. Wenn Sie Ihr Kleidungssystem komplett haben, können Sie später wahllos miteinander kombinieren, es passt immer. Speziell für Reisende ist das eine Wohltat.

Aussortieren Ihrer Brillengestelle, Kosmetikartikel und Accessoires. Alles, was nicht zu Ihrer Grundlinie gehört, sollte aus Ihren Schränken verschwinden. Das schafft Ordnung und Übersicht, wenn sie zukünftig neu einkaufen gehen.

Suchen Sie sich einen guten Friseur, der es versteht, Ihren Auftrittstyp durch die Frisur zu unterstreichen.

Die »sich ausgleichende Darstellerin« trifft sich selbst

Für die sich ausgleichende Darstellerin wird es zu Beginn ein Ausprobieren sein, welche ihrer unterschiedlichen starken natürlichen Auftrittsmerkmale sie stärker durch Gestaltung unterstreichen möchte und welche sie zurücknehmen möchte. Je nachdem, wie gut sie sich kennt und wie ihr der Ausgleich gelingt, wird sich ein für sie zufrieden stellendes Ergebnis einstellen. So kann diese Einstiegsphase länger oder kürzer dauern. Holen Sie sich hier auch Hilfe durch Freunde, die Ihnen Ihre natürlichen Auftrittsstärken spiegeln.

Grundsätzlich gilt: Lernen Sie, sich in Ihrer Unterschiedlichkeit zu akzeptieren. Sie sind ein Bündel von Widersprüchen. Diese Widersprüche machen Sie ja gerade spannend. Aber denken Sie immer auch daran, dass Sie durch Ihre unterschiedlichen Auftrittsmerkmale sehr viel Kraft mitbringen, die es gilt zu reduzieren. Sonst wird Ihr Auftritt schnell zu laut. Anfangs kann Ihnen diese Reduktion schwer fallen, nicht genug erscheinen.

Frau W. ist so eine Frau, die zunächst Schwierigkeiten hatte, sich mit ihrem neuen, sich ausgleichenden Stil anzufreunden: »Ich habe mich früher immer so powerig wahrgenommen und gerne Rot getragen, überhaupt habe ich ständig einen neuen Stil getragen, ich habe mal diesen Trend mitgemacht, mal jenen. Erst als ich mich auf meine natürlichen Stärken beschränkt habe, wurde ich auch klarer in meiner Stilfindung. Andere sagen mir, ich hätte Kontur bekommen. Allerdings musste ich mich erst daran gewöhnen, dass ich auch in schlichter Kleidung Kontur haben kann – ich fühlte mich anfangs nackt.«

Eine andere Kundin berichtet davon, dass sie die Idee, das Gegenteil zu ihrem natürlichen Auftrittsmerkmal zu wählen, zwar einleuchtend, aber zu Beginn auch befremdlich fand. So war ihr bewusst, dass sie zwar zwei sehr negative Ausstrahlungsmuster mit sich spazieren trug: »ängstlich« und »negativ«, aber sie fühlte sich von fröhlichen, heiteren Farben zu Beginn abgestoßen. Schließlich kaufte sie ein cremefarbenes Outfit und zog es zu bestimmten Anlässen an. Interessanterweise setzte diese Farbwahl bei ihr eine Feedbackspirale in Gang. Sie bekam natürlich nun von anderen Anerkennung und gewann dadurch an Selbstvertrauen und Stärke.

Erleichtern Sie sich Ihr Vorgehen durch folgende Schritte:

Beschränken Sie Ihren Kleidungsstil auf maximal drei Themen, je nach Ihrer Veranlagung. Sortieren Sie die Kleidungsstücke in Ihrem Kleiderschrank unter diesem Aspekt aus. Legen Sie sich kleine Gestaltungsmittel wie Brille, Schmuck, Schuhe, Tücher zu, die diese Themen ausdrücken. Berücksichtigen Sie aber auch, dass Sie mit dem Gegensatz Ihres Themas spielen können. Wirken Sie zum Beispiel zu stark, zu dominant in Ihrer Körperpräsenz, dann gehen Sie in das Unterstatement. Grundsätzlich benötigt die sich ausgleichende Darstellerin immer auch Mittel der Reduktion, ob durch Gegensatz oder durch Zurückgenommenheit, wie schlichte, unauffällige Basisstücke (schlicht heißt dunkel, ohne viele Extras, allerdings nicht formlos). Sortieren Sie auch Ihre Kosmetikfarben, Ihren Schmuck, Ihre Brillen unter diesem Aspekt: Basisstücke und akzentuierende Stücke, je nach Balance.

Suchen Sie sich einen guten Friseur, der es versteht, eines Ihrer Auftrittsthemen durch die Frisur zu unterstreichen.

Die »sich hervorhebende Darstellerin« trifft sich selbst

Gestalten Sie nach Ihrem persönlichen Maß. In der Regel fällt es der sich hervorhebenden Darstellerin nicht schwer, ihr einzig starkes natürliches Auftrittsmerkmal verstärkend hervorzuheben. Es sei denn, sie identifiziert sich nicht damit. Das kann dann der Fall sein, wenn sie ein Thema verstärken müsste, das von der Gesellschaft nicht akzeptiert wird, wie Hässlichkeit, Körperfülle, negative Wirkung. Wenn Sie sich damit unglücklich machen, greifen Sie einfach auf ihr zweitstärkstes natürliches Ausstrahlungsmuster zurück und gestalten Sie danach. Suchen Sie sich eines aus, das Ihnen mehr zusagt. Ich möchte allerdings betonen, dass außergewöhnliche Frauentypen gerade durch ihre Unangepasstheit, ihre Andersartigkeit auffallen. Sie hinterlassen Eindruck, weil sie so anders sind.

Ich kenne eine Frau, die eine so traurige, melancholische Ausstrahlung mitbringt, dass die Verstärkung sie erst richtig schön macht. Sie doppelt das durch ihr Make-up und ihre Kleidung. Wenn sie erscheint, spricht man von einer melancholischen Schönheit. In meiner Beratungstätigkeit konnte ich immer wieder feststellen, dass die sich hervorhebende Darstellerin oft stolz ist auf ihr außergewöhnliches, eigenwilliges Auftrittsmerkmal. Sie hat schon früh als Kind wahrgenommen, dass sie etwas anders ist als die anderen, und hat das nicht als störend empfunden.

Eine Vertreterin dieses Typs berichtet: »Ich bin Musikerin. Ich habe früh an mir erkannt, dass ich eine tiefe Stimmlage habe. Ich wurde zwar manchmal dafür gehänselt, aber ich habe irgendwann erkannt, dass das etwas Besonderes ist. Meine Kleidung habe ich diesem Stil angepasst. Da ich sehr groß bin, kann ich gut Marlenehosen tragen. Etwas anderes kommt für mich nicht in Frage. Ich habe auch den Spitzname ›Marlene‹. Manchmal trage ich auch Krawatten oder Herrenschals, etwas, womit ich mich gut anfreunden kann.«

Eine andere Repräsentantin dieses Stils ist eine Charakterschauspielerin. »Ich wusste schon sehr früh, dass meine kleinen Mäuseaugen hässlich sind, als Kind spielte ich daher oft die Hexe. Ich fing an, eine Art Hexen-Kleidungsstil zu entwickeln. Heute bewundern mich alle wegen meiner langen spitzen Schuhe, meiner wehenden Chasubles aus Spitze oder Seide und meiner Ausstrahlung.«

Ich gebe den sich hervorhebenden Darstellerinnen den Rat: Versuchen Sie bei Ihrer Kleiderauswahl eindeutig, aber nicht übertrieben zu wirken. Zwar haben exzentrische Persönlichkeiten keine konventionellen Ängste, und in aller Regel müssen sie auch keine Kleiderordnungen befolgen, da sie sich in Berufen tummeln, die wenig mit Unterordnung zu tun haben. Einige Ratschläge können aber auch ihnen nützen:

Sortieren Sie Ihren Kleiderschrank nach Ihrem Hauptthema, und sammeln Sie entsprechende Accessoires. Da Ihre Persönlichkeit schon sehr stark wirkt, legen Sie sich zusätzlich neutrale Basisstücke zu, die Sie in Ihrer Präsenz gegebenenfalls mildern können.

Sortieren Sie Ihre Kosmetikartikel und Accessoires. Alles, was nicht zu Ihrer Grundlinie gehört, sollte aus Ihrem Kleiderschrank verschwinden. Das schafft Ordnung und Übersicht, wenn sie zukünftig neu einkaufen gehen. Auch Sie benötigen neutrale Basisstücke, je nach Bedarf.

Suchen Sie sich einen guten Friseur, der es versteht, Ihre Eindeutigkeit durch die Frisur zu unterstreichen.

Die Begegnung mit den Mitspielern und dem Publikum

So wie Sie sich selbst jeden Morgen vorsichtig an Ihr neues Spiegelbild herantasten, werden auch andere Sie ins Visier nehmen, vor allem Ihr vertrautes Businessumfeld. Denn jede Änderung zieht eine Reaktion nach sich. Seien Sie also darauf eingestellt, dass man auf Ihren »neuen Typ« unterschiedlich reagieren wird. Behalten Sie hierbei immer Ihre Mitspieler und Ihr Publikum im Auge.

So kennen Sie das aus der Vergangenheit: Wie jeden Tag treffen Sie auf den Pförtner oder Postboten, der weiter keine Notiz von Ihnen nimmt. Wie jeden Tag treffen Sie auf Ihren Chef, der mal wieder völlig gestresst ist und Sie übersieht. Wie jeden Tag treffen Sie auf Kunden oder Klienten, die nicht gerade überwältigt sind von Ihrer Darbietung. Wie jeden Tag treffen Sie auf Ihr Team, das nicht unbedingt vor Begeisterung jubelt, wenn es Sie sieht. Wie jeden Tag treffen Sie auf Ihre Sekretärin, die Einzige, die Sie immer wieder aufbaut. Wie jeden Tag treffen Sie auf Ihre Konkurrenz, die Ihnen schon lange ein Dorn im Auge ist. Wie jeden Tag fragen Sie sich: Wie lange soll das noch so weitergehen?

Heute ist etwas anders. Sie haben sich entschieden, die ersten Schritte in Richtung »typgerechter Auftritt« zu gehen, und begegnen Ihrer gewohnten Truppe. Heute treffen Sie auf den Pförtner oder Postboten, der Sie bemerkt und Ihnen einen »schönen guten Morgen« wünscht. Heute treffen Sie auf Ihren Chef, der Sie anschaut und fragt, ob er etwas Entscheidendes nicht mitbekommen hat. Heute treffen Sie auf Kunden oder Klienten, die überzeugt sind von Ihnen und Ihrem Produkt. Heute treffen Sie auf ein Team, das Lust hat, mit Ihnen zu arbeiten. Heute treffen Sie auf eine Sekretärin, die vor Begeisterung über Ihren neuen Stil in die Hände klatscht. Heute treffen Sie auf Ihre Konkurrenz, die Ihnen scheinheilige Komplimente macht oder Sie von der Seite neugierig mustert. Heute fragen Sie nicht, wann Sie Karriere machen – Sie sind gerade dabei!

Bedenken Sie: Sie werden mit Beginn Ihres neuen Auftretens Reaktionen auslösen. Sie werden Komplimente hören, Bewunderung ernten und im Mittelpunkt stehen. Das haben Sie früher vielleicht auch. Aber nun haben Sie die Spielklasse gewechselt. Sie spielen eine Liga höher, denn allein die Tatsache, dass Sie von einem Tag auf den anderen das Ruder herumreißen, etwas in die Hand nehmen können, und wenn es in diesem Fall Sie selbst sind, hinterlässt Eindruck. Sie drücken damit Willensstärke und Engagement aus. Und zudem das Vermögen, es aushalten zu können, auf einmal im Mittelpunkt zu stehen. Das prädestiniert Sie für mehr und bleibt anderen nicht verborgen. Es sei denn, Sie machen sich dieses Bild wieder kaputt.

Beherzigen Sie folgenden Rat: Wenn Sie Komplimente hören, nehmen Sie sie einfach an. Bedanken Sie sich schlicht. Fangen Sie ja nicht an, sich zu rechtfertigen, zum Beispiel: »Ich weiß, ich wollte schon lange mal was für mich tun«, oder »war auch gar nicht teuer«. Das macht Ihren selbstbewussten Auftritt zunichte. Kauen Sie auch nicht verlegen an den Fingernägeln, wenn Ihr Chef Ihnen ein Kompliment macht. Deswegen müssen Sie sich natürlich noch lange nicht selbstverliebt im Kreis drehen und Starallüren an den Tag legen. Es laufen schon genug Blender und Selbstdarsteller in der Berufswelt herum, die nur darauf aus sind, ständig zu hören, wie toll sie aussehen. Sie werden schnell als egozentrisch und hohl abgestempelt. Nötigen Sie auch nicht andere, etwas über Ihr neues Erscheinungsbild sagen zu müssen: »Sagt mal, fällt euch gar nichts auf?« oder »Was sagt ihr zu meinem neuen Stil?« Haben Sie die Größe, es anderen zu überlassen, was sie denken. Sie allein wissen, dass es zu Ihnen passt. Das muss Ihnen genügen.

Glauben Sie nicht, dass Ihre Veränderungen nicht registriert worden sind, bloß weil niemand etwas sagt. Eine Angestellte beim Finanzamt erzählte mir, dass ihr Chef ihr nach einem Jahr gesagt habe: »Frau J., ich wollte Ihnen im Übrigen mal ein Kompliment machen. Mir ist aufgefallen, dass Sie sich schon seit einer gewissen Weile anders präsentieren, das steht Ihnen sehr gut. Hätten Sie denn vielleicht Interesse, wenn Frau K. uns im Herbst verlässt, ihren Posten zu übernehmen?«

So werden Sie also einerseits Ihre Mitspieler und Ihr Publikum lobend, fördernd, bewundernd auf Sie zustürmen sehen. Andererseits machen Sie sich auch auf andere Reaktionen gefasst. Kollegen könnten Ihnen »Komplimente« dieser Art machen: »Das sieht aber toll aus, können Sie sich das denn leisten?« oder »Frau L., wirklich eine Verbesserung, aber diese Tücher trägt man anders, das wussten Sie wohl nicht?« Lassen Sie sie einfach ins Leere laufen. Lächeln Sie, drehen Sie sich um und gehen Sie. Bosheiten wie: »Das steht Ihnen aber nicht, versuchen Sie jetzt auf ›Hoppla, jetzt komm ich‹ zu machen?« lassen Sie einfach an sich abprallen. Reagieren Sie auf gar keinen Fall, bieten Sie keine Angriffsfläche. Die Konkurrenz ins Leere laufen zu lassen ist die beste Waffe. In dem Moment, wo Sie Stellung in eigener Sache beziehen, sind Sie verloren. Bedenken Sie, wer sich das Ziel gesetzt hat, erfolgreich eine Jobbühne zu betreten, macht nicht jedermann zu seinem besten Freund, schon gar nicht, wenn es die Konkurrenz ist. Und oben wird ja bekanntlich die Luft dünner.

Nehmen Sie eines zur Kenntnis: Allein dass es bemerkt wurde, dass Sie sich verändert haben, ist ein großes Kompliment an Sie. Sie haben sich sichtbar gemacht und wurden gesehen. Gehen Sie davon aus, auch in Zukunft wird man Sie aufmerksam betrachten.

Treffen Sie nun auf eine von Ihren gewohnten Gruppen wie Projektgruppe oder Arbeitsteam, dann bedenken Sie, dass Sie mit Ihrem neuen Erscheinungsbild auch hier Reaktionen auslösen werden. Jede Gruppe hat ihre Rollenverteilung. Gruppendynamisch ergibt das Sinn. Denn die einen sind die Denker, die anderen die Macher, wieder andere Gruppenführer und wieder andere Gruppenclowns, um nur ein paar Beispiele zu nennen. Diese Rollen sind notwendig, damit eine Gruppe funktioniert.

Sie können sich vorstellen, wenn Sie nun mit Ihrem neuen »Typ« in Ihrer gewohnten Gruppe erscheinen, wird das nicht ohne Folgen bleiben. Haben Sie zum Beispiel vorher immer eine untergeordnete Rolle in Ihrer Gruppe gespielt und haben Sie nun erkannt, dass Sie Ihren »aktiven Macher« zum Leben erwecken wollen, der eigentlich schon immer in Ihnen geschlummert hat, dann kann das Protest geben – sofern diese Rolle schon besetzt ist. Erst einmal müssen Sie sich allerdings nun als dieser zu erkennen geben. Konsequentes ständiges Auftreten in dieser Richtung wird dafür sorgen. Die anderen werden Sie wahrnehmen als eine »neue Macherin« – und die »bisherige Macherin« wird das ebenfalls tun.

Nun kann es verschiedene Reaktionsverläufe geben. Entweder möchte sich die Macherin mit Ihnen verbünden, oder sie schmiedet für sich sowieso andere Pläne und überlässt Ihnen gerne ihren Platz, oder sie wird zur Konkurrentin und wird mit Ihnen kämpfen. Lassen Sie sich auf den Kampf ein, es kann dabei nur einen Sieger geben. Bedienen Sie sich, um gut aus der Angelegenheit herauszugehen, eines weiteren Schachzugs. Wählen Sie je nach Geschlecht das kindlich-mütterliche Element, wenn es sich um eine Frau handelt, oder das fraulich-männliche, wenn es sich um einen Mann handelt – das wird die Konkurrenz besänftigen.

Sie begegnen übrigens nicht selten auf den Jobbühnen Ihrem eigenen Auftrittstyp. Das ist ja auch nicht verwunderlich, wenn es um dasselbe Ziel geht. Die Parallelen werden Ihnen gleich ins Auge springen. Sie wissen ja jetzt, wie Sie wirken und mit diesem Kaliber fertig werden können. Viel Spaß!

Hier noch einmal in einer Kurzfassung die drei Typen und ihr Wirkungsmuster:

Die »sich verstärkende Darstellerin« und ihre Wirkung auf Mitspieler und Publikum

Da das Hauptthema der sich verstärkenden Darstellerin die Eindeutigkeit, die Konsequenz ist, besticht sie auch durch diese Eigenschaft. Sie wird von ihrem Publikum dafür gelobt und geschätzt werden. Sie bekennt sich auf der gesamten Linie zu sich selbst. Ihre Präsenz drückt sich aus durch ihre »klare Marke«. Sie zählt zu den polarisierenden Frauen.

In Situationen, wo ihre »Marke« mal nicht gefragt sein sollte, könnte sie in Schwierigkeiten geraten. Denn wer sich auf ein Thema konzentriert, kann nicht gleichzeitig andere Themen in sich vereinen. Strategisch wäre es klug, auf ein Element kindlich-mütterlich für die Frauenbühne oder fraulich-männlich für die Männerbühne auszuweichen (siehe erstes Kapitel). Sie vermitteln dadurch den anderen: »Ich weiß zwar, wer ich bin, aber ich bin nicht rigide.« Sie bemühen sich, die Sprache der anderen zu sprechen. Das wird man Ihnen hoch anrechnen.

Bedenken Sie, Sie sind eine Frau der besonderen Klasse. Durch Ihre Ganzheitlichkeit in allen Auftrittsmerkmalen werden Sie für Ihre Mitspieler und Ihr Publikum zum Vorbild.

Die »sich ausgleichende Darstellerin« und ihre Wirkung auf Mitspieler und Publikum

Da das Hauptthema der sich ausgleichenden Darstellerin die Überraschung ist, werden Sie die Vielfalt, die Ihnen zur Verfügung steht, mit der Zeit lieben lernen. Ihnen bieten sich viele Gestaltungsspielräume. Eine junge Frau, die ich kenne, verfügt über ein extrem schönes weibliches Gesicht und eine witzige Ausstrahlung. Sie unterstreicht diese Art durch ein gelungenes weibliches Make-up und eine originelle Hutsammlung. Jede Form von Kopfbedeckung macht sie zu ihrer Marke. Kappen, Hüte, Tücher – nur witzig müssen sie sein. In ihrem Job kann sie sich das leisten. Tatsächlich wurde sie dadurch erst wahrgenommen und beachtet und mit verantwortungsvollen Aufgaben betreut. Denn sie bewegt sich in einem Feld, wo es von Exoten nur so wimmelt.

Viele Frauen haben großen Spaß an diesem Gestaltungstyp. Einerseits bietet er ihnen Spielraum, andererseits sprechen sie durch diese Art eine große Anzahl von Menschen an. Die unterschiedlichsten Menschentypen mit den unterschiedlichsten Eigenarten können sie durch ihre Strategie für sich einnehmen. Sie bedienen viele Register gleichzeitig, das ist ihr Geheimnis. Sie erreichen damit, dass man sich mit ihnen identifiziert. Das macht sie bei so vielen beliebt und sympathisch. Jeder hat das Gefühl, dass sie ihn verstehen. Zugleich wirken sie durch ihre Brüchigkeit immer spannend und faszinierend, denn sie bedienen kein Klischee. Auch im Theater wirken brüchige Figuren am interessantesten. Die Kehrseite der Medaille ist: Sie wirken manchmal unangreifbar, nicht durchschaubar. Das kann Angst machen. Gegebenenfalls verstärken Sie eines Ihrer Hauptthemen, dann bekommen Sie wieder mehr Kontur. Wählen Sie das, was in Ihren Kontext am besten passt.

Die »sich hervorhebende Darstellerin« und ihre Wirkung auf Mitspieler und Publikum

Da das Hauptthema der sich hervorhebenden Darstellerin das Unkonventionelle, Andersartige ist, fehlt es diesen Frauen nicht an Mut. Ihre Auftritte sind stark, eigenwillig und Eindruck hinterlassend. Oft beschreiten sie Wege, die noch niemand gegangen ist. Gerne tummeln sie sich im Erfindertum, im Künstlerischen oder Intellektuellen. Dass ihre Selbstdarstellung keine Hohlheit ist, wird schnell erkennbar, denn sie sind die Personifizierung ihrer Ideen und ihrer Weltordnung. Grundsätzlich wird diesen Personen sehr viel Bewunderung entgegengebracht. Sie haben schnell eine Gruppe von Fans um sich geschart, obwohl sie das gar nicht bezwecken, denn sie leben nicht für die Selbstdarstellung, sondern für ihre Idee.

Da sie auch mal sehr resolut oder stur werden können, wenn es um ihre Sache geht, besteht die Gefahr, dass sie als sonderbar oder versponnen abgetan werden können. Das wird sie nicht weiter stören, aber denken Sie daran, dass es hilfreich sein kann, die Ausgewogenheit zwischen den kindlich-mütterlichen oder männlich-weiblichen Elementen mit einfließen zu lassen, wenn Sie eine Frauen- oder eine Männerbühne betreten.

Literaturliste

Beck, U. (1997): *Eigenes Leben. Ausflüge in die unbekannte Gesellschaft, in der wir leben*, München

Bolt, N. (2001): *Haare. Eine Kulturgeschichte der wichtigsten Hauptsache der Welt*, Bergisch Gladbach

Gretter, S. und Pusch, L. F. (Hrsg.) (2001): *Berühmte Frauen 2. 300 Porträts*, Frankfurt am Main/Leipzig

Heller, E. (1989): *Wie Farben wirken: Farbpsychologie, Farbsymbolik, kreative Farbgestaltung*, Reinbek bei Hamburg

Henss, R. (1998): *Gesicht und Persönlichkeitseindruck.* Lehr- und Forschungstexte Psychologie, Göttingen

Hofer, A.: (1997): *Textil- und Modelexikon*, Bd. 1/Bd. 2, Frankfurt am Main

Horx, M. (1999): *Die acht Sphären der Zukunft. Ein Wegweiser in die Kultur des 21. Jahrhunderts*, Hamburg

Huter, C. (1985): *Physiognomik und Mimik. Grundlagen zur Seelensprache des Gesichtes*, Nürnberg

Kummer, I. (1997): *Ich bin die Frau, die ich bin. Eine lebendige Beziehung zu sich und anderen finden*, München

Lohse-Jasper, R. (2000): *Die Farben der Schönheit. Eine Kulturgeschichte der Schminkkunst*, Hildesheim

Ludwig, B. und Walter, H. (1997): *Das Brillenbuch*, Hamburg

Lyle, J. (1995): *Körpersprache*, Bindlach

Mummendey, H. D. (1995): *Psychologie der Selbstdarstellung*, Göttingen

Saatweber, M. (1997): *Einführung in die Arbeitsweise Schlaffhorst-Andersen: Atmung, Stimme, Sprache, Haltung und Bewegung in ihren Wechselwirkungen*, Idstein

Schlüter, B. (1987): *Rhetorik für Frauen: Wir sprechen für uns*, München

Schmid, B. und Loschek, I. (1999): *Klassiker der Mode. Die Erfolgsgeschichte legendärer Kleidungsstücke und Accessoires*, Augsburg

Tannen, D. (1991): *Du kannst mich einfach nicht verstehen. Warum Männer und Frauen aneinander vorbeireden*, Hamburg

Tarr-Krüger, I. (2001): *Die magische Kraft der Beachtung. Sehen und gesehen werden*, Freiburg

Waibel, J. (2000): *Ich Stimme. Das Stimmhaus-Konzept für die Balance von Stimme und Persönlichkeit*, Köln

Wie gut kennen Sie sich?, in: *Psychologie Heute* (Compact), Heft Nr. 6, Weinheim 2002

180 Wlodarek, E. (1999): *Mich übersieht keiner mehr. Größere Ausstrahlung gewinnen,* Frankfurt am Main

Zimmer, D. E. (1986): *So kommt der Mensch zur Sprache. Über Spracherwerb, Sprachentstehung und Sprache und Denken,* München